POR QUE A RELIGIÃO É IMPORTANTE

POR QUE A RELIGIÃO É IMPORTANTE

*O Destino do Espírito Humano
Num Tempo de Descrença*

Huston Smith

Tradução
EUCLIDES L. CALLONI
CLEUSA M. WOSGRAU

EDITORA CULTRIX
São Paulo

Título do original: *Why Religion Matters.*

Copyright © 2001 Huston Smith.

Publicado mediante acordo com a HarperCollins Publishers, Inc.

Todos os direitos reservados. Nenhuma parte deste livro pode ser reproduzida ou usada de qualquer forma ou por qualquer meio, eletrônico ou mecânico, inclusive fotocópias, gravações ou sistema de armazenamento em banco de dados, sem permissão por escrito, exceto nos casos de trechos curtos citados em resenhas críticas ou artigos de revistas.

O primeiro número à esquerda indica a edição, ou reedição, desta obra. A primeira dezena à direita indica o ano em que esta edição, ou reedição, foi publicada.

Edição	Ano
1-2-3-4-5-6-7-8-9-10-11	02-03-04-05-06-07-08-09-10

Direitos de tradução para o Brasil
adquiridos com exclusividade pela
EDITORA PENSAMENTO-CULTRIX LTDA.
Rua Dr. Mário Vicente, 368 — 04270-000 — São Paulo, SP
Fone: 272-1399 — Fax: 272-4770
E-mail: pensamento@cultrix.com.br
http://www.pensamento-cultrix.com.br
que se reserva a propriedade literária desta tradução.

Impresso em nossas oficinas gráficas.

À memória da nossa filha,
Karen Senyak,
e ao judaísmo que ela abraçou e que lhe deu forças
para suportar os sofrimentos infligidos por um sarcoma;

a Antonio Banuelos,
nosso neto mais jovem,
que certamente verá mais do terceiro milênio
do que outros membros da nossa família;

e a Kendra,
este poema de amor do sexto Dalai Lama:

Exigi tanto de você
Nesta breve existência,
Talvez voltemos a nos encontrar
Na infância da próxima.

Sumário

AGRADECIMENTOS 11

PREFÁCIO 13

INTRODUÇÃO 15

PRIMEIRA PARTE: O TÚNEL DA MODERNIDADE

CAPÍTULO 1

**Quem Está Certo Sobre a Realidade: os Tradicionalistas,
os Modernistas ou os Pós-Modernos?** 21
O Avanço Cosmológico da Modernidade. A Revolução da Justiça do
Pós-Modernismo. A Cosmovisão Tradicional.

CAPÍTULO 2

O Grande Espaço Aberto e o Túnel Dentro Dele 30
Cosmovisões: O Grande Quadro. A Alternativa Decisiva. Avaliação
das Alternativas. Adoçando a Maçã Azeda. Quanto Está em Jogo.
Conclusão.

CAPÍTULO 3

O Túnel em Si 44
Livro Condutor. O Túnel em Questão. Um Universo Desqualificado.
Conclusão.

8 / POR QUE A RELIGIÃO É IMPORTANTE

CAPÍTULO 4

O Leito do Túnel: Cientismo.. 57
Livro Condutor. A Trajetória do Cientismo. O *Conatus* de Spinoza.
De Pedras e Calhaus. Da Guerra ao Diálogo. Teologia Colonizadora.
A Inclinação da Mesa de Negociações.

CAPÍTULO 5

A Parede Esquerda do Túnel: Educação Superior...................... 71
Livro Condutor. Os Acontecimentos. Influência da Ciência Sobre
Outras Disciplinas. Da Não-Crença à Descrença. Ineficácia da
Resposta Teológica. O Novo Profissionalismo. Conclusão.

CAPÍTULO 6

O Teto do Túnel: Os Meios de Comunicação 88
Livro Condutor. A Atualização de Kansas. O Quadro Geral. Quem
Paga a Conta? Conclusão.

CAPÍTULO 7

A Parede Direita do Túnel: A Lei 101
Livro Condutor. *Employment Division Versus Smith*. O Ato de
Restauração da Liberdade Religiosa. Marginalização da Religião.
A Abordagem Criacionista. Conclusão.

SEGUNDA PARTE: A LUZ NO FIM DO TÚNEL

CAPÍTULO 8

Luz.. 113
A Física da Luz. A Experiência Subjetiva da Luz. Conclusão.

CAPÍTULO 9

A Luz Está Aumentando: Dois Cenários.............................. 119
Deus Está Morto. Os Olhos da Fé. Limpeza do Terreno.

CAPÍTULO 10

Sinais dos Tempos 126
Rumores. A Contracultura e o Movimento Nova Era. Reencontro
com Quatro Gigantes Modernos.

CAPÍTULO 11

Três Ciências e o Caminho a Percorrer................................ 140
Física. Biologia. Psicologia Cognitiva.

CAPÍTULO 12

Termos Para a *Détente* 150

Um Relance de David Bohm. A Correta Definição de Ciência.
Os Limites da Ciência. Divisão do Trabalho. A Vaca Sobre Três Pernas.

CAPÍTULO 13

Este Mundo Ambíguo 163

O Borrão Cósmico da Vida. Um Olhar de Viés à Cena Social.

CAPÍTULO 14

O Grande Quadro 169

A Grande Divisão. Subdivisões. Uma Realidade Hierárquica. Causação
Descendente e os Múltiplos Graus de Realidade. Volta ao Borrão.

CAPÍTULO 15

Tipos de Personalidades Espirituais 185

Caracterologia. Ubiqüidade. O Ateísta: Não Há Deus. O Politeísta:
Existem Muitos Deuses. O Princípio dos Espelhos Unidirecionais.
O Monoteísta: Há um Único Deus. O Místico: Há Só Deus.

CAPÍTULO 16

Espírito 200

A Divisão Eu/Mundo. Saber Tácito. O Espírito e as Suas Realizações.
Consciência e Luz. Final Feliz.

EPÍLOGO

Mesmo Assim, Podemos Ser Irmãos 212

Agradecimentos

É um prazer registrar aqui minha gratidão às pessoas que me ajudaram a tornar este livro possível. A Fundação Rockefeller me proporcionou um mês idílico para iniciar meu trabalho em seu Centro de Convenções e Estudos, em Bellagio, Itália. Stephen Mitchell e Philip Novak fizeram a crítica de todo o material digitado. Nik Warren e Jonathan Wells me socorreram nas partes que abordam questões de física e de biologia, respectivamente. Meu editor, John Loudon, e meu agente, Thomas Grady, me incentivaram com sua amizade e apoio o tempo inteiro. Eric Carlson, Keith Chandler, Neal Grossman, Sarah Lewis, Robert Sprich e Lance Trumbull pesquisaram inúmeros fatos e referências. A estes todos, os meus agradecimentos mais sinceros. Sem dúvida, este livro seria muito mais pobre sem a ajuda que me deram. Nenhum deles, porém, é responsável pelo uso que fiz dos serviços prestados.

Minha esposa, Kendra, foi companheira dedicada nas fases finais da revisão. Anos atrás, eu disse a ela que parte importante da função da mulher é impedir que o marido se faça de tolo. Docemente, ela prometeu, "Tentarei".

Prefácio

Só não coloco estas páginas no fim porque, começando com elas, acredito aumentar as possibilidades de que o leitor me ouça sem interrupções.

Creio ter uma janela diferente para o mundo, uma janela que me permite ver coisas que as pessoas em geral não vêem. Nasci numa família amorosa em que os pais dedicaram a vida à vocação mais elevada que podiam conceber — ser missionários na China. Sacrifícios eram de se esperar, e (na China daqueles tempos, avassalada por doenças) eles chegaram em tempo; o primeiro filho morreu na véspera daquele que seria o segundo Natal dele. Meus pais fizeram muitas coisas boas. Na cidade escolhida para cumprir sua missão, não havia escolas para meninas, e por isso a primeira coisa que fizeram foi criar uma escola feminina. Atualmente mista, ela é a escola primária mais importante da cidade.

A maior herança que recebi dos meus pais foi a fé. A substância da fé fez de mim uma pessoa relativamente confiante, e seu conteúdo posso defini-lo de modo igualmente simples: estamos em boas mãos; então, agradecidos por isso, é apropriado que suportemos os fardos uns dos outros.

Ao vir para os Estados Unidos para os estudos universitários, eu trouxe essa fé comigo, e toda a minha vida tem sido um esforço constante para mantê-la incólume aos ventos doutrinais modernos que investem contra ela. Se fossem agitados pela verdade, eu me vergaria a esses ventos, mas como descobri que não é isso que acontece, preciso tornar essa descoberta conhecida.

Todo este livro deve ser lido à luz dos parágrafos acima, e devo também aproveitar este Prefácio para dizer uma palavra sobre o título. O enunciado *Por que a Religião é Importante* só me ocorreu depois de terminada a digitação e a leitura do texto inteiro, do início ao fim. Escrevi esse conteúdo às vésperas de um novo milênio, e para dispor de espaço para poder dizer o que eu queria, adotei como título de trabalho "O Espírito Humano no Terceiro Milênio". Como minha intenção era demonstrar que o espírito humano, para lograr mais êxito do que vem acontecendo ultimamente, precisa livrar-se da visão de túnel da modernidade, um subtítulo funcional logo se apresentou: "Uma Luz no Fim do Túnel", com sua pontuação de encerramento — um ponto de interrogação ou um ponto final — em aberto.

Uma rápida olhada no Sumário mostrará a determinação com que me ative a esse título funcional bipartido enquanto escrevia o livro, mas, ao ler o produto final, percebi que uma tese urgente e que permeia toda a obra está na base e entrelaça a história intelectual e a crítica social nele tratadas. Essa tese se refere à importância da dimensão religiosa da vida humana — nos indivíduos, nas sociedades e nas civilizações.

Poucas vezes reforço sistematicamente essa importância nestas páginas; é melhor sentir que o livro todo *demonstra* essa importância. Na medida em que o livro alcança seu objetivo, ele mostra como e por que a religião é importante.

Huston Smith
Berkeley, Califórnia
Junho/2000

Introdução

A crise em que o mundo se encontra neste início de novo milênio se assenta em algo mais profundo do que em formas específicas de organização de sistemas políticos e de economias. De modos diferentes, Oriente e Ocidente estão passando por uma crise que lhes é comum e cuja causa é a condição espiritual do mundo moderno. Essa condição se caracteriza pela perda — a perda das certezas religiosas e da transcendência com seus horizontes mais amplos. A natureza dessa perda é estranha, mas enfim bastante lógica. Quando, com o início da cosmovisão científica, os homens passaram a se considerar detentores do significado mais elevado no mundo e medida de todas as coisas, o sentido começou a retroceder e a estatura da humanidade a diminuir. O mundo perdeu sua dimensão humana, e nós iniciamos um processo de perda do controle sobre ele.

O início de um novo milênio é um momento oportuno para refletirmos sobre essa situação. Os movimentos que precedem a passagem de um milênio a outro vieram e se foram por esta vez, mas antes de ser postos de lado durante outros mil anos, eles merecem um momento de reflexão. O antropólogo Victor Turner sugeriu que esses movimentos são para as culturas o que representam os ritos de passagem para os indivíduos. Eles assinalam momentos de mudança e transição, convidando indivíduos e sociedades a se unirem às raízes simbólicas do seu passado e assim se prepararem para dar o passo seguinte — em geral assustador — em direção ao futuro. Para entender isso, não precisamos tomar a retórica desses movimentos ao pé da letra. O homem cercado de cartazes pressagiadores do fim próximo está nos dizendo algo importante, embora o fim não seja o que ele pensa que é. Ele não só está protestando contra a cultura reinante; apesar de hesitante, ele está acenando em direção a uma cidade celeste que oferece uma alternativa a esta cidade terrena, sempre profundamente imperfeita.

Isso me sugere um modo de pensar sobre o livro que escrevi, pois ele realmente se volta para o passado, para nossas raízes ancestrais, na esperança de que essa atitude possa ajudar-nos a compreender as confusões deste período que vivemos. Críticos culturais vêm adotando esse enfoque há um sé-

16 / *POR QUE A RELIGIÃO É IMPORTANTE*

culo ou mais, por isso preciso explicar ao leitor as razões que levaram a mim também a contribuir para a ampliação do acervo já existente. Em resumo, o que é novo aqui?

Numa palavra, o novo aqui é a simplificação. O risco que se corre, sem dúvida, é o da simplificação exagerada, e eu estou sujeito a isso a cada página. Se alguém me perguntasse onde busco a coragem para assumir esse risco, eu responderia: no exemplo de Irving Berlin. Não ria, pois em filosofia eu sou ele.

Vou explicar.

Na manhã seguinte ao falecimento de Irving Berlin (aos 101 anos, pelo que lembro), sintonizei casualmente o programa *Today*. Fiquei surpreso ao ver que o convidado do dia para refletir sobre a obra desse artesão da melodia era um dos melhores músicos do mundo, Isaac Stern. O apresentador do programa pediu a Stern que revelasse o segredo do sucesso de Irving Berlin. Como músico, Berlin era tão medíocre, que só conseguia tocar na clave de dó; para passar para outras claves ele fabricou um piano que fazia a transposição por pressão de alavancas. Entretanto, esse músico em nada especial se transformou no compositor de maior êxito do século XX, compondo mais de cem sucessos muitos dos quais continuarão novo milênio adentro. Como Stern explicava a discrepância entre a capacidade musical modesta de Berlin e suas grandes conquistas?

A resposta de Stern foi de tirar o fôlego, de tão direta. A filosofia de vida de Berlin (continuou Stern) era simples. Para ele, a vida consistia em alguns elementos básicos: vida e morte, solidão e amor, esperança e fracasso — não muitos mais. Quando passamos por experiências marcadas por esses elementos, uma atitude positiva é sempre melhor que lamúrias e lamentações, a esperança é preferível ao desespero, a bondade é mais nobre que seu contrário. Era isso. E como Berlin acreditava implicitamente nesses lugares-comuns, ele ajudava as pessoas a diminuírem as ambigüidades e complexidades de um século confuso.

Assim, apoiando-me em Irving Berlin, o que é óbvio para mim?

Primeiro, que a finitude da existência terrestre não consegue satisfazer totalmente o coração humano. Instalado na constituição humana está um anseio por um "mais" que o mundo da experiência cotidiana não consegue satisfazer. Essa busca sugere fortemente a existência de algo que a vida quer alcançar do mesmo modo que as asas dos pássaros tendem para a realidade do ar. Os girassóis se inclinam na direção da luz porque a luz existe, e as pessoas procuram alimento porque o alimento existe. Os indivíduos podem passar fome, mas os corpos não sentiriam fome se não existisse alimento para saciá-la.

A realidade que estimula e satisfaz o anseio da alma é Deus, seja qual for o nome que se lhe dê. Como a mente humana não consegue entrar na faixa de anos-luz para compreender a natureza de Deus, procedemos bem se seguimos a sugestão de Rainer Maria Rilke de pensar em Deus como uma direção, não como um objeto. Essa direção é sempre para o melhor que possamos conceber, como indica a fórmula teológica do Princípio da Predicação Analógica: quando recorremos a objetos e conceitos do mundo natural para simbolizar Deus, o primeiro passo é afirmar o que é positivo neles; o segundo é negar a Deus o que os limita e o terceiro é elevar suas características positivas a um grau supereminente (o que quer dizer, ao ponto mais elevado a que a nossa imaginação possa levar-nos). Com Deus e o mundo absolutamente distintos, mas não desvinculados, outras coisas se acomodam do jeito que este livro indica.

A esse aspecto metafísico que considero óbvio, acrescento esta questão histórica. Até o surgimento da ciência moderna, todos viviam com uma cosmovisão que se harmonizava com o esboço que acabo de apresentar. A ciência substituiu essa cosmovisão tradicional — multiforme em suas expressões, única no seu esquema geométrico — pela cosmovisão científica. O último jornalista a me entrevistar observou, no decorrer da nossa conversa, que eu passo a impressão de que estou irritado com a ciência. Eu o corrigi. Estou irritado *com nós mesmos* — ocidentais modernos que, renunciando ao pensamento lúcido, nos deixamos levar por tamanha obsessão pelos suportes materiais da vida, que passamos à ciência um cheque em branco. Não estou me referindo ao dinheiro; estou falando de um cheque em branco para as pretensões da ciência relacionadas com o que constitui conhecimento e crença justificada. O caráter impressionante da ciência pura entra no quadro, mas para o público em geral os milagres da tecnologia são quase sempre mais importantes.

Esta é a causa da nossa crise espiritual. Ela se soma a outras crises ao entrarmos no novo milênio — a poluição do meio ambiente, a explosão demográfica, o abismo sempre crescente entre ricos e pobres — mas essas não fazem parte deste livro. Devo agora esboçar o curso que o livro tomará.

O Capítulo 1 apresenta os elementos iniciais e resume os três períodos históricos que nos trouxeram ao ponto em que nos encontramos, realçando as realizações e deficiências de cada um. O Capítulo 2 descreve as dimensões espirituais do mundo em que as pessoas viviam antes de serem desviadas pela *leitura equívoca* que fizemos da ciência moderna — saliento que o réu não é a ciência em si, mas a interpretação falsa que dela fizemos — para o túnel que serve de metáfora mentora deste livro. (Sua semelhança com a caverna de Platão não passará despercebida ao leitor.) A descrição do túnel e de suas quatro paredes ocupa a Primeira Parte.

A Segunda Parte volta-se para o futuro enquanto simbolizado pela luz no fim do túnel. Seus primeiros capítulos ocupam-se com previsões, mas os capítulos seguintes se dedicam à tarefa principal, que é descrever as características invariáveis da paisagem religiosa. A estratégia é direta. Como a previsão é um empreendimento casual, ela produz retornos reduzidos. A melhor maneira de nos prepararmos para o futuro é ter um mapa que nos oriente, seja para onde for que o futuro possa levar-nos.

PARTE 1

O TÚNEL DA MODERNIDADE

Inicio a Primeira Parte deste livro com três citações. Elas são mais longas do que eu gostaria, mas existem boas razões para transcrevê-las por inteiro. Seja o que for que o leitor possa pensar sobre os controversos capítulos que seguem, não vejo como (depois de ler essas citações) seja possível duvidar de que elas repousam sobre fundamentos sólidos.

O primeiro texto é de um colega da Universidade de Siracusa, o sociólogo Manfred Stanley.

> *É hoje tão lugar-comum quanto o suplemento do jornal dominical que a ... modernização do mundo é acompanhada por um mal-estar espiritual que veio a ser chamado de alienação. ... Em seu nível mais fundamental, o diagnóstico de alienação se baseia na visão de que a modernização impõe sobre nós um mundo que, embora rotulado de real pela ciência, é despido de todas as qualidades humanamente reconhecíveis: beleza e fealdade, amor e ódio, paixão e realização, salvação e condenação. Ela não é, naturalmente sustentando que essas questões não fazem parte das realidades existenciais da vida humana. De preferência, a cosmovisão científica faz com que seja ilegítimo falar delas como fazendo parte do mundo "objetivamente", forçando-nos assim a definir essa avaliação e essa experiência emocional como projeções "meramente subjetivas" da vida interior das pessoas.*

Ernest Gellner, sociólogo e filósofo, retoma onde Stanley termina ao admitir que não há motivo para se pensar que o mundo em si é como Stanley o descreve. Simplesmente, agora somos compelidos a pensar que esse é o seu modo de ser porque os anseios prometéicos que movem o mundo moderno estabelecem que o único conhecimento "verdadeiro" é aquele que penetra nos fundamentos da natureza e aumenta a nossa capacidade de controlá-la. Nas palavras de Gellner:

Foi mérito de Kant ver que esta compulsão [epistemológica] está em nós, não nas coisas. Foi mérito de Weber ver que ela é historicamente um tipo específico de mente, não a mente humana como tal, que está sujeita a essa compulsão. ... Nós nos habituamos ao conhecimento efetivo e nos tornamos dependentes dele [como acaba de ser descrito] e conseqüentemente nos prendemos a esse tipo de explicação genuína. ... "Reducionismo", a visão de que tudo no mundo é de fato alguma outra coisa, e de que essa outra coisa é friamente impessoal, é simplesmente o corolário inevitável da explicação efetiva.

Gellner admite que essa epistemologia que o nosso anseio de Prometeus modernos nos impôs acarreta conseqüências moralmente perturbadoras.

Foi também mérito de Kant ver o preço inevitável dessa aquisição faustiana do conhecimento real [real, sic]. [Ao liberar] capacidade cognitiva [ele] impõe seu inerente preço moral, "desumanizador". ... O preço do conhecimento real é que nossas identidades, liberdade, normas, não são mais subscritas pela nossa visão e compreensão das coisas. Pelo contrário, somos condenados a sofrer de uma tensão entre cognição e identidade.

Hannah Arendt leva essas reflexões à sua conclusão metafísica:

O que chegou ao fim é a distinção entre o sensual e o supersensual, junto com o conceito, pelo menos tão antigo quanto Parmênides, de que aquilo que não é dado aos sentidos ... é mais real, mais verdadeiro e mais significativo do que aquilo que aparenta; de que não está apenas além da percepção dos sentidos, mas acima do mundo dos sentidos. ... Em vozes cada vez mais estridentes, os poucos defensores da metafísica nos advertem do perigo de niilismo inerente a esse desenvolvimento. O sensual ... não pode sobreviver à morte do supersensual [sem que o niilismo se introduza].

Com esses pensamentos sempre nos precedendo e iluminando o nosso caminho, damos as boas-vindas ao túnel da modernidade.

CAPÍTULO 1

Quem Está Certo Sobre a Realidade: os Tradicionalistas, os Modernistas ou os Pós-Modernos?

Onde e quando quer que as pessoas vivam, elas se defrontam com três problemas inevitáveis: como conseguir alimento e abrigo de seu ambiente natural (o problema posto pela natureza), como relacionar-se com os outros (o problema social) e como relacionar-se com o esquema geral das coisas (o problema religioso). Se a terceira questão parece menos importante que as duas primeiras, precisamos lembrar que os artefatos religiosos são as mais antigas descobertas arqueológicas.

Os três problemas são óbvios, mas se tornam interessantes quando os relacionamos com os três principais períodos da história humana: o período tradicional (estendendo-se desde os começos da humanidade até o surgimento da ciência moderna), o período moderno (continuando desde esse momento até a primeira metade do século XX) e o pós-modernismo (antecipado por Nietzsche, mas só se firmando na segunda metade do século XX).

Cada período, comparado com os outros dois, aplicou suas energias, e com maior eficiência, a um dos problemas incontornáveis da vida. Especificamente, a modernidade nos deu a visão que temos da *natureza* — essa visão continua recebendo aperfeiçoamentos, mas como a modernidade lançou os fundamentos da compreensão científica da natureza, ela merece crédito pela descoberta. O pós-modernismo está atacando as *injustiças sociais* com mais determinação do que as pessoas fizeram antes. Isso deixa as *cosmovisões* — a metafísica enquanto distinta da cosmologia, que se restringe ao universo empírico — aos nossos ancestrais, cujas realizações nessa frente não foram aperfeiçoadas.

A distinção que acaba de ser feita entre cosmologia e metafísica é importante para este livro, por isso vou expandi-la rapidamente. *Cosmologia* é o estudo do universo físico — ou o mundo da natureza como a ciência o concebe —

22 / POR QUE A RELIGIÃO É IMPORTANTE

e é o domínio da ciência. A *metafísica*, por outro lado, se envolve com tudo o que existe. (Neste livro, os termos *cosmovisão, Grande Quadro* e *metafísica* são usados um pelo outro e com o mesmo sentido.) Na cosmovisão que sustenta que a natureza é tudo o que existe, a metafísica coincide com a cosmologia. Essa metafísica é chamada de *naturalismo*.

Esse é o contexto histórico que fundamenta este livro, e o objetivo deste capítulo é expor esse contexto com a maior clareza possível. Como quero prosseguir com um esquema de tópicos — começando com a natureza, passando pela sociedade e chegando ao Grande Quadro, amarrando cada tópico com o período em que ele se sobressaiu — esta introdução entremeia a seqüência histórica dos períodos. Começo com a modernidade, continuo com a pós-modernidade e deixo o período tradicional para o fim.

O Avanço Cosmológico da Modernidade

Nos séculos XVI e XVII, a Europa se deparou com um novo modo de saber que chamaremos de *método científico*. Ele gira em torno do experimento controlado e nos legou a ciência moderna. A ciência genérica (que consiste na cuidadosa observação da natureza e do seu funcionamento) é tão antiga quanto o homem — pelo menos tão antiga quanto a arte e a religião. O que o experimento controlado acrescenta à ciência genérica é a prova. As hipóteses verdadeiras foram isoladas das falsas, e com as verdades comprovadas, tijolo por tijolo, foi construído um edifício. Normalmente chamamos esse edifício de *cosmovisão científica*, mas *cosmologia científica* é um termo mais preciso, dada a ambigüidade da palavra *cosmo*.* O edifício científico é uma *cosmo*visão (*world*view) somente para aqueles que aceitam que a ciência pode, em princípio, abranger tudo o que existe.

A cosmologia científica nos envolve tanto, que é praticamente desnecessário descrevê-la; dedicar-lhe-ei, contudo, este parágrafo para que o leitor tenha um ponto de referência para o tema que estou desenvolvendo. Há uns quinze bilhões de anos, uma bolinha extremamente compacta de matéria explodiu e projetou seus componentes numa viagem que ainda continua. A diferenciação estabilizada como hidrogênio proliferou e se transformou na tabela periódica. Átomos agregaram-se e formaram nuvens de gases. Estrelas se condensaram a partir de filamentos de chama rodopiantes e planetas desprenderam-se dessas para se transformar em gotas derretidas que passaram a pulsar e a se solidificar em formações rochosas. Observando especificamente o planeta que se tornaria o nosso lar, nós o vemos crescer, coberto com uma película oceânica e envolto em atmosfera. Há uns três bilhões e meio de anos águas ra-

---

* Em inglês, *world*, donde *worldview*, cosmovisão. (N.T.)

sas começaram a fervilhar com vida, uma vida com a capacidade de manter o seu meio interno através da homeóstase e de reproduzir a si mesma. A vida se propagou dos oceanos para os continentes e a inteligência apareceu. Nossos ancestrais chegaram alguns milhões de anos atrás. É difícil dizer exatamente quando, pois a cada poucos anos os paleontólogos anunciam descobertas que "fazem a raça humana recuar mais um milhão de anos ou algo assim", como a imprensa gosta de noticiar.

Ensinada desde o ensino fundamental, essa história é tão conhecida, que mais detalhes só complicariam as coisas.

Deficiências Cosmológicas da Tradição

Não é preciso dizer que essa cosmologia científica desacredita cosmologias tradicionais com seus seis dias da criação e outras semelhantes. Quem poderia questionar isso quando a cosmologia científica pôs pessoas na Lua? Nossos ancestrais eram astrônomos notáveis, e podemos exaltá-los sem reservas pelo que aprenderam sobre a natureza usando apenas os sentidos. E mais uma coisa. Há um naturalismo no taoísmo, no zen-budismo e nas visões tribais que a seu modo compete com a cosmologia calculadora da ciência, mas esse é o naturalismo do artista, do poeta e do amante da natureza — de Li Po, de Wordsworth e de Thoreau, não de Galileu e de Bacon. Para os objetivos presentes, a estética é irrelevante. A cosmologia moderna deriva dos experimentos de laboratório, não da pintura de paisagens.

Deficiências Cosmológicas do Pós-Modernismo

Com a cosmologia tradicional excluída, a questão se volta para o pós-modernismo. Como a ciência é cumulativa, decorre naturalmente que a cosmologia do século XXI é um aperfeiçoamento do que tivemos na metade do XX, que na minha linha do tempo é o momento em que a modernidade enveredou para a pós-modernidade. Mas o refinamento alcançado pelos cientistas pós-modernos não afetou a vida em nada que se compare ao impulso social pós-moderno, e por isso é ao Oscar social que os pós-modernistas mais se habilitam.

A próxima seção deste capítulo analisará as conquistas do pós-modernismo na frente social, mas antes preciso corroborar minha asserção de que a ciência pós-moderna (aqui se pode muito bem dizer também *física* pós-moderna) não chega aos níveis da física moderna no alcance de suas descobertas. O brilho de Stephen Hawking, de Fred Hoyle, de John Wheeler, de Freeman Dyson, de Steven Weinberg e de seus pares não fica diminuído quando se diz que eles nada descobriram com relação à natureza que se compare com as descobertas de Copérnico, de Newton, de Maxwell, de Planck, de Einstein, de Heisenberg, de Bohr, de Schrödinger e de Born. Na química molecular, as coisas são diferentes. O DNA é uma descoberta surpreendente, mas, recuando apenas milhões de anos em comparação com o bilhão do astrofísico, ela não está nos fundamentos da natureza. O fato de não ter surgido na física nenhuma idéia abstrata nova nos últimos setenta anos pode sugerir que não há mais nada a ser descoberto sobre os fundamentos da natureza. Seja como for, as descobertas do pós-modernismo (diferentemente das descobertas modernas na física — as leis da gravidade, a termodinâmica, o eletromagnetismo, a teoria da relatividade e a mecânica quântica, que continuam sendo usadas para levar os ônibus espaciais ao espaço e para nos ajudar a compreender como elétrons quentes se comportam em semicondutores) estiveram ligadas a detalhes e coisas exóticas. Os bilhões de dólares gastos desde a metade do século XX (e os milhões de trabalhos escritos sobre teorias que mudam constantemente) não produziram descobertas que exercessem impacto significativo sobre os seres humanos. Todas estão na esfera das metaciências da física de partículas de alta energia e da astronomia, cujos achados — o que se supõe ter acontecido nos primeiros 10^{-42} segundos da vida do universo, e assim por diante — porquanto sejam divulgados pelos meios de comunicação, não têm ligação concebível com a vida humana e não podem ser desmentidos nem comprovados por meios normais. Isso possibilita que os componentes básicos da natureza — partículas, cordas, seja o que for — continuem mudando e que a idade do universo seja dividida ou multiplicada de tempos em tempos. Aproximadamente 99,999% da ciência (estimativa do cientista Rustum Roy) não é afetada por essas hipóteses oscilantes, e o público pouco se preocupa com o que acontece com elas.

Sobressaindo-se à justificativa precedente de não dar o Oscar cosmológico ao pós-modernismo, temos o fato de que os pós-modernistas mais ruidosos levantam dúvidas sobre o conceito mesmo de verdade ao transformar pretensões à verdade em pouco mais do que jogos de poder. De acordo com essa leitura da questão, quando as pessoas sustentam que o que dizem é verdade, estão na realidade exigindo condição privilegiada para crenças que promovem sua própria posição social. Isso relativiza radicalmente as afirmações da ciência e elimina a própria possibilidade que ela teria de se aproximar da natureza mesma da natureza. O texto mais usado nos *campi* universitários nos últimos trinta anos é *A Estrutura das Revoluções Científicas*, de Thomas Kuhn, e sua tese — de que os fatos derivam seu significado dos paradigmas que os organizaram — deslocou a atenção dos fatos científicos para os paradigmas científicos. Como não existem padrões neutros pelos quais julgar esses paradigmas, a tese de Kuhn (se não receber nuances) leva a um relativismo entre paradigmas que coloca a ciência hotentote no mesmo nível da ciência newtoniana. O próprio Kuhn elaborou sua tese com cuidado suficiente para evitar esse relativismo, mas mesmo considerada no seu aspecto mais eficaz, ela não oferece nenhum meio para que a ciência chegue à base das coisas. Isso rebaixa o empreendimento, e ao fazê-lo fornece um forte apoio para não se atribuir o prêmio cosmológico ao pós-modernismo. Ele se dá melhor com as questões sociais, que abordaremos a seguir.

A Revolução da Justiça do Pós-Modernismo

A palavra mágica do pós-modernismo é *sociedade*. Isso não surpreende, pois com a crença de que não existe nada além do nosso mundo presente, a natureza e a sociedade são tudo o que resta, e das duas a natureza se tornou território de especialistas. Hoje, raramente entramos em contato direto com ela; em geral é ela que chega até nós através do supermercado e envolta pelo ar condicionado e pelos sistemas de refrigeração. Desse modo, a sociedade acaba sendo a esfera da vida que nos afeta diretamente e aquela em que podemos ter alguma perspectiva de sermos valorizados.

E mudanças estão se processando. A culpa pós-colonial pode desempenhar um papel importante aqui, e resta tanta coisa a ser feita que qualquer desejo de congratulações será prematuro. Ainda assim, uma rápida menção a algumas mudanças ocorridas no decorrer de uma única existência deixa claro que as injustiças sociais estão sendo detectadas e enfrentadas com mais determinação hoje do que no tempo dos nossos antepassados:

- Em 1919, o Zoológico do Brooklyn expôs um americano de origem africana numa gaiola ao lado de chimpanzés e gorilas. Hoje, esse ato seria considerado ultrajante em qualquer lugar do mundo.
- O movimento pelos direitos civis da década de 1960 alcançou seus principais objetivos. Nos Estados Unidos, e mesmo na África do Sul atualmente, pessoas de diferentes raças convivem naturalmente em lugares e situações onde antes isso seria praticamente impossível — em praias, em tripulações de aeronaves, em toda parte, enfim.
- Na década de 1930, em San Francisco, normalmente o bonde passaria direto caso só americanos de origem chinesa estivessem esperando na parada. Para ver como as coisas mudaram, quando (cinqüenta anos depois) me aposentei pela Universidade da Califórnia, em Berkeley, meu respeitado reitor era um americano de sangue chinês que falava inglês com sotaque oriental.
- Nenhuma outra guerra recebeu dos cidadãos americanos protestos tão veementes quanto a guerra do Vietnã. Quando a situação se encaminhava para o caos total, a tal ponto que os líderes militares chegaram a aconselhar ao presidente Nixon o uso de armas nucleares, ele se recusou a fazê-lo porque (como ele disse), se o fizesse, teria de enfrentar uma nação que tomaria conta das ruas.
- O movimento feminista é apenas um piscar de olhos da história, mas já registrou vitórias admiráveis. Até muito tempo depois da Guerra Civil, as mulhe-

res americanas não tiveram direitos civis nem direitos legais nem direitos de propriedade. Somente em 1918 o Estado do Texas alterou a lei que dava a todos o direito de votar, menos aos "idiotas, imbecis, estrangeiros, dementes e às mulheres".

- Notadamente o desenvolvimento teológico mais importante nas últimas décadas do século XX foi o surgimento da teologia da libertação, tendo na vanguarda suas versões latino-americana e feminista.

- Em março de 2000, numa atitude sem precedentes, o Papa pediu a Deus que perdoasse os pecados que sua Igreja havia cometido contra o povo de Israel, contra o amor, a paz, o respeito às culturas e religiões, contra a dignidade das mulheres e a unidade da raça humana e contra os direitos fundamentais das pessoas. Dois meses depois, duzentos mil australianos cruzaram a ponte de Sydney numa marcha que teve por objetivo pedir perdão pelo tratamento dado aos aborígines; durante a passeata, aviões traçaram com fumaça, sobre a Sydney Opera House, as letras da palavra PERDÃO.

Deficiências Sociais da Tradição

Esses sinais de progresso brilham mais quando comparados com a indiferença das épocas anteriores diante dessas questões. Não se deve pensar que os povos tradicionais fossem mais insensíveis do que nós, mas em geral eles entendiam que suas obrigações eram devidas apenas aos membros de suas comunidades imediatas: os *dana* (presentes) do budismo, o "copo d'água dado em meu nome" de Jesus, e outras semelhantes. Num encontro frente a frente, os famintos eram alimentados, os nus eram vestidos, as viúvas e órfãos eram atendidos conforme as possibilidades, mas aí terminavam as obrigações humanas. As injustiças inerentes às instituições (se e quando fossem percebidas como injustiças) não eram responsabilidade dos seres humanos, pois as instituições eram consideradas de inspiração divina e inalteráveis. As pessoas as viam como nós vemos as leis da natureza — como situações que deviam ser resolvidas, não criticadas.

A modernidade mudou essa atitude. O desenvolvimento das viagens e do comércio aproximou povos de estruturas sociais muito diferentes, e essas diferenças mostraram que aquelas instituições não eram afinal como as leis naturais; elas eram organizações de origem humana e, por isso, podiam ser criticadas. A Revolução Francesa submeteu essa perspectiva a uma prova histórica; arranhando o direito divino dos reis, ela se propôs a criar uma sociedade baseada na liberdade, na igualdade e na fraternidade. A experiência fracassou e o recuo foi imediato, mas sua premissa — que as sociedades são maleáveis — sobreviveu.

Deficiências Sociais da Modernidade

A modernidade merece crédito por essa descoberta, e (se quiséssemos) poderíamos desculpá-la por lidar inadequadamente com ela, apoiados no argumento da inexperiência diante de uma idéia nova. O registro em si, porém, pelos padrões pós-modernos, é deplorável. Com o pretexto de assumir "o fardo do homem branco" de ajudar "castas inferiores sem lei", ela abrigou o colonialismo, que saqueou a Ásia e a África, atingiu seu auge nas Guerras do Ópio de 1841-42 e acabou submetendo todo o mundo civilizado à dominação ocidental. David Hume geralmente é considerado o mais lúcido de todos os grandes filósofos, mas li que em algum lugar de sua correspondência (não consegui encontrar a passagem) ele escreveu que o pior homem branco é melhor que o melhor homem negro. O que posso mencionar em primeira mão são os cartazes afixados nos parques dos núcleos habitacionais internacionais de Xangai, onde freqüentei o ensino médio, que diziam: "Proibida a entrada de cães e de chineses." Com um continente virgem para violentar, os Estados Unidos não precisavam de colônias, mas isso não os impediu de dizimar os nativos americanos, de continuar a instituição da escravidão, de anexar Porto Rico e o Havaí e de estabelecer "protetorados" nas Filipinas e em vários outros lugares.

Abordada a questão da natureza e da sociedade, volto-me agora para a terceira questão inevitável que os seres humanos precisam encarar: o Grande Quadro.

A COSMOVISÃO TRADICIONAL

Deficiências Metafísicas da Modernidade

A modernidade foi metafisicamente desleixada. Extasiada diante das conquistas da ciência, ela entronizou o método científico como "nosso modo sagrado de saber" (Alex Comfort), e como esse modo não registra nada que não tenha um componente material, as realidades imateriais primeiro deixaram de ser vistas e depois (à medida que a posição se firmou) tiveram sua existência negada. Na distinção feita no início deste capítulo, isso corresponde à metafísica sendo reduzida à cosmologia. Quando Carl Sagan lançou a série de televisão *Cosmos*, anunciando que "o Cosmos é tudo o que é ou que sempre foi ou que sempre será", ele apresentou esse pressuposto não-comprovado como se ele fosse um fato científico. O Grande Quadro da modernidade é o materialismo ou (em sua versão mais aceitável) o naturalismo, que reconhece a *existência* de coisas imateriais — pensamentos e sentimentos, por exemplo — apesar de insistir que elas dependem totalmente da matéria. Ambas as versões são estéreis quando comparadas com o ponto de vista tradicional. É importante compreender que nada relacionado a fatos reais que a ciência tenha descoberto necessita do materialismo ou do naturalismo. Descambamos para a menor das posições metafísicas por razões psicológicas, não lógicas.

Deficiências Metafísicas da Pós-Modernidade

Quanto à pós-modernidade, ela se posiciona contra a própria idéia de algo como o Grande Quadro. Ela começou bem ao criticar a cosmovisão truncada do Iluminismo, mas desse início sensato pôs-se a afirmar sem qualquer justificativa que as cosmovisões (com freqüência sarcasticamente denominadas *grandes narrativas*) são equivocadas por princípio. Em *The Postmodern Condition*, Jean François Lyotard chega ao ponto de *definir* pós-modernismo como "incredulidade voltada às metanarrativas", como sinônimo para metafísica.

A incredulidade assume três formas que se tornam cada vez mais agudas à medida que avançam. O *minimalismo* pós-moderno se contenta em dizer que não temos uma cosmovisão consensual hoje; "não temos mapas e não sabemos como fazê-los". O pós-modernismo *predominante* acrescenta, "e jamais teremos novamente uma cosmovisão consensual, como a que prevaleceu na Idade Média, na Inglaterra elisabetana ou na Nova Inglaterra do século XVII; sabemos hoje muito bem que é muito pouco o que a mente humana pode conhecer". O pós-modernismo *radical* leva essa trajetória ao seu limite lógico ao acrescentar, "bons ventos o levem!" Expresso na linguagem própria, tão do agrado dos modernistas, as cosmovisões "totalizam" ao "marginalizar" os pontos de vista das minorias. Elas são opressoras por princípio, devendo-se resistir-lhes com toda a determinação.

Se o pós-modernismo radical fosse claro e preciso nessa acusação, ele interromperia este livro aqui e agora, mas não é isso que acontece — ele meramente se *supõe* preciso e fundamenta suas alegações em exemplos de opressão que, naturalmente, não faltam. O que não foi demonstrado é a impossibilidade de uma cosmovisão que inclua os direitos das minorias em sua base como um componente essencial. Há ironia aqui, pois o mesmo pós-modernismo que exclui a possibilidade de uma perspectiva humanitária abrangente trabalha para criar essa mesma perspectiva através de sua revolução da justiça — sua insistência em que todos possam ter igual oportunidade e acesso aos bens da vida. O fato mais profundo, porém, é que ter ou não uma cosmovisão não é uma opção, pois a visão periférica sempre condiciona aquilo que enfocamos, e no "ver" conceptual a periferia não tem limite fixo. Nossa única escolha é termos consciência de nossas cosmovisões e criticá-las quando precisam ser criticadas, ou deixar que atuem sobre nós despercebidas e concordar em viver uma vida que não é examinada.

Dizer como tenho dito que nem o modernismo nem o pós-modernismo trataram adequadamente o problema metafísico não é, naturalmente, prova de que os tradicionalistas o tenham abordado melhor. Se este capítulo se constituísse numa unidade independente e isolada, eu precisaria completá-lo descrevendo a cosmovisão tradicional e defendendo seus méritos. Mas este é praticamente o objetivo de todo este livro, e por isso não tentarei comprimi-lo numa página ou duas aqui. Além disso, a cosmovisão tradicional está tão desacreditada nos dias atuais, que a única maneira possível de fazer com que ela seja considerada é fazer com que ela se insinue, por assim dizer, e sugerir aspectos razoáveis sempre que surgirem aberturas para eles.

Assim, este capítulo fica em aberto, mas mesmo assim estas páginas iniciais cumpriram duas coisas. A primeira delas é descritiva: este capítulo pôs o presente em seu contexto histórico. A segunda é prescritiva, pois do que foi dito emerge uma moral óbvia. Deveríamos entrar no novo milênio garimpando nosso passado para recolher de cada um dos seus três períodos o ouro que ele contém e deixar que o resíduo se sedimente nas areias da história. O ouro da modernidade — isto é, a ciência — sem dúvida ocupará um lugar importante no terceiro milênio; o empenho da pós-modernidade pela justiça também tem grandes possibilidades de continuar. A que está em perigo e precisa ser reabilitada para poder sobreviver é a cosmovisão tradicional.

CAPÍTULO 2

O Grande Espaço Aberto e o Túnel Dentro Dele

Os receosos de que meu anunciado respeito pela cosmovisão tradicional significa que este livro possa ser uma viagem nostálgica podem ficar sossegados; não haverá aqui suspiros pelos assim chamados velhos bons tempos. Quando os irlandeses brincam, "Pros diachos o futuro; nós vivemos no passado", agrada-me o humor zombeteiro, mas ele não serve de critério para a vida. Ao adotar o túnel como metáfora norteadora deste livro, não estou insinuando que no geral os nossos tempos sejam piores que outros. As coisas parecem assustadoras de muitas maneiras, mas há também sinais alentadores, e para ser franco, toda a área das comparações históricas está além da minha competência. Não tenho gosto nem talento para esse projeto. Não faço a mínima idéia de como era viver nos tempos antigos. Quando? Onde? Em que sexo e em que classe? Até para formular essas perguntas precisa-se de um padrão, e eu não tenho meios de definir como *em média* a vida se apresenta nem mesmo hoje. Quem incluímos em nossa amostra? Africanos aidéticos? Pastores neozelandeses? Ricos dirigentes empresariais e altos executivos com remunerações quatrocentas vezes mais altas que os salários de seus empregados? Americanos de origem africana residentes nos guetos urbanos e os sem-teto de todas as espécies? Misture tudo isso, agite bem, e que qualidade de vida se revela?

E como se esses imponderáveis ainda não fossem suficientes, antepondo-se a todos temos o estado de espírito da pessoa no momento em que ela faz a leitura. O poeta ganhador do Prêmio Nobel Czeslaw Milosz nos diz que "por um lado há luminosidade, confiança, fé, a beleza da terra; por outro, escuridão, dúvida, descrença, a crueldade da terra, a capacidade das pessoas de fazer o mal. Quando escrevo, o primeiro lado é verdadeiro; quando não escrevo, o segundo é verdadeiro". *Touché!* Eu mesmo recebo regularmente cartas tanto de profetas da catástrofe que nos vêem descendo pelo escoadouro, a exemplo de Roma, quanto dos que a eles se opõem — adeptos da Nova Era, de olhos brilhantes e rabos-de-cavalo espessos, que falam dando a impressão de estar esperando para qualquer momento uma mutação de consciência que reabra os portões do Éden para uma circulação de mão dupla. Eu gostaria de poder reendereçar cada carta, sem abrir, a uma das pessoas do grupo contrário. Que se atraquem enquanto seguro suas jaquetas. O ditado francês, *Plus ça change, plus c'est la même chose* ("Quanto mais as coisas mudam, mais continuam as mesmas") soa mais verdadeiro para mim, assim como a frase de abertura do *Um Conto de Duas Cidades*, de Charles Dickens: "Era o melhor dos tempos, era o pior dos tempos."

Ainda assim, também não posso dar minha adesão total a essas frases, pois se o fizesse não haveria motivo para escrever este livro: ele não acrescentaria nada. Por isso, preciso recuar um pouco.

Melhoras são possíveis, e devemos fazer tudo o que está ao nosso alcance para promovê-las, mas como Robert Frost se expressou, cada um precisa desafogar sua vontade no mundo à sua maneira. Minha maneira tem relação com as cosmovisões. Estou convencido de que seja o que for que transpire em outras esferas da vida — política, padrões de vida, condições ambientais, relações interpessoais, artes — estaremos em situação melhor se nos desembaraçarmos da cosmovisão a que inadvertidamente aderimos e a substituirmos por uma mais generosa e precisa. Esse, e esse somente, é o interesse deste livro. Naturalmente, espero pelo melhor nos outros aspectos da vida e faço o que posso para melhorá-los, mas nada que eu pudesse dizer a respeito deles prenderia a atenção do leitor. Com as cosmovisões o caso é diferente. Hoje sim, amanhã não, indo e vindo, estive refletindo sobre a natureza última das coisas desde que me conheço por gente e precisaria ter-me em muito baixa auto-estima se a simples quantidade dessas reflexões não tivesse produzido algo de valor com que eu pudesse contribuir.

COSMOVISÕES: O GRANDE QUADRO

Este ponto de convergência do livro põe um problema, pois a metafísica não é um tema que atraia especialmente a atenção. (Como já mencionei, em todo este contexto os termos *metafísica, cosmovisão* e *Grande Quadro* são permutáveis.) Ela se assemelha a uma visão periférica, que passa despercebida exatamente por *ser* periférica, o que não a torna menos importante, porém. Os psicólogos nos dizem que aquilo que vemos é sempre afetado pelo pano de fundo, e isso se aplica igualmente ao modo como percebemos e sentimos o mundo. Os povos primitivos sentiam isso, e Claude Levi-Strauss teve a sensibilidade de captar esse detalhe; a maior diferença entre a epistemologia deles e a nossa, concluiu ele, é que os "primitivos" acreditam que não se pode compreender nada se não se

32 / POR QUE A RELIGIÃO É IMPORTANTE

compreender tudo. Levi-Strauss achava que eles estavam errados em pensar assim, mas quando se trata da questão pano de fundo-primeiro plano, vemos que para eles tudo se encaixava. Para nós, os problemas da vida pesam tanto, que raramente nos pomos a refletir sobre como nossas atitudes e conjecturas inconscientes a respeito da natureza das coisas afetam nosso modo de perceber o que está bem diante dos nossos olhos. Cabe aos filósofos chamar a atenção para esse lapso, como fez William James quando disse que, ao entrevistar um possível inquilino, o locador seria mais sensato se lhe perguntasse sobre a sua filosofia de vida e não sobre a sua conta bancária. John Stuart Mill relacionou esse ponto diretamente à metafísica: "Se não for útil saber em que ordem de coisas, sob que governo do universo é nosso destino viver", escreveu ele, "é difícil imaginar o que poderia ser considerado como tal, pois quer uma pessoa esteja num lugar agradável ou num lugar desagradável, num palácio ou numa prisão, só lhe pode ser útil saber onde ela está." No século XIX, o zoólogo Ernst Haeckel disse que se alguém tivesse condições de responder com verdadeiro conhecimento e autoridade, a pergunta que ele lhe faria seria esta: O universo é amistoso?

Essas referências contam a história, mas são ditos graciosos, por isso vou acrescentar-lhes um pouco de substância.

Uma geração passada, o psicólogo William Sheldon, da Faculdade de Medicina da Universidade de Colúmbia, escreveu que "observações contínuas na prática clínica levavam quase inevitavelmente à conclusão de que mais profundo e fundamental que a sexualidade, mais profundo que o desejo mórbido do poder social, mais profundo até que o desejo de posses, é um anseio generalizado e universal presente na constituição humana: o de conhecer a direção certa — ter orientação". Essa orientação exige conhecimento das condições do território, pelo menos intuitivamente, e nessa geografia não existem atalhos.

Em minhas próprias palavras, chegamos a isto: as mentes precisam de econichos, exatamente como os organismos, e o econicho da mente é a sua cosmovisão, o seu senso da totalidade das coisas (por muito ou pouco articulado que ele seja). À parte a loucura, há uma *certa* adaptação entre os dois, e nós procuramos constantemente melhorar essa adaptação. Sinais de não-adaptação são a falta de sentido, a alienação e a ansiedade que o século XX conheceu tão bem. A prova de uma adaptação adequada é a vida e o mundo fazerem sentido. Quando a sintonia é perfeita, as energias do cosmo se derramam sobre a pessoa que crê e a vitalizam de modo extraordinário. A pessoa sabe que está no lugar certo. O Supremo a sustenta, e o conhecimento de que ele faz isso produz uma totalidade que é sólida para encaixar-se como uma peça de um quebra-cabeça na totalidade do Todo.

Se essas poucas frases não convenceram o leitor da importância da metafísica, duvido que qualquer outra coisa que eu pudesse dizer faria isso, de modo que passarei da metafísica em geral para as cosmovisões contrastantes que dizem respeito a este livro — os Grandes Quadros tradicional e científico.

A ALTERNATIVA DECISIVA

Dois princípios funcionais regem essa comparação. O primeiro é o conceito de tipos ideais, de Max Weber. Tipos ideais são como formas platônicas ou linhas matemáticas. Nunca perfeitamente concretizados em nosso mundo imperfeito, eles podem (no entanto) servir como artifícios heurísticos para nos ajudar a manter as idéias em ordem. Minha segunda estratégia é introduzir neste capítulo a questão da verdade: Fundamentados nas razões que cada um nos apresenta, qual dos dois Grandes Quadros, o tradicional ou o científico, coincide mais perfeitamente com a natureza das coisas, segundo podemos acreditar? Essa questão sobressai a tudo o que estarei dizendo sobre as cosmovisões, mas reservá-la-ei para mais tarde, quando será tratada diretamente. Neste início interessa-me a visão que é descritivamente superior. Se pudéssemos escolher, qual preferiríamos?

O Jardim Encantado

Ao descrever o mundo tradicional como um jardim encantado, Max Weber criou uma metáfora encantadora, se não melancólica. Ele foi condescendente ao usar essa designação, pois o encanto que lhe passava pela mente era o de crianças que experimentam o mundo em seu frescor original, não desfigurado pelo habitual — nas palavras de Wordsworth, o "tempo em que prado, bosque e córrego, a terra e toda paisagem comum, a mim pareciam envoltas em luz celestial, a glória e o frescor de um sonho". (Um amigo meu me contou que depois de passada essa fase da infância, ele conseguia reviver essa magia curvando-se e vendo o mundo de cabeça para baixo, por entre as pernas abertas. Essa técnica foi efêmera, porém, durando menos de um ano.) A crença iluminista de Weber de que os povos do passado eram crianças em comparação conosco ruiu, mas como metáfora auto-sustentável o jardim encantado é apropriado, pois (não limitados pelo túnel a que chegarei) esses povos dispunham de paisagens que eles podiam contemplar. Minha alternativa para o jardim de Weber, o grande espaço aberto, deixa lugar a essas paisagens. Algumas delas são assustadoras, mas isso não afeta sua majestade e vastidão.

Falarei mais claramente. A cosmovisão tradicional é preferível à que nos envolve hoje porque ela se volta para o anseio básico que habita as profundezas do coração humano. Mencionei esse anseio na Introdução; preciso agora descrevê-lo mais detalhadamente.

Todos nós — mesmo os mais satisfeitos e felizes — temos uma inquietação fundamental. Ela age como um fogo inextinguível que praticamente impede que cheguemos à tranqüilidade total nesta vida. Esse desejo ardente impregna a medula dos nossos ossos e as regiões mais abscônditas da nossa alma. Toda grande literatura, poesia, arte, filosofia, psicologia e religião procura dar um nome e analisar esse anseio. Raramente estamos em contato direto com ele, e na verdade o mundo moderno parece determinado a nos impedir de *entrar* em contato com ele, encobrindo-o com uma fantasmagoria interminável de entretenimentos, obsessões, dependências e distrações de todos os tipos. Mas o anseio está aí, entranhado em nós como um boneco numa caixa de surpresas forçando para sair. Duas grandes obras de arte sugerem esse anseio em seus títulos — *Quem Somos? Donde Viemos? Para Onde Vamos?* de Gauguin e *Nostalgia do Infinito*, de Chirico — mas preciso trabalhar com palavras. Quer compreendamos essa realidade ou não, nosso simples existir como seres humanos implica esse anseio de libertação da existência mundana, com suas paredes limitadoras de finitude e mortalidade.

Para nos livrarmos dessas paredes precisamos de espaço fora delas, e o mundo tradicional oferece esse espaço em abundância. Ele transmite a sensação de distâncias amplas, abertas, e de horizontes ilimitados disponíveis à exploração do espírito humano — distâncias e horizontes plenos de qualidade em toda a sua vastidão. Algumas das suas vistas, como mencionei, são aterradoras; ainda assim, apresentando-se como o equivalente qualitativo do universo quantitativo explorado pela física, todos aderiríamos a ele imediatamente, exceção feita aos pusilânimes, se acreditássemos que ele existisse (pelo menos é o que este capítulo defende). Nosso saber convencional lhe nega existência, mas esse saber não pode impedir-nos de ter experiências que *parecem* provir de um mundo diferente.

Os místicos são pessoas que têm a capacidade de sentir os pontos onde a carapaça da vida apresenta rachaduras, e por elas captam vislumbres de um mundo além: Isaías vendo o Senhor nas alturas; Cristo vendo os céus se abrirem em seu batismo; Arjuna confidenciando com Krishna em sua forma cósmica assustadora; Buda contemplando o universo transformar-se num buquê de flores no momento da sua iluminação; João relatando, "Encontrava-me na ilha de Patmos e estava num transe"; Saulo caindo cego na estrada para Damasco. Para Agostinho foi a voz de uma criança dizendo, "Pegue, leia"; para São Francisco, uma voz que parecia vir de um crucifixo. No caso de Santo Inácio, enquanto, sentado à beira de um riacho observava a água correr, e do curioso sapateiro Jacob Boehme, enquanto se concentrava numa vasilha de estanho, foi que ambos receberam a notícia da existência de um outro mundo, uma informação que sempre cabe à religião transmitir.

Histórias se desenvolvem em torno de teofanias como essas, e na sucessão das gerações elas se condensam em mitos que impregnam culturas com significado e motivação. A ciência oferece uma analogia proveitosa aqui. Toda a cosmovisão científica se desenvolveu a partir de um número relativamente pequeno de experimentos cruciais, que podem ser comparados aos pontos numerados num quebra-cabeça infantil que (quando interligados por uma linha traçada em seqüência) produzem o contorno de uma girafa ou de qualquer outra coisa. Os mitos são como as linhas que os povos tradicionais coletivamente, e em grande parte inconscientemente, traçam para ligar os "pontos" das revelações diretas relatadas por seus visionários.

Se o número é a linguagem da ciência, o mito é a linguagem da religião. Ele não se delineia literalmente no mundo do senso comum — o erro dos literalistas bíblicos é pensar que sim — mas isso não é um problema, pois como diz Steven Weinberg, "Sabemos como é desanimador querer enquadrar a mecânica quântica [também] em nosso mundo diário". A assinatura do mito é sempre seu final feliz, o que torna os mitos, como os contos de fada, mais perceptíveis. Os contos de fada situam seus finais felizes — casando a princesa — neste mundo; os mitos fixam esse final na natureza última das coisas, que vence a própria morte. É o plano de enredo de maior sucesso já concebido, e é fácil de ver por que, pois ele estende nossa imaginação ao limite máximo e nesse ponto nos garante que podemos obter o que ela quer alcançar. Mas, e isso não deve ser esquecido, somente *depois* de termos enfrentado e superado provações de assustadora magnitude. Filo de Alexandria e Orígenes (para citar apenas dois) deram a esse plano de enredo o nome de Princípio do Máximo Significado e o propuseram como princípio orientador de toda a exegese. A passagem escritural em questão nos inspira e fortalece?

Venho considerando o grande espaço aberto do ponto de vista humano ao procurar sugerir como poderia ser viver nele, mas o aspecto decisivo sobre ele ainda precisa ser mencionado. Os povos tradicionais não pensam no mundo tangível como auto-suficiente. Ele deriva de uma fonte divina, chamada de Grande Espírito, Deus, o Uno, o Infinito, e assim por diante. Essa fonte não está separada do mundo — a separação é a única coisa *de que* ela está separada. Ela está, porém, livre das limitações do mundo: o tempo com seus perecimentos perpétuos, o espaço com suas separações e a finitude com suas restrições opressivas. Nossos antepassados percebiam essa distinção entre Transcendência e imanência (a primeira com maiúscula para indicar a sua superioridade) como um chamado a voltar à fonte de onde provieram. "Deus se fez homem para que o homem possa tornar-se Deus" é a forma como os cristãos expressam essa realidade. A versão budista diz: "Por haver um que não nasceu, um que não se tornou, um que não foi feito, um que não é composto, existe uma saída para o que nasceu, para o que se tornou, para o que foi feito e para o que é composto."

Dizer que o peregrino não está sozinho em sua jornada heróica atenua o caso, pois é a centelha da divindade plantada por Deus nos seres humanos que dá início à jornada. A Transcendência toma a iniciativa em cada etapa: ao criar o mundo, ao apresentar-se como modelo ao mundo e ao configurar civilizações através de suas revelações — revelações que puseram civilizações em movimento e definem suas trajetórias. Esse é o solo inexpugnável para esperança que in-

36 / POR QUE A RELIGIÃO É IMPORTANTE

troduz o otimismo na cosmovisão tradicional. A qualquer pessoa com um mínimo de discernimento metafísico é evidente que o divino *deve* tomar a iniciativa para que o regresso do mundo a ele tenha condições de se realizar, pois a incomensurável diferença entre o finito e o infinito torna absurda a idéia de que o finito possa superar a distância com os seus próprios recursos. Para que a humanidade corteje Deus, é preciso que Deus seja tanto o verdadeiro agente quanto o objeto desse cortejar.

Estou procurando manter minha resolução de reservar questões de verdade para capítulos posteriores, mas sendo eu mesmo filho destes tempos céticos, deparo-me com imputações de "pensamento veleitário", "escapismo" e "esperanças para tranqüilidade mental" rondando esses parágrafos enquanto os escrevo, e por isso vou fazer uma rápida interrupção para enfrentá-las, a começar por uma quarta imputação que não constava da minha lista original porque ainda não havia entrado em contato com o livro *Consilience*, do sociobiólogo E. O. Wilson. Lendo-o, descobri na página 286 que as pessoas seguem uma religião porque a religião é "mais fácil" que o empirismo.

Isso me deixou perplexo e provocou uma reação que serei sincero o bastante para expor. Sr. Wilson:

- Quando o senhor tiver resistido a um *O-sesshin* de oito dias num mosteiro zen, sentado na postura *seiza*, imóvel durante doze horas diárias, só podendo dormir três horas e meia por noite até que a privação de sono e a falta de sonhos provoquem uma psicose temporária (o meu próprio eu indefinível);
- Quando o senhor tiver participado de quatro "retiros das chuvas" no Insight Buddhist Meditation Center, em Barre, Massachusetts, ficando um ano inteiro sem ler, escrever, falar e com os olhos sempre baixos (minha mulher);
- Quando o senhor tiver quase morrido devido aos rigores suportados antes de alcançar a iluminação debaixo de uma árvore bo na Índia;
- Quando o senhor tiver sido crucificado no Gólgota;
- Quando o senhor tiver sido lançado aos leões no coliseu romano;
- Quando o senhor tiver estado num campo de concentração e conservado algum grau de dignidade através da sua fé;
- Quando o senhor tiver dado a sua vida para possibilitar uma morte digna a mulheres desabrigadas e indigentes retiradas das ruas de Calcutá (Madre Teresa), ou tenha praticado algo equivalente com os pobres na Cidade de Nova York (Dorothy Day);

Quando, sr. Wilson, o senhor tiver passado por qualquer dessas experiências, aí então o senhor estará em condições de falar sobre a facilidade da religião em comparação com os ardores do empirismo.

Dissipada a explosão, continuo com o escapismo que eu estava para abordar antes de perder a paciência. Há ocasiões em que os esforços para fugir não são ignóbeis. Por que se deveria desprezar um homem que, estando na prisão,

O Grande Espaço Aberto e o Túnel Dentro Dele / **37**

procurasse fugir e ir para casa? Ocorre-me neste momento algo que Walter Capps (o único professor de religião eleito para o Congresso americano) me disse um pouco antes de ter sua vida abreviada por um ataque cardíaco fulminante. Sua extensa obra acadêmica incluía um livro sobre monasticismo. Como parte da sua pesquisa para esse livro, ele visitou diversos mosteiros, onde convivia com os monges durante vários dias. Quando voltava para casa depois de uma dessas vivências, preocupado com a questão do possível escapismo dos monges, ele parou numa loja de departamentos para comprar alguma coisa de que precisava. Era de manhã cedo (os monges levantam muito cedo) e ele se viu no meio de um ajuntamento de mulheres que esperavam a loja abrir, o que aconteceu logo em seguida. Tratava-se do início de uma grande promoção de lingerie, e assim Walter foi literalmente arrastado para o interior da loja por uma torrente de mulheres que se precipitaram para as montanhas de roupas de baixo e começaram a remexer tudo desvairadamente para escolher o que quisessem. O espetáculo, contou-me ele, esclareceu a questão que o estivera inquietando. Quem era escapista, os monges de quem ele se despedira uma hora antes ou aquelas mulheres ávidas de barganhas que davam a impressão de querer aliviar seu vazio espiritual com roupas compradas a preços baixos?

O Túnel

O advento da ciência moderna trouxe conseqüências que nossos ancestrais nem remotamente imaginaram. Não é preciso dizer que é irreconhecível a mudança que essa ciência produziu em nosso mundo, mas é o modo como ela transformou nossa cosmovisão que é objeto deste livro. A cosmovisão tradicional rendeu-se a ela, mas não completamente. As mudanças históricas não se dão de maneira abrupta, pois a tradição se volta contra elas, tornando o intervalo cultural um fator que sempre precisa ser levado em conta. É por isso que (como mencionei anteriormente) estou me socorrendo dos tipos ideais de Max Weber. Muito poucas pessoas atualmente, se houver alguma, aceitam a cosmovisão científica ou a tradicional sem (inconscientemente, quando não conscientemente) introduzir algumas características da posição contrária. Mesmo as que abandonaram detalhes teológicos da visão religiosa continuam debaixo dos seus últimos raios acreditando que os seres humanos são dotados de certas propriedades únicas (dignidade intrínseca e direitos inalienáveis), que outros organismos não possuem, e que (como conseqüência) a prioridade maior que uma sociedade democrática pode se estabelecer é respeitar a santidade e o valor do indivíduo. Os evolucionistas procuram justificar esses princípios como valores emergentes, mas o que passa despercebido (como mostrou Walter Percy) é que, no momento em que a santidade do indivíduo é transformada num "valor", um gigantesco ato de desvalorização já ocorreu.

38 / POR QUE A RELIGIÃO É IMPORTANTE

Se ao fato de que ninguém adere ou à cosmovisão científica ou à tradicional em sua forma pura acrescentarmos que não há duas pessoas que vejam uma ou outra das duas cosmovisões exatamente do mesmo modo, fica claro meu motivo de apresentar as visões como tipos ideais.

Avaliação das Alternativas

Para realçar as alternativas, mencionarei cinco lugares onde elas se contradizem uma à outra.

1. Na visão tradicional, religiosa, *o espírito é fundamental e a matéria é derivativa*. (Nesta análise, não havendo ressalva em contrário, os termos *tradicional* e *religioso* são permutáveis, pois todas as sociedades tradicionais eram religiosas.) A matéria emerge no mar do espírito apenas ocasionalmente, como *icebergs*. A cosmovisão científica inverte esse quadro. Ao restringir a consciência (o ponto mais perto do espírito a que a ciência chega) a atributos de organismos complexos, ela transforma o espírito em diminutos filetes d'água sobre um único planeta num deserto aproximadamente a quinze bilhões de anos-luz.

2. Na cosmovisão religiosa os seres humanos são *o menos que derivou do mais*. Nuvens passageiras de glória, eles carregam dentro de si traços de suas nobres origens. Eles são criaturas do seu Criador, ou (em termos filosóficos) emanações d'Aquele que contém toda a perfeição. Os povos tribais expressam isso graficamente, como quando os índios tucanos da região de Vaupés, na Colômbia, dizem que a primeira pessoa veio do céu numa canoa-serpente. A ciência inverte essa etiologia, posicionando a humanidade como *o mais que derivou do menos*. De um universo privado de senciência no início, a vida finalmente emergiu, e de sua forma mais simples chegou à elevada estatura em que nós seres humanos nos encontramos hoje. Nada no universo da ciência é mais inteligente do que nós.

3. A cosmovisão tradicional aponta para um *final feliz*; a cosmovisão científica, não. Na família abraâmica (mais envolvida na história do que as religiões tribais e asiáticas), tanto as almas individuais quanto a história como um todo acabam felizes. A história alcança seu ponto culminante na vinda do Messias (judaísmo), na segunda vinda de Cristo (cristianismo) e na vinda de *Al-Mahdi*, o Corretamente Guiado, que aparece antes do fim dos tempos e restabelece os vínculos entre o céu e a terra até o último dia (islamismo). O céu proporciona o final feliz para as almas individuais, mas a doutrina da condenação eterna no inferno se imiscui flagrantemente aqui — tanto que dedicarei um parágrafo a ela depois de terminar esta breve análise das coisas finais. Diferentemente das suas correspondentes ocidentais, as religiões da Índia consideram *samsara* (praticamente o mundo que conhecemos hoje) irredimível, mas o hinduísmo e o budismo, com outras religiões da Índia que contam com menos seguidores, pre-

gam a possibilidade de libertação de *samsara* e a conquista do *Nirvana*. A Ásia oriental (reconhecendo-se metafisicamente medíocre e pouco interessada no assunto) aceitou o budismo em sua orgulhosa história para que ele se ocupasse da metafísica. Visto que já falei do budismo, incluirei a visão que correntes não-budistas da China têm das últimas coisas através de um dos meus vislumbres da infância com relação à sua religião popular.

Bem na frente do portão de trás do nosso pequeno condomínio em Changshu havia um terreno baldio reservado para eventos públicos, inclusive para ritos fúnebres. Para funerais, as famílias abastadas podiam mandar construir uma casa de papelão em tamanho natural e mobiliá-la com mesas, cadeiras e camas reais (sobre essas, uma vez vi estendidas colchas de seda autêntica). Feixes de palha de arroz eram postos junto à casa, e na hora marcada (enquanto os sacerdotes budistas andavam em procissão ao redor da casa tocando flautas e cantando) a estrutura provisória era entregue às chamas. O objetivo óbvio do ritual (além de ser uma demonstração de evidente consumo) era garantir uma vida futura confortável para o falecido. No último desses ritos de que participei, uma réplica em papel machê de um Ford modelo T estava estacionada junto à porta da frente, provavelmente para mostrar que enquanto o falecido havia apenas *vivido* neste mundo, ele iria *realmente* viver no próximo.

Agora a referência prometida sobre o inferno. No Ocidente, as versões cristã e islâmica da doutrina atingem profundamente a pessoa — e não sem razão, pois desconheço que a condenação *eterna* faça parte de outras visões. No entanto, o conceito de inferno por um período está muito difundido. Voltando rapidamente à minha infância, o grande templo budista em cujos belos jardins nossa família freqüentemente fazia seus piqueniques ostentava uma enorme estátua de Buda que saudava os olhos do visitante logo na entrada. No outro lado da parede atrás desse Buda, porém, esculpido em baixo-relevo de trinta centímetros, um painel gigante representava as torturas dos condenados com um realismo tão horrendo que faria Hieronymus Bosch sentir inveja.

Continuar falando da condenação aqui fragmentaria este capítulo, por isso concluirei este tópico com dois pontos relevantes e a promessa de que voltarei a ele no último capítulo. Primeiro, os psicólogos passaram a ter sérias dúvidas sobre a eficácia do medo como inibidor da prática do mal. Segundo, no contexto da religiosidade humana como um todo, a doutrina da condenação eterna parece mais a exceção que comprova a regra de um final feliz do que uma doutrina que invalida essa regra.

Quanto à cosmovisão científica, não há como incluir nela o conceito de final feliz. A morte é a ceifeira sinistra das vidas individuais, e se as coisas como um todo acabarão no congelador ou no caldeirão, com uma explosão ou com lamentações (ou se continuarem produzindo mais matéria insenciente num universo em expansão), cabe a cada um julgar. Teilhard de Chardin procurou heroicamente introduzir a teleologia no universo com seu Ponto Ômega, mas

40 / *POR QUE A RELIGIÃO É IMPORTANTE*

sua visão não recebeu aprovação teológica nem científica. Os teólogos querem saber onde estão a "queda" e a crucificação no cenário de Chardin, enquanto os cientistas assumem uma posição de absoluto desdém. Sobre *O Fenômeno Humano*, de Teilhard de Chardin, P. B. Medawar escreve: "Pode-se escusar seu autor de desonestidade porque antes de enganar os outros ele se esforçou muito para iludir a si mesmo."

4. O quarto contraste entre cosmovisões rivais diz respeito ao significado. Tendo sido intencionalmente criado pela Perfeição onipotente — ou (numa descrição menos antropomórfica) emanando dessa Perfeição "como fonte incessante", nas palavras de Plotino — o mundo tradicional é significativo em todo o seu conjunto. Na cosmovisão científica, o significado tem apenas a profundidade da pele, "pele" aqui significando organismos biológicos num único pontinho no universo sideral. Como John Avis e William Provine disseram, "Nossa moderna compreensão de evolução implica que o significado último na vida é não-existente". Steven Weinberg se junta a eles ao reconhecer que "quanto mais o universo parece compreensível, mais ele parece sem sentido".

5. Finalmente, no mundo tradicional as pessoas se sentem em casa. Elas *pertencem* ao seu mundo, pois são feitas da mesma matéria espiritualmente senciente de que é feito o mundo. O *kakemono* (rolo de pintura japonesa) pendurado no meu vestíbulo me lembra diariamente que "céu e terra [idioma da Ásia oriental para tudo o que existe] são permeados de senciência".

De forma tão inconsútil teceram os povos tradicionais o grande mundo da natureza com os aspectos espirituais da sua vida, que nós modernos dificilmente podemos imaginar. Para dar apenas um exemplo, os pawnee de Oklahoma constroem suas casas seguindo o modelo de arquitetura da natureza como a compreendem. Ainda hoje, em geral à noite, todos sentados nos telhados, as crianças ouvem de seus pais como a Estrela Vespertina e a Lua criaram a primeira menina e como a Estrela Matutina e o Sol criaram o primeiro menino. A Estrela Grande Chefe, que brilha na direção do vento do inverno e que se mantém imóvel, aponta para eles, e até que o sono os vença, todos contemplam as demais estrelas formando um círculo ao redor dela. A Grande Estrela Chefe lembra aos chefes tribais suas responsabilidades de cuidar dos seus povos. Nada que se assemelhe a este sentimento de pertencer pode provir da cosmovisão científica. Albert Camus fala pelos discípulos dessa cosmovisão quando diz, "Se eu fosse um gato eu pertenceria a este mundo, a este mundo a que me oponho com todo o meu ser". Com noventa anos agora, Czeslaw Milosz se vê como tendo vivido para ver o alvorecer da "era dos sem-teto".

ADOÇANDO A MAÇÃ AZEDA

Compreensivelmente, há uma tendência em querer suavizar os contornos rígidos da visão moderna e "adoçar a maçã azeda" (expressão de Freud). A afirmação de Einstein de que "a emoção mais bela que podemos sentir é a mística" é freqüentemente citada nesse contexto, e com igual freqüência é sempre atualizada. Enquanto escrevo estas linhas, *The Sacred Depths of Nature*, de Ursula Goodenough, é o exemplo do momento. Para Goodenough, a natureza "não tem nenhum Criador, não tem nenhum sentido superordenado de sentido, não tem outro propósito senão o da continuação da vida". Ainda assim, ela a emociona com sentimentos de "temor e reverência".

Podemos nos alegrar que assim seja, mas que consolo podemos extrair desse fato quando o temor que a natureza desperta nos seres humanos não é, como todas as emoções, mais que um lembrete, por assim dizer, apenso a uma natureza que não tem consciência de ter esse adorno? Reverência e temor são sentimentos humanos que se aprofundam na natureza até o nível aonde chega a natureza humana, e num universo a quinze bilhões de anos-luz, essa consciência é uma película tão fina que se aproxima de uma linha matemática. Falar das profundezas da natureza como sagradas em si mesmas, sem seres humanos que lhes atribuam o caráter de sagrado, é ser culpado do pensamento antropomórfico que John Ruskin chamou de "falácia patética" — a falácia de atribuir sentimento onde não há sentimento. A "sacralidade" de Goodenough está nos olhos dela, os olhos do observador, e nos olhos daqueles que participam da sensibilidade dela. O que está nas profundezas da natureza — a sua estrutura profunda sobre a qual a senciência humana balança como uma pétala de rosa sobre o mar — é matéria insenciente, quantificável. A professora Goodenough rejeita o veredicto recém-citado de Steven Weinberg de falta de sentido, mas a leitura de Weinberg é a leitura consistente da matéria.

Entre parênteses, a criatividade própria da vocação científica provavelmente faz com que seja mais fácil aos cientistas do que à maioria das pessoas criar vidas significativas para si mesmos, um sentido subjetivo, existencial, que pessoas como Goodenough projetam no mundo em geral. Em torno da metade do século XX, George Lundberg escreveu um livro polêmico intitulado *Can Science Save Us?* Na tempestade verbal de respostas afirmativas e negativas que se seguiu, minha resposta pessoal foi esta: a ciência *pode* salvar os cientistas, pois a excitação da descoberta e a sensação de que a pessoa está envolvida com coisas importantes são profundamente realizadoras.

Uma lenda que circulou pelos corredores do MIT quando eu lá ensinava deixa esse ponto muito claro. Quando Edward Land e seu colega estavam na fase decisiva da descoberta do processo que levou à câmera polaróide, eles trabalhavam vinte e quatro horas por dia e tiravam breves cochilos sobre as próprias mesas de trabalho quando não agüentavam mais de sono. Num determinado momento, o colega de Land disse que estava esgotado e que precisaria parar para descansar um pouco. "Ótimo", respondeu Land; "podemos fazer nossas compras de Natal." "Ed", reagiu o colega, "*Ed*! É 3 de janeiro."

Como toda hagiografia, é provável que essa história esteja bem enfeitada, mas ninguém que tenha se envolvido num trabalho de criação deixará de entender. *Meu* objetivo ao contá-la é mostrar como é diferente o prazer que deriva de inventar a câmera polaróide, de um lado, e de comprar uma, de outro.

Quanto Está em Jogo

Como eu disse, procurei neste capítulo evitar a questão e me limitei a contrapor as duas cosmovisões que estão competindo pela mente do futuro. Mas só mencionei superficialmente o motivo para adotar essa tática; chegou o momento de expô-lo por completo.

Onde as posições são dadas como definitivas, as evidências comprobatórias não entram no quadro porque a posição parece obviamente verdadeira em si mesma. Um segundo ponto é menos geralmente reconhecido que o primeiro. Nos casos em que as evidências comprobatórias são procuradas, a seriedade da procura depende da maior ou menor correção da tese em questão. Para testar a resistência de um cinto, basta esticá-lo uma vez com força, pois a conseqüência seria mínima se ele se rompesse. Quando vidas estão em jogo, porém, a situação muda; por isso a resistência das cordas do pára-quedas precisa ser calibrada com precisão.

Esses dois pontos se entrelaçam aqui como segue. Não estando em voga hoje, a cosmovisão tradicional precisa agora ser tema de debate para ter condições de sobressair-se. E então, o segundo ponto. A seriedade com que devemos considerar as evidências a favor ou contra ela depende de quanto está em jogo. Quanto está em jogo! — repito esta frase porque ela poderia ser o título deste segundo capítulo, que afirma que os riscos são altos. Com este argumento, o capítulo reforça o título do livro como um todo, *Por que a Religião é Importante*.

Conclusão

A superioridade intrínseca da cosmovisão tradicional sobre sua alternativa científica foi o tema deste capítulo, mas quero concluir criticando-a severamente. Para isso, não preciso alongar-me; um único contraste, seguido pelo testemunho de um dos grandes cientistas do século XX, será suficiente.

Primeiro o contraste. Uma década atrás, uma resenha no *Chronicle of Higher Education* começava com esta afirmação categórica: "Se há *uma coisa* que caracteriza a 'modernidade', essa é a perda da fé na transcendência, numa realidade que abrange e ultrapassa nossos problemas cotidianos" (itálico meu). Se a isso acrescentarmos o testemunho de um importante poeta inglês do nosso tempo, David Gascoyne, temos a essência deste capítulo em poucas palavras: "O tema subentendido que se manteve constante em quase tudo o que escrevi é o da natureza intolerável da realidade humana quando destituída de toda dimensão espiritual, metafísica."

Com essas duas afirmações justapostas, apresento o veredicto de Jacques Monod, decano dos microbiólogos quando faleceu, uma geração passada. Sua sentença faz parte da conclusão do seu livro de despedida, *Chance and Necessity*.

> Nenhuma sociedade antes da nossa foi jamais dilacerada por contradições tão angustiantes. Tanto na cultura primitiva como na clássica a tradição animista [expressão dele para o que chamo de cosmovisão tradicional] via o conhecimento e os valores nascendo da mesma fonte. Pela primeira vez na história uma civilização está tentando estruturar-se aderindo desesperadamente à tradição animista para justificar seus valores, e ao mesmo tempo abandonando-a como fonte de conhecimento.
>
> Assim como uma "escolha" inicial na evolução biológica de uma espécie pode influenciar todo o seu futuro, do mesmo modo a escolha da prática científica, uma escolha inconsciente no início, lançou a evolução da cultura numa via de mão única: uma rota que no entender do cientismo do século XIX levaria infalivelmente a humanidade a um zênite empíreo, enquanto o que vemos abrir-se diante de nós hoje é um abismo de trevas.

Se as evidências *exigem* que sejamos dilacerados por esta torturante contradição, ou se caímos nela por um erro lógico, é a questão do próximo capítulo.

CAPÍTULO 3

O Túnel em Si

Com as questões de verdade suspensas, a cosmovisão científica teve um desempenho medíocre no capítulo anterior. Alguns dos seus adeptos podem ter concordado com o que estava sendo dito com base no pressuposto de que, se a verdade passasse a fazer parte do quadro, a cosmovisão científica recuperaria sua estatura; se isso aconteceu, a estratégia que anunciei para aquele capítulo produziu certo efeito. Como a cosmovisão tradicional está vindo de trás, a tarefa agora consiste em dar-lhe uma oportunidade para ser ouvida. Se eu tivesse começado com a questão da sua verdade, jargões como *Copérnico* ou *Darwin* se teriam precipitado e mentes teriam se fechado para o passado — esse pelo menos era o meu medo.

Prontos agora para ouvir o que a verdade tem a nos dizer sobre a precisão comparativa das duas cosmovisões, descobrimos que é muito pouco — nada definitivo, na verdade. Geralmente pensamos que os achados da ciência suprimiram a visão tradicional, mas esse tem sido nosso grande erro, pois esses achados pertencem ao universo físico somente — *cosmologia*, no meu vocabulário — enquanto a questão *metafísica* é se esse universo é tudo o que existe. Pensar que a ciência pode abordar essa questão é como imaginar que pessoas que se deslocam pelo espaço num grande balão poderiam usar o mesmo holofote que ilumina o interior da aeronave para localizar a posição em que ela se encontra no espaço. Ou (mudando a analogia), é como se, ao ouvir que os garotos da rua tal e tal têm olhos só para Caroline, o ouvinte concluísse que Caroline é a única garota daquela rua.

Se a ciência não consegue dizer-nos o que (se houver) está fora do nosso universo, o que conseguirá? Nada *definitivamente*, mas seria tolice não recorrer a todos os recursos disponíveis. Aliás, as coisas não são nem como a ciência diz que são nem como a religião diz que são. Elas são como a ciência, a religião, a filosofia, a arte, o senso comum, nossas intuições mais profundas e nossa imaginação exercitada dizem que elas são. O que todos esses recursos complementares — com exceção da ciência moderna, que trabalha com um visor limitado (ver Capítulo 12) — têm dito sobre o Grande Quadro ao longo da história humana assumiu a forma de uma única cosmovisão, extraordinariamente clara e inspiradora. Essa cosmovisão, que considero a sabedoria filtrada da raça humana, encontra-se destilada nas grandes e resistentes religiões do mundo.

Eu mesmo julgo essa exposição convergente a melhor medida de verdade que temos sobre o todo das coisas, mas como não posso provar isso, direi apenas mais uma coisa sobre a verdade antes de abordar o tema principal deste capítulo. A teoria pragmática da verdade a define como *aquilo que dá resultados*. Não sou partidário dessa teoria, mas contanto que não lhe demos a última palavra, ela nos oferece coisas sobre as quais pensar, e aqui seu interessante parecer diz respeito ao efeito placebo. Os médicos não encontraram um remédio tão universalmente eficaz quanto o placebo. Em termos psicológicos, a tradução disso é: *Se você acha que alguma coisa pode ajudar, ela vai ajudar;* ou, de modo mais geral, *Se você pensa positivamente, seu sistema imunológico responde positivamente.*

Se essa é a verdade psicossomática da questão, sua extensão metafísica é que uma atitude positiva com relação à vida traz resultados positivos. Parece seguro dizer que a comparação de cinco pontos das cosmovisões tradicional e científica feita no capítulo anterior mostra que a primeira é mais propícia a uma postura de vida positiva do que a última, e os três fatos mencionados a seguir, escolhidos quase ao acaso, referem-se a conseqüências de uma postura assim:

- Um pós-graduando em Psicologia da Universidade de Nova York realizou um experimento com estudantes que freqüentavam um curso de direito administrativo. Depois de formar o grupo experimental e o grupo de controle e de colocá-los em salas separadas, ele instruiu os integrantes de ambos os grupos a fixarem o olhar em telas em branco durante um minuto antes de entrarem na sala para participar da aula. Por quatro microssegundos — tempo demasiadamente curto para haver uma percepção consciente — uma imagem taquistoscópica foi projetada na tela. Para o grupo experimental, a mensagem era, "Mamãe e eu somos um"; para o grupo de controle, "Há gente caminhando". Ao final desse curso de verão, observou-se que os alunos do grupo experimental haviam obtido um conceito superior ao alcançado pelo grupo de controle.
- Os famosos experimentos "Pigmalião na sala de aula", de Robert Rosenthal, mostram que quando os professores aumentam suas expectativas com relação a certos alunos, estes captam esse sentimento, e a auto-imagem melhorada resultante de todo o processo os leva a apresentar um desempenho melhor do que o constatado até então.

POR QUE A RELIGIÃO É IMPORTANTE

• Um estudo feito na Duke University em 1999 mostra que as pessoas que vão regularmente à igreja têm 28 por cento menos probabilidade de morrer num dado período de sete anos do que as que não seguem essa prática. Muitos estudos semelhantes foram feitos, todos com resultados coerentes com esse.

Considerações pragmáticas como essas nos dão, como digo, coisas sobre que pensar, mas quero concluí-las rapidamente. O problema não é que se alguém as considerar importantes, montanhas de contingências afluem para anuviar as alegações que estão sendo feitas. Mais importante é o fato de que usar as conseqüências das crenças religiosas para apoiar as crenças em si não trará resultados porque os placebos só são eficazes quando não são conhecidos como tal. Se a cosmovisão tradicional deve produzir efeitos benéficos, assim será porque se acredita que ela é verdadeira, e ninguém pode auto-induzir-se a acreditar que X é verdadeiro porque paga dividendos. O estudo da Duke ilustra um segundo perigo. Quando as conseqüências da crença são bens mundanos, como saúde, fixar-se nelas transforma a religião num posto de serviço para auto-satisfação e as igrejas em clubes de saúde. Isso é exatamente o contrário da função da verdadeira religião, que é tirar o ego do seu pedestal, e não servir de instrumento para seus desejos mundanos.

Expressos esses pontos epistemológicos, volto-me agora para o túnel a que a ciência adornada de atavios metafísicos nos levou. O capítulo anterior situou o túnel no terreno por ele percorrido. Este capítulo o analisará em sua totalidade, e os quatro capítulos seguintes descreverão seus lados. Cada um dos cinco capítulos relacionados com o túnel começará com um livro que escolhi como condutor do capítulo. Seguirei o curso de cada um tão fielmente, que o leitor poderia sem prejuízo pensar que esta primeira metade do meu livro é um mosaico configurado a partir dos livros que adoto para introduzir seus respectivos capítulos. Passo para o livro escolhido para este capítulo.

Livro Condutor

The Tunnel, escrito por William Gass em 1995, foi um forte concorrente para o papel. Seu título é a metáfora operativa para todo meu livro, e a obra de Gass é sufocantemente sombria, como todos os túneis. Seu protagonista é um personagem tão repulsivamente solitário quanto a ficção é capaz de produzir. Professor de história de meia-idade numa universidade do centro-oeste, ele cria o hábito de se enfurnar no porão da sua enorme casa classe média para fugir da sua mulher, que ele não ama e não deseja. Ele cava um túnel que se estende para além dos alicerces, deitado sobre seu ventre proeminente e contorcendo-se para passar por acúmulos de terra, sujeira e detritos ao sair. Ele quer fugir da sua vida e dos nossos tempos, simbolizados por sua horrível casa.

Esse enredo corresponde tão perfeitamente a este terceiro capítulo do meu livro que, não fossem duas diferenças muito claras, eu poderia ter sido tentado a pensar que o motivo secreto de Gass escrever seu romance foi representar meu livro no palco. A primeira dessas diferenças é que o livro de Gass é aristocrático, escrito para a elite literária, enquanto o meu é tão plebeu quanto consigo transmitir seus, nem sempre simples, argumentos. E o livro de Gass é pós-moderno — na verdade, agressivamente pós-moderno. Proclamado por alguns como *o* romance pós-moderno, ele é intencionalmente polivalente e obscuro para permitir leituras alternativas a cada passo. Meu objetivo é o oposto — ser tão claro e direto quanto o assunto possibilitar.

Excluído *The Tunnel*, fui buscar *A Terra Desolada* de T. S. Eliot — numa estante de um metro e meio de candidatos, apresso-me a dizer — porque um sinal importante de que estamos *num* túnel é o modo como o século XX substituiu utopias por distopias. O século em que os políticos solaparam a esperança como nunca antes — prometendo "a guerra que acabaria com todas as guerras", "a guerra que tornaria o mundo seguro para a democracia", "o século do homem comum", "as quatro liberdades", "um só mundo", "a grande sociedade" e "a nova ordem mundial" — viu a escrita utópica deter-se abruptamente. Ninguém antecipou o século XX com tanta lucidez quanto Nietzsche, e temos o seu veredicto: "A primeira melhor coisa é não nascer; a segunda é morrer logo." Para Yeats, "aos bons falta convicção, ao passo que os maus estão repletos de intensidade apaixonada". Kazantzakis concluiu que a "esperança é uma prostituta de coxas pustulentas", e mesmo Bergson (que levou a biologia avançada e elevada de Darwin para a filosofia) no fim se deu conta de que os seres humanos estavam sendo esmagados pelo enorme progresso que haviam feito. Nunca consegui considerar Sartre profundo, mas ele era um fenomenólogo perspicaz e, no nível existencial da sua reflexão, ele concluiu que "precisamos aprender a viver sem esperança". Títulos de filmes repetem o refrão: *Eu Vi o Futuro e Ele Não É Bom.*

Nas condições indicadas, eu poderia ter escolhido quantos livros quisesse para conduzir este capítulo: *Darkness at Noon*, de Arthur Koestler, *Waiting for Godot*, de Samuel Beckett, *The Age of Anxiety*, de W. H. Auden, *Brave New World*, de Aldous Huxley, *1984*, de George Orwell, *The Abolition of Man,* de C. S. Lewis, *One Dimensional Man*, de Herbert Marcuse, ou inúmeros outros. Mas opto por *A Terra Desolada*, porque seu título conta a história por si mesmo e (como motivo de reforço) porque forma par logicamente com a sua seqüência, *The Hollow Men*. Temos assim dois livros (neste caso poemas) que conduzem este capítulo. As conhecidas estrofes de abertura dos poemas se assemelham a epitáfios para o século XX. De *A Terra Desolada*:

Abril é o mais cruel dos meses, gerando
Lilases na terra morta. ...

Que ... ramos brotam
Desse entulho pedregoso? Filho do homem,
Não podes dizer, nem imaginar, pois conheces apenas
Um feixe de imagens fraturadas, onde o sol arde,
E a árvore morta não dá abrigo, o grilo não dá sossego,
E a pedra seca não ecoa som de água. ...

The Hollow Men [Os Homens Ocos] descreve os habitantes dessa terra desolada:

Somos os homens ocos
Somos os homens empalhados
Inclinando juntos
Cabeças cheias de palha. Ai!
Nossas vozes secas, quando
Sussurramos juntos
São silenciosas e sem sentido
Como vento no capim seco
Ou pés de ratos sobre vidro quebrado
Em nosso porão ressequido.

O equilíbrio deste capítulo expande os versos de Eliot a meu modo.

O Túnel em Questão

Lembro ao leitor que (como eu disse no Capítulo 2) a metáfora do túnel neste livro se aplica não aos nossos tempos como um todo, mas à cosmovisão por onde temos inadvertidamente andado sem rumo. Isso apresenta uma dificuldade, pois (como aquele capítulo também disse) cosmovisões tendem a passar despercebidas. No passado isso não tinha muita importância, pois então as visões favoreciam a vida. As construções importantes eram templos; as estátuas eram de deuses e de santos; as lendas, canções e danças assumiam o caráter de peças de moralidade; e os feriados eram dias santos. Mementos do sagrado estavam por toda a parte, espalhados quase negligentemente, poderíamos dizer. Marco Pallis relatou que, no Tibete tradicional que ele conheceu, toda a paisagem parecia impregnada da mensagem dos ensinamentos de Buda. "Ela chegava ao observador com o ar que ele respirava. Os pássaros pareciam cantá-la; os regatos da montanha sussurravam o refrão dela ao borbulharem através das pedras. Um perfume sagrado parecia emanar de cada flor, um lembrete e ao mesmo tempo um indicador do que ainda precisava ser feito. Havia momentos em que um homem poderia ser perdoado por imaginar-se já na Terra Pura."

Naqueles tempos, referências explícitas ao sagrado eram praticamente desnecessárias, mas esses tempos já se foram há muito. Hoje não vivemos sob um pálio sagrado; são as relações de mercado que formam o pano de fundo da nossa cultura. A mensagem que os anúncios retumbam na nossa mente consciente e inconsciente é que a realização é fruto do que possuímos. Como isso não é verdade, a mensagem é inadequada, e por isso precisamos ter consciência da cosmovisão que a patrocina. A linha que vai de uma cosmovisão materialista a uma filosofia materialista da vida não é reta, mas existe mesmo assim. Infelizmente, filósofos, que anteriormente tomavam a si a tarefa de acompanhar as cosmovisões e suas conseqüências, hoje não assumem essa responsabilidade. Já pela metade do século XIX, Jacques Maritain admoestava que "um enfraquecimento do espírito metafísico é um dano incalculável para a ordem geral da inteligência e das questões humanas", mas os filósofos não estavam dispostos a ouvir e optaram pela desconstrução pós-nietzschiana da metafísica. "Vivemos numa época em que a possibilidade mesma da metafísica dificilmente é admitida sem polêmicas", observou R. G. Collingwood, e Iris Murdoch reforçou essas palavras. "A filosofia moderna é profundamente antimetafísica em espírito", disse ela por sobre o ombro enquanto punha quase toda a sua energia em escrever romances.

É curiosa essa rejeição por parte dos filósofos do que historicamente fora sua principal contribuição à civilização, mas não deixa de ter uma explicação — duas explicações conexas, na verdade. Primeira, tomando equivocadamente a cosmologia pela metafísica — o erro cometido pela modernidade como um todo — os filósofos contemporâneos tendem a admitir que os cientistas ocupam uma posição mais adequada que eles para ver o todo das coisas. Este comentário de John Searle reflete explicitamente esse fato: "Os profissionais em geral, nas áreas da filosofia, psicologia, inteligência artificial, neurobiologia e ciência cognitiva aceitam alguma versão de materialismo porque acreditam que ele é a única filosofia consistente com nossa cosmovisão científica contemporânea."

O motivo paralelo para a extinção da metafísica é o pós-modernismo, pois (como se observou no Capítulo 1) ele emergiu em boa parte para arruinar o projeto. Admitindo sem questionar que as cosmovisões necessariamente oprimem, e relevando o fato de que mesmo que esse fosse o caso, elas não podem ser suprimidas do saber humano, os filósofos tentaram fabricar um mundo desprovido de metafísica, um oximoro, na realidade. Alguns anos atrás, a revista do corpo discente da Universidade de Chicago apresentou Richard Rorty na capa de uma de suas edições anunciando que "não há Grande Quadro".

Como esse não é o caso, continuo com a tarefa que constitui o aspecto crucial deste livro — sustentar o Grande Quadro da modernidade diante de um escrutínio devastador. (A modernidade e a pós-modernidade não podem ser separadas uma da outra. O contexto deve indicar se emprego a palavra *moderni-*

dade para referir-me ao período que precedeu a pós-modernidade, como faço no Capítulo 1, ou para incluir a pós-modernidade, como faço aqui.)

UM UNIVERSO DESQUALIFICADO

A memorável caracterização que Lewis Mumford faz da cosmovisão científica como "desqualificada" é um jogo de palavras. Essa cosmovisão é desqualificada no sentido expresso de estar "fora da disputa" como lar humano, e o que a desqualifica para esse papel é o modo como ela despoja o mundo objetivo de suas qualidades e o deixa "des-qualificado" naquele sentido estranho mas totalmente apropriado da palavra.

Geralmente supomos que a ciência pode pelo menos manipular o mundo físico que nossos sentidos registram, mas estritamente falando não é isso que acontece, pois experimentamos o mundo físico adornado de sons, odores e cores, enquanto a ciência nos dá apenas os suportes quantificáveis dessas sensações. As "qualidades secundárias" — as cores que vemos e o pipilar dos pássaros que ouvimos — não chegam aos livros científicos. Do ponto de vista dessa cosmovisão, os seres humanos (e talvez outros animais) pintam essas qualidades sobre o mundo, por assim dizer.

E se as qualidades secundárias não têm lugar no mundo objetivo, super-humano, muito menos o têm as "qualidades terciárias" — o que vale dizer, os valores. Esperanças e temores, alegrias e tristezas, sucessos e fracassos — a totalidade da vida que vivemos diretamente — são apenas epifenomenais para a ciência, a espuma na cerveja, que precisa da cerveja (matéria) para existir, mas não vice-versa. "Apenas ligue-se", recomendou E. M. Forster em suas palavras de despedida, mas a que ligar-se quando o que é caracteristicamente humano em nós é apenas superficial na natureza objetiva das coisas?

O sucinto conselho de Forster toca num ponto importante que vale a pena aprofundar. Graças às maravilhas da microfotografia, hoje podemos observar cada célula nervosa, e o que chama a atenção são seus dendritos, tremulando no ar como os tentáculos das anêmonas-do-mar na esperança — assim parece — de tocarem os dendritos de outra célula. Quando dois dendritos se tocam, eles entrelaçam os braços, e como resultado suas células têm melhores possibilidades de enfrentar os perigos da vida. É uma religião em embrião, pois *religio* em latim significa "religação", e unir e religar é exatamente a essência da religião.

Para as sociedades tradicionais, a união está entretecida na textura das coisas, e elas usam suas religiões para evitar que o mundo se desembarace. As religiões mostram pessoas unidas à Fonte Suprema das coisas devido à sua própria linhagem, pois se o Supremo não as gerou literalmente (como fizeram Izanagi e Izanami no mito japonês da criação), ele as "gerou" em substância através da criação ou emanação. E por serem fruto da união, os seres humanos têm obrigação de se unir a outros. "Somos membros uns dos outros", dizia São Paulo. A versão de Confúcio reza, "Dentro dos quatro mares, todos os homens são irmãos."

A natureza também está incluída no quadro. O título *The Death of Nature*, de Carolyn Merchant, lembra-nos que a natureza nem sempre foi considerada como morta. A terra era vista como viva e considerada como fêmea generosa, receptiva e sustentadora. O compilador romano Plínio recomendava a seus contemporâneos que não cavassem minas nas profundezas da Mãe Terra, e sugeria que os terremotos eram expressão da sua indignação por ser violada dessa maneira. Da mesma forma, os nativos americanos condenavam o modo como os europeus tratavam a Mãe Terra. Nas palavras do profeta Smohalla, das tribos da Bacia do Colúmbia:

> *Homem branco, tu me pedes para arar a terra! Tomarei de uma faca e abrirei o ventre da minha mãe?*
> *Tu me pedes para cavar em busca de pedras preciosas! Cavarei debaixo da pele da minha mãe até seus ossos?*
> *Tu me pedes para cortar a relva, fazer pasto e vendê-lo! Como eu ousaria cortar os cabelos da minha mãe?*

A referência ao aforismo confuciano dos "quatro mares" desperta em mim uma lembrança que se relaciona com ele. Alguns anos atrás, minha mulher, Kendra, levou um dos nossos netinhos a um parque perto de casa. Lá encontraram duas crianças já brincando nos balanços e escorregadores — uma menina de uns oito anos e um menino mais novo, irmão dela. Sem maiores preliminares, a menina perguntou a Kendra, "O que somos?" Kendra relanceou-lhe um olhar de espanto e respondeu, "Chineses?" "Não." "Vietnamitas?" "Não", com um toque de irritação assomando. Quando Kendra arriscou uma terceira possibilidade, novamente errada, a indignação explodiu. "*Não!* O que *somos*?" Nesse momento, Kendra (pensando que se soubesse a resposta poderia compreender melhor a pergunta) disse, "Desisto. O que vocês são?" "Somos irmão e irmã", respondeu a menina, "e por isso amamos um ao outro. E nossa avó diz que se a amarmos, quando ficarmos avós nossos netos também vão amar-nos."

Em nossa sociedade extenuada, individualista, uma criança — talvez uma que tenha vínculos remanescentes com uma civilização tradicional — pode ir direto ao alvo. Não *quem* somos, que aponta para diferenças, mas *o que* somos; qual é nossa essência básica? E a resposta da pequena também atingiu o alvo em cheio. Nossa essência é relação — somos irmão e irmã — e a base dessa essência é o amor.

O que acontece quando o senso de ligação com o Supremo se dissolve e os apelos religiosos à união recebem pouca atenção? Já há um século, W. B.Yeats advertia que as coisas estavam ruindo, que o centro começava a ceder. Gertrude Stein secundou-o, observando que "no século XX nada está em harmonia com nada". Ezra Pound viu o homem "precipitando-se num caos insuperável", e o verso mais permanente da peça *Green Pastures* é, "Tudo o que está atado está se soltando". Não é de surpreender, portanto, que, em sua última entrevista, quando foi solicitada a definir o estado de espírito predominante do seu tempo, Rebecca West respondeu, "A busca desesperada de um modelo". A busca é desesperada porque parece fútil procurar um modelo quando a realidade se tornou, na imagem vívida de Roland Barthes, caleidoscópica. A cada tique-taque do relógio as peças da experiência formam um novo arranjo.

Corro o risco de exagerar a minha argumentação. A causa direta dos transtornos testemunhados pelo século XX foi a tecnologia. Seus automóveis enfraqueceram famílias extensas e abalaram comunidades, e seus rádios e televisores livraram as pessoas do esforço exigido para se reunirem e criarem suas próprias formas de entretenimento. Mais do que a mudança de cosmovisões, são inovações como essas que fundamentalmente levaram à criação da sociedade mais individualista que a história já conheceu — e eu prometi ater-me às cosmovisões. Por isso, volto à pretensão minimalista deste livro registrada anteriormente: seja o que for que tenha acontecido ou que esteja acontecendo, estaremos em situação melhor com uma cosmovisão que nos mostre profundamente ligados com a natureza última das coisas. É cruel acumular sofrimento psíquico sobre sofrimento físico. Não estaremos absolutamente justificando a escravidão se perguntarmos retoricamente se os *spirituals* compostos e cantados pelos escravos nos campos de algodão — "Swing Low, Sweet Chariot", "Go Down, Moses", "Take My Hand, Gentle Lord" — não os ajudaram a suportar seus intoleráveis padecimentos. A mesma pergunta podemos fazer com relação às vítimas do Holocausto que tinham Deus nos lábios quando morreram.

E enquanto estou isentando de culpa, quero novamente eximir os cientistas como categoria profissional do fato de nos terem levado para o nosso túnel. Quando a ciência moderna ganhou força e se projetou, seus desfechos (tanto noéticos quanto tecnológicos) foram tão impressionantes, que davam a impressão de poder trazer o céu à terra, como expressa o clássico menor de Carl Becker, *The Heavenly City of the Eighteenth Century Philosophers*. Não devemos esquecer jamais que aquelas elevadas expectativas da ciência eram impulsionadas pelas esperanças de *todos e de cada um*. Os cientistas não nos empurraram para o túnel; é mais exato dizer que nós é que nos precipitamos para ele e conosco arrastamos os cientistas. Não houve malícia, apenas conseqüências imprevisíveis, e o pequeno mas fatal tropeço na lógica que foi mencionado.

Com os cientistas livres da incriminação da nossa ida ao túnel — eles têm certa responsabilidade por nos *manterem* nele, mas isso fica para o próximo capítulo — volto à sensação do túnel propriamente dito. Como mostrou o Capítulo 2, no grande espaço aberto as pessoas se sentiam em casa. Ele era feito da mesma substância — senciência, valores, significados e propósitos — de que somos feitos. Ele estava sob administração capaz. E como era a consciência (não a matéria) que lhe servia de fundamento, a morte física não tinha a última palavra. Em flagrante contraste com isso, é impossível um túnel passar a sensação de conforto. Na cosmovisão científica, tudo deriva e depende da matéria inerte, e exceção feita à vida orgânica, o predomínio é da falta de propósito.

Vemos claramente o contraste no que aconteceu com a doutrina aristotélica das quatro causas: material, eficiente, formal e final. A causa *material* do meu computador é (em parte) seus *chips* de silício; a causa *eficiente* foi o trabalho das pessoas que o montaram; a causa *formal* foi o esquema que orientou suas ações; e a causa *final* foi o objetivo que tinham ao produzir essas máquinas — ajudar-me a escrever este livro, para dar um exemplo imediato. A ciência conserva as duas primeiras causas, mas reduz as outras duas aos organismos — aquela finíssima película de matéria inanimada sobre o mundo. A hostilidade de destinados cientistas ao conceito de "desígnio inteligente" é parte essencial da negação deles de que causas formais existem em toda parte, menos na mente humana; e embora a *teleonomia* seja útil para descrever o comportamento finalístico de organismos, afora esse caso especial a *teleologia* está eliminada. "A pedra angular do método científico", afirmou Jacques Monod, "é a negação *sistemática* de que o 'verdadeiro' conhecimento possa ser alcançado interpretando fenômenos em termos de causas finais — ou seja, de 'propósito'."

Com a falta de propósito (e seu sinônimo *casualidade*) no banco do motorista, andar às cegas é a norma. Isso nos deixa "estrangeiros e com medo num mundo que não fizemos", para citar "The Shropshire Lad", de A. E. Housman. Albert Camus considerava o mundo "absurdo". Os porta-vozes de Samuel Beckett passam a vida esperando não-sabem-o-que que nunca chega. Franz Kafka concluiu que "a ordem do mundo é uma mentira". Duas alegorias moldam a civilização ocidental como imponentes suportes de livros — a alegoria platônica da caverna em seu início e, na outra extremidade, até o momento, o insano de Nietzsche percorrendo as ruas anunciando que Deus está morto. Dificilmente poderia haver duas caracterizações mais expressivas dos grandes espaços abertos da tradição e do túnel da modernidade.

Poder-se-ia ter esperado que a falta de acolhimento por parte do mundo científico às preocupações mais profundas da humanidade geraria revoltas. O romantismo e o existencialismo foram as duas principais. William Blake invocou "a insurreição da alma contra o intelecto" para nos salvar da "Visão única e do Sono de Newton!" mas o lamento de Matthew Arnold sobre "o longo clamor agonizante da fé" um século mais tarde correspondeu a uma confissão de que a causa de Blake não estava tendo sucesso. Quanto ao existencialismo, ele defendeu resolutamente a liberdade humana frente ao mundo aparentemente determinista da ciência, mas nem ele nem o romantismo foram capazes de deter a vaga científica porque não tinham cosmovisão alternativa em que ancorar os direitos do homem cuja causa tão nobremente defendiam. Pertencendo ao lado extracientífico da cultura, eles não tinham peso no lado científico, que resolvia suas questões em seu próprio âmbito, colhendo evidências suficientemente fortes para nivelar cidades e abrir buracos em aço com brocas de luz.

Conclusão

Numa entrevista na edição da *New Yorker* que está nas bancas no momento em que encerro este capítulo, Albert Gore fala de "uma espécie de dor psíquica que está na raiz mesma da mente moderna". São os poetas, porém, não os políticos, que merecem dar a última palavra; por isso, convido dois deles a fecharem com chave de ouro estas reflexões.

Bertolt Brecht é mais conhecido por suas peças teatrais, mas, na opinião dos críticos, seus poemas são mais profundos. O que aqui transcrevo, relevante para o contexto, tem o título "Aos Que Nasceram Depois":

> *Vivo verdadeiramente em tempos tenebrosos!*
> *A palavra inocente é insensatez.*
> *Uma testa sem rugas*
> *Sugere insensibilidade.*
> *O homem que ri*
> *Simplesmente não ouviu*
> *A terrível notícia.*

Stephen Dunn é menos conhecido e o estilo da sua poesia é absolutamente diferente do de Brecht. Mas, a seu modo, ela também ajuda a sintetizar os conteúdos deste capítulo, e por isso cito integralmente "Na Igreja Metodista de Smithville":

> *Devia ser Artes e Ofícios durante uma semana,*
> *mas quando ela voltou para casa*
> *com o broche "Jesus Salva", logo soubemos de que arte*
> *e de que antigo ofício se tratava.*
>
> *Ela gostava das suas amiguinhas. Gostava das canções*
> *que cantavam quando não estavam*
> *trançando e dobrando papel para criar bonecas.*
> *O que poderia ser tão ruim?*
>
> *Jesus fora um bom homem, e inculcar a fé*
> *em homens bons era o que*

tínhamos de fazer para ficar deste lado do cinismo,
aquela outra tristeza.

Muito bem, dissemos, uma semana. Mas quando ela chegou
cantando "Jesus me ama,
é a Bíblia que diz", era hora de falar.
Podíamos dizer Jesus

não te ama? Podia eu dizer-lhe que a Bíblia
é um grande livro que certas pessoas usam
pra que você se sinta mal? Deixamos que ela voltasse
sem uma única palavra.

Passara tanto tempo desde que acreditáramos, tanto tempo
desde que precisáramos de Jesus
como nosso nêmesis e amigo, que pensávamos que ele estava
tão morto,

que nossos filhos se lembrariam dele como de Lincoln
ou de Thomas Jefferson.
Logo ficou claro para nós: não se pode ensinar a descrença
a uma criança,

somente histórias bonitas, e não tínhamos uma história
tão boa.
Na noite dos pais havia as Artes e Ofícios
todos espalhados

como aperitivos. Então tomamos nossos assentos
na igreja
e as crianças cantaram um canto sobre a Arca,
e Aleluia

e outro em que elas precisavam pular
para Jesus,
não lembro de jamais ter-me sentido tão vacilante
sobre o que é cômico e o que é sério.

A evolução é mágica, mas sem heróis.
Ninguém pode dizer a seu filho
"A evolução o ama". A história cheira
à extinção e nada

estimulante acontece há séculos. Não tive
uma bela história para a minha filha
e ela estava irradiante. No carro, de volta para casa,
ela cantava as canções,

às vezes levantando-se por Jesus.
Nada havia a fazer
a não ser dirigir, prosseguir, cantar junto
em silêncio.

"Não tínhamos uma história tão boa." Não precisamos restringir-nos à história de Jesus quanto a isto, pois ela tem equivalentes em todas as tribos e civilizações. Os judeus têm a sua história da Páscoa, de uma fuga milagrosa do Egito. No Bhagavad-Gita, Arjuna, às vésperas de sangrenta batalha, arranca de Krishna, disfarçado em seu auriga, o sentido da vida e da morte. Nos Contos de Jataka, Siddarta Gautama, em sua encarnação como coelho, lança-se no fogo para evitar que caçadores malfadados morressem de fome. A lista é interminável.

CAPÍTULO 4

O Leito do Túnel: Cientismo

Devidamente apresentada a descrição geral do túnel, passo a analisar seus quatro lados, começando com o leito — cientismo — que dá sustentação aos outros três lados. Apenas quatro letras, "ismo", separam cientismo de ciência, mas essa pequena diferença é a causa de todos os nossos problemas atuais relacionados com a cosmovisão e com o espírito humano. No cômputo geral, a ciência é boa, mas nada de bom se pode dizer do cientismo.

Aqui, tudo depende de definições, e este capítulo só se manterá coeso se a distinção entre *ciência* e *cientismo* estiver sempre presente. Para que essas definições sejam adequadas, é necessário passar pelo fervilhar de idéias, imagens, sentimentos e interesses pessoais que envolvem a palavra *ciência* hoje para então chegar à única definição da palavra que considero incontestável — especificamente, que ciência é o que mudou o nosso mundo. Acompanhada pela tecnologia (seu subproduto), a ciência moderna é o que separa as sociedades e civilizações modernas das tradicionais. Seu conteúdo é o corpo de fatos sobre o mundo natural que o método científico criou; o componente essencial desse método é o experimento controlado e sua capacidade de isolar hipóteses verdadeiras de falsas sobre o mundo empírico.

O cientismo acrescenta à ciência dois corolários: primeiro, que o método científico é, se não o *único*, pelo menos *o mais* confiável método para se chegar à verdade; segundo, que as coisas com que a ciência lida — entidades materiais — são as mais fundamentais que existem. Esses dois corolários raramente são enunciados, pois quando o são, é fácil ver que são arbitrários. Sem o suporte dos fatos, eles são, na melhor das hipóteses, suposições filosóficas, e na pior, meras opiniões. Este livro será apimentado com instâncias de cientismo, e uma das afirmações de Freud pode presidir o desfile: "Nossa

58 / *POR QUE A RELIGIÃO É IMPORTANTE*

ciência não é ilusão, mas seria ilusão supor que podemos obter alhures aquilo que a ciência não nos pode dar." Nosso etos balança perigosamente sobre bases arenosas como essa.

Este fato é tão importante e despercebido, que dedicarei outro parágrafo para expressá-lo mais concretamente. Para a classe informada da nossa civilização ocidental industrializada, tornou-se evidente por si mesmo que o relato científico do mundo nos conta toda a sua história e que as supostas realidades transcendentes de que falam as religiões são na melhor das hipóteses duvidosas. Se de algum modo nossas esperanças, sonhos, intuições, vislumbres de transcendência, prenúncios de imortalidade e experiências místicas não se harmonizam com essa visão das coisas, elas são ofuscadas pelo relato científico. No entanto, a história é um cemitério para conceitos uma vez tidos como naturais. O senso comum de hoje se torna motivo de riso amanhã; o tempo torna tosca a verdade antiga. Einstein definia o senso comum como aquilo que aprendemos até os seis anos de idade, ou talvez até os quatorze, no caso de idéias complexas. A sabedoria começa com a aceitação de que nossos pressupostos são opções que podem ser examinadas e substituídas caso se mostrem inadequadas.

LIVRO CONDUTOR

O livro condutor para este capítulo é *Understanding the Present: Science and the Soul of Modern Man*, de Bryan Appleyard. Condensarei sua tese numa história, com detalhes meus, mas enredo do autor.

Imagine uma missionária na África. As conversões vão acontecendo lentamente, até que uma criança adquire uma doença infecciosa. Os curandeiros tribais são chamados, mas inutilmente; a vida está se esvaindo da infeliz criança. Então a missionária se lembra de que no último minuto colocou às pressas na bagagem alguns frascos de penicilina. Ela trata a criança, que se recupera. Com esse único ato, diz Appleyard, está tudo acabado para a cultura tribal. Elias (ciência moderna) enfrentou os profetas de Baal, e venceu.

Se ao menos essa tribo tivesse refletido como segue, continua Appleyard; se eles pudessem ter dito a si mesmos, É certo que essa estrangeira conhece coisas sobre nosso corpo que nós não conhecemos, e deveríamos ser-lhe muito gratos por vir de tão longe e dividir seu conhecimento conosco. Mas como o remédio que ela nos oferece parece não nos dizer nada sobre quem somos, donde viemos, por que estamos aqui, o que devemos fazer enquanto aqui estamos (se é que alguma coisa precisa ser feita), e o que nos acontece quando morremos, tudo indica que não há motivos para não aceitarmos seu remédio agradecidos enquanto continuamos a respeitar os grandes mitos orientadores que nossos ancestrais nos transmitiram e que dão sentido e motivação à nossa vida.

Se ao menos passasse pela mente dos líderes tribais raciocinar desse modo, conclui Appleyard, não haveria problema. Mas eles não têm essa sagacidade, e nós também não.

Baseado nessa síntese ficcionalizada do livro de Appleyard, desenvolvo sua tese a meu modo, começando com a aceitação que a obra teve.

Antes de o livro de Appleyard chegar-me às mãos, participei de uma conferência na Universidade de Notre Dame. Encontrando-me no café da manhã com o renomado cientista britânico Arthur Peacocke, perguntei-lhe sobre o livro, pois ele fora publicado antes na Inglaterra e imaginei que Peacocke já o tivesse lido. Ele disse que não o havia lido, mas ouvira dizer que seu conteúdo ressumava anticiência.

Ops! Cientismo. Cientismo porque quando li o livro percebi que ele não era absolutamente contra a ciência, não a ciência distinta do cientismo. Mas porque ele expõe com vigor e clareza incomuns o que os críticos sociais vêm dizendo há algum tempo — ou seja, que transformamos a ciência numa vaca sagrada e estamos sofrendo as conseqüências que a idolatria invariavelmente acarreta, é fácil considerá-lo como um ataque ao empreendimento científico. Mas nem todos os cientistas fazem isso. Não será uma digressão aqui dizer (antes de continuar com Appleyard) que nem todos os cientistas idolatram sua profissão. A edição da *American Scholar*, primavera de 1999, que recebo no dia em que redijo esta página, trata desse tópico convincentemente. A análise crítica que o articulista faz de *Of Flies, Mice, and Men* considera que seu autor, o microbiólogo francês François Jacob, escreveu o livro "para repudiar grande parte do privilégio epistemológico da ciência, pois como [ele] mostra com determinação surpreendente e mesmo extrema, os mitos, os equívocos e os maus usos da ciência podem ser insidiosos. Eles se infiltram na linguagem e nas crenças mesmo quando tentamos escorraçá-los".

Eu dificilmente poderia querer um aliado mais vigoroso neste capítulo do que o biólogo Jacob, e com o apoio dele retomo Bryan Appleyard.

Quando *Understanding the Present* foi publicado, as reações se polarizaram imediatamente. O *Times Literary Review* viu seu autor expressando verdades que precisavam ser ditas, enquanto a principal revista científica da Inglaterra, *Nature*, classificou-o de "perigoso".

Quando críticas começaram a aparecer neste lado do Atlântico, a *New York Review of Books* escolheu um escritor científico, Timothy Ferris, para realizar a tarefa. Ferris nos dá sua opinião sobre o livro no parágrafo final da sua resenha. "Seu verdadeiro alvo", escreve ele, "pareceria ser não a ciência, mas o cientismo, a crença de que a ciência oferece não *um* caminho, mas o *único* caminho, para a verdade." Até aqui, correto — mas então Ferris acrescenta que

o cientismo floresceu brevemente no século XIX, quando uns poucos pensadores, impressionados com conquistas como a dinâmica newtoniana e a segunda lei da termodinâmica, se permitiram imaginar que a ciência, em pouco tempo, seria capaz de prever tudo, e nós deveríamos ser capazes de formar a sofisticação de reconhecer essas pretensões como hiperbólicas. O cientismo hoje é defendido por uma minoria de cientistas apenas.

Nós que não pertencemos ao campo da ciência só podemos ler essas palavras com perplexidade. "O cientismo floresceu *brevemente* quando *uns poucos* pensadores se permitiram imaginar que a ciência, em pouco tempo, seria capaz de prever tudo"? "O cientismo hoje é defendido por uma minoria de cientistas apenas"? As afirmações de Ferris excluem *o* problema metafísico do nosso tempo por uma sanção definicional, pois se se define cientismo como a crença de "que a ciência, em pouco tempo, seria capaz de prever tudo", então naturalmente muito poucas pessoas acreditam *nisso* para que se constituísse num problema.

A TRAJETÓRIA DO CIENTISMO

Vem-me à mente uma discussão de que participei recentemente. Historiadores da religião se perguntavam por que a paixão pela justiça se revela com maior intensidade nas escrituras hebraicas do que em outras; quando alguém deu uma resposta, a todos ela pareceu óbvia. Nenhum outro texto sagrado foi compilado por um povo que havia sofrido tantas *injustiças* como os judeus, experiência essa que lhes deu um conhecimento profundo dos sofrimentos causados pela injustiça. É exagerado comparar o dano desencadeado pelo cientismo com o sofrimento dos judeus, mas o princípio subjacente é o mesmo em ambos os casos. Somente vítimas conscientes do cientismo (e cientistas sensíveis, como François Jacob, citado alguns parágrafos acima) podem compreender a magnitude da sua força opressiva e os problemas que ele cria. Pois é necessário um olho como o que Michel Foucault treinou em prisões, em asilos para doentes mentais e em hospitais (olho esse pelo qual estou me esforçando neste livro) para detectar os jogos de poder que as quase imperceptíveis práticas de cientismo tramam na vida contemporânea.

Há ainda um outro procedimento que precisamos abordar, pois também freqüentemente é descuidado. O que é cientismo, mas não é visto como tal, é em si mesmo metafisicamente controlado, pois se se acredita que a cosmovisão científica é verdadeira, os dois adendos que se lhe fazem e que a transformam em cientismo não são vistos como opiniões. (Lembro ao leitor que os adendos são, primeiro, que a ciência é nossa melhor janela para o mundo e, segundo, que a matéria é o fundamento de tudo o que existe.) Eles se apresentam como fatos. O não serem passíveis de prova não depõe contra eles, pois são conside-

O Leito do Túnel: Cientismo / **61**

rados evidentes por si mesmos — e isso é tão claro quanto o proverbial "como essa luz que me ilumina".

Isso levanta o grande problema deste livro, pois o que é considerado evidente por si mesmo depende da cosmovisão de cada um, e discussões entre cosmovisões são insolúveis (como se viu no capítulo anterior). A auto-evidência atual sustentada pela ciência é um fato da vida contemporânea com que se tem de viver. É como o vento no rosto numa longa viagem: ser afrontado sem deixar-se desviar do curso pretendido. Durante a era McCarthy dizia-se que Joe McCarthy encontrava comunistas debaixo de cada cama, e os que defendem a ciência neste debate ver-me-ão fazendo o mesmo com o cientismo — ou encontrando sob pedras os sermões que já lá depositei, como Oscar Wilde imputou a Wordsworth tê-lo feito. Não havendo problema (do ponto de vista deles), eles verão todo este livro como um exercício de paranóia. Como se trata de uma diferença de percepção, adiantar-me-ei a essa imputação, buscando estímulo no modo como Peter Drucker percebeu sua vocação.

Como decano dos consultores em administração e gerenciamento e fazendo parte da geração de fundadores, Drucker recebeu todas as honrarias que seu campo profissional tinha a oferecer. Quando ele se aposentou, perguntaram-lhe numa entrevista se havia alguma coisa em termos profissionais que ele gostaria que tivesse acontecido em sua carreira. Drucker respondeu que havia. Ele vivia repassando em sua mente uma cena que jamais ocorrera na vida real. Nessa cena, ele se via sentado com o diretor-presidente de uma empresa na reunião de encerramento de uma consultoria de duas semanas. Depois de analisarem juntos todos os aspectos das operações da empresa que podiam imaginar, os dois haviam se tornado amigos e acostumado a falar francamente um para o outro, e assim, num determinado momento, o executivo se recosta na cadeira e diz, "Peter, você não me disse absolutamente nada que eu já não soubesse".

"Porque", acrescentou Drucker, "é assim que invariavelmente acontece. Nunca digo a meus clientes nada que já não saibam. Minha tarefa é fazê-los ver que aquilo que estiveram preterindo como evidência casual é na verdade evidência crucial." É isso que me vejo fazendo neste livro com relação ao cientismo.

Tendo me referido à *New York Review of Books* e ao tratamento dado ao livro de Appleyard, volto a ela para o próximo exemplo relacionado com o cientismo, pois essa revista é uma espécie de informativo interno para a elite do público leitor nos Estados Unidos.

John Polkinghorne é um cientista britânico importante que aos cinqüenta e dois anos de idade se tornou ministro anglicano. A *New York Review of Books* nunca faz recensões de livros de teologia, mas supostamente por Polkinghorne ser também cientista eminente, ela fez uma exceção nesse caso. Para fazer a crítica da obra, a *NYRB* entrou em contato com um dos melhores cientistas do mundo, Freeman Dyson. *Ops!* Um cientista fazer a resenha crítica de um livro de teologia?! Para ver o que essa escolha representa, basta inverter a situação e

62 / *POR QUE A RELIGIÃO É IMPORTANTE*

imaginar os editores da *NYRB* indicando um teólogo para analisar um livro sobre ciência. A justificativa geralmente apresentada para essa discrepância é afirmar que a ciência é assunto técnico, enquanto a teologia não o é, mas agora ouça isto. Alguns anos atrás, numa conferência na Universidade de Notre Dame, ouvi um renomado tomista dizer, em aparte ao trabalho que ele estava apresentando: "Talvez haja — *talvez*, repito — doze estudiosos vivos hoje que compreendem Santo Tomás, e eu não sou um deles."

Vejamos agora o que Dyson disse sobre o livro de Polkinghorne. Depois de elogiar o autor por suas contribuições à ciência e pelas seções históricas do livro, Dyson passou a discorrer sobre a teologia do autor, dizendo que esta também, como toda teologia, sofre do mal de lidar com palavras apenas, ao passo que a ciência lida com coisas. *Ops, duas vezes ops*! Como cão de guarda autonomeado atento ao cientismo, peguei a caneta e escrevi uma carta à *NYRB*, contestando essa afirmação; a carta começava assim:

> É sintomático do estádio acidentado sobre o qual ciência e religião se defrontam atualmente que um cientista sem credenciais teológicas (Freeman Dyson, em *New York Review*, 28 de maio de 1998) se sente à vontade para concluir que a teologia de um colega cientista (John Polkinghorne), como toda teologia, gira em torno de palavras e não, como a ciência, em torno de coisas. Isso afronta o fato de que praticamente toda teologia considera Deus a única "coisa" totalmente real que existe, tudo o mais sendo como sombras na caverna de Platão. Em sua declaração de fé, às vezes os muçulmanos transpõem "Não há outro Deus, senão Alá" para "Não há outra Realidade, senão a Realidade"; as duas afirmações são idênticas.

O restante da carta é irrelevante aqui, mas quero citar as primeiras frases da resposta de Freeman Dyson, pois elas refletem a cortesia do homem. "Agradeço a Huston Smith a correção dos meus erros", escreveu ele. "Como ele diz, não tenho credenciais teológicas. Aprendi muito com a sua carta." Dyson pode não ter credenciais teológicas, mas sem dúvida é um cavalheiro.

Num capítulo que precisa se esforçar a cada passo para não soar impertinente e ressentido, a extravagância ajuda, por isso vou mencionar a ocasião em que o cientismo me afetou da forma mais aguda (embora também conciliadora). (Contei a história em *Forgotten Truth*, mas justifica-se repeti-la aqui.)

Sem surpresa, o incidente aconteceu no MIT, onde lecionei durante quinze anos. Eu almoçava no clube dos professores quando me dei conta de que estava sentado perto de um cientista. Como freqüentemente acontecia em circunstâncias assim, a conversa direcionou-se para as diferenças entre ciência e humanidades. Não estávamos indo a lugar nenhum, quando subitamente meu interlocutor me interrompeu, dizendo com a autoridade de um homem que havia descoberto a Verdade. "Já sei!" exclamou ele. "A diferença entre nós é que eu conto e você não." *Touché!* Sendo os números a linguagem da ciência, ele havia condensado a diferença entre "duas culturas" de C. P. Snow numa linguagem ambígua.

O tom com que ele anunciou sua descoberta — de brincadeira, mas com sentido — ajudou, como aconteceu em outra ocasião, também no MIT. Quando perguntei a um cientista como ele e seus colegas viam a nós, humanistas, ele respondeu delicadamente, "Nem sequer nos preocupamos em ignorar vocês, meus caros". Apesar da leveza desses relatos, o próprio fato de narrá-los me expõe à acusação de azedume, como no caso da raposa e as uvas; por isso, para os que acham que estou exasperado, digo que estão totalmente enganados. Nossa era científica sem dúvida me tem tratado pessoalmente com muito respeito. Minha preocupação é com os efeitos do cientismo sobre o nosso tempo, sobre o nosso modo de pensar coletivo — o fato de que (voltando a Appleyard) o cientismo é "espiritualmente corrosivo e, tendo empurrado a religião para fora do tatame, destrói antigas autoridades e tradições". Ele faz isso, continua Appleyard, principalmente "separando nossos valores do nosso conhecimento do mundo". Timothy Ferris repele essa imputação como "extravagante e vazia", e aqui novamente só podemos nos espantar diante da cegueira dos que seguem a cosmovisão científica com relação ao cientismo que outros consideram modernismo enigmático. Pois, escritor científico que é, Ferris não teria como deixar de saber que Jacques Monod chegou a uma conclusão mais sombria do que a de Appleyard por termos separado valores de conhecimento. Lembre-se das afirmações contundentes de Monod que transcrevi para concluir o Capítulo 2: "Nenhuma sociedade antes da nossa foi jamais dilacerada por contradições tão angustiantes. ... O que vemos abrir-se diante de nós hoje é um abismo de trevas."

Até aqui este capítulo acompanhou em grande parte o livro de Appleyard. Quero rapidamente seguir meu próprio caminho, mas não sem antes acrescentar a investida mais enfática de Appleyard, ou seja, que "a ciência se mostrou incapaz de coexistir com qualquer outra coisa". A ciência engole o mundo, ou pelo menos mais do que a parte que lhe cabe. Appleyard não menciona Spinoza nesse contexto, mas encontro no *conatus* de Spinoza a razão da investida de Appleyard.

O *Conatus* de Spinoza

Spinoza escrevia em latim, língua em que *conatus* significa "vontade". Segundo Spinoza, todo organismo tem dentro de si a tendência a ampliar seu território até chocar-se em alguma coisa que o detém, na verdade dizendo-lhe, *Caia fora! Você está invadindo a minha área.* Spinoza não estendeu essa idéia às instituições, mas ela se aplica também a elas, e encontro aí a explicação do porquê a ciência ainda não aprendeu a arte da coexistência. A maioria dos cientistas, considerados em sua individualidade, já domina essa arte, mas enquanto membros de instituições — por exemplo, a Associação Americana para o Progresso da Ciência, a *Scientific American*, e outras — a colegialidade assume o controle, e a pessoa tem a sensação de ser traidora caso não colabore para promover o prestígio, o poder e as reivindicações salariais da sua profissão. Tenho um amigo que é piloto comercial. No momento, o sindicato da categoria está ameaçando entrar em greve por aumento salarial. Ele pessoalmente acha que os pilotos já recebem um ótimo salário e está livre para dizer isso e votar contra a greve nas reuniões sindicais. Mas se a moção para entrar em greve for aprovada, ele estará no espaço reservado aos grevistas, agitando seu cartaz de reivindicações. É esta — dinâmica de grupo, se você quiser — e não a arrogância dos indivíduos, que explica por que a ciência, que agora está com as cartas na mão, "se mostrou incapaz de coexistir com o que quer que seja". Não existe instituição hoje que tenha o poder de dizer para a ciência, *Detenha-se; você está invadindo meu terreno.*

Lembro-me do exato momento em que este importante fato veio a mim como se fosse uma epifania. Foi há aproximadamente uma década, e eu estava ministrando um seminário de um dia sobre cientismo em Ojai, Califórnia. À medida que o dia avançava, minha atenção foi se fixando cada vez mais num homem relativamente jovem que parecia compreender cada palavra que eu dizia, mas sem ele mesmo se manifestar. Conforme o esperado, ao término do seminário, já quase noite, ele ficou esperando até que os demais se despedissem, e depois me perguntou se eu gostaria de acompanhá-lo num passeio. O tempo estava bom e estivéramos sentados o dia inteiro, mas foi principalmente minha curiosidade sobre o homem que me fez aceitar prontamente o convite.

Acontece que ele era professor na Universidade de Minnesota, com a responsabilidade de dar aulas de ciências a não-cientistas. O programa do meu seminário chegara à sua escrivaninha, e estando muito envolvido com o tema, ele decidira participar. "Você conduziu o assunto muito bem hoje", ele disse, depois de termos encerrado os preliminares, "mas há uma coisa sobre o cientismo que você ainda não vê. Huston, ciência *é* cientismo."

Inicialmente isso me pareceu estranho, pois eu havia dedicado o dia inteiro a distinguir os dois com a maior clareza possível. Rapidamente, porém, percebi o que ele queria dizer. Eu estivera falando *de jure* e omitindo completamente o aspecto *de facto* da história. Em princípio é fácil distinguir ciência de cientismo. Na prática, porém — no modo como o cientismo se desenvolve em nossa sociedade — a separação é impossível. O *conatus* da ciência inevitavelmente passa a integrar o quadro, como o faz em toda instituição. A Associação Americana de Medicina é um exemplo óbvio, mas os sinais estão em toda parte.

Jürgen Habermas, filósofo da Escola de Frankfurt, cunhou uma expressão significativa para o modo como o dinheiro, o poder e a tecnologia afetaram adversamente as condições da comunicação na vida comum, face a face. Ele os acusou de "colonizarem o mundo da vida". Como neomarxista, ele não tinha nenhum interesse particular na religião, mas a temática deste livro me leva a acrescentar o cientismo à lista de imperialistas de Habermas. Um dos modos de proceder mais sutis, mais subversivos, adotado pelo cientismo é o de adular a religião em público, mas desacreditá-la nos bastidores. Um exemplo disso é o livro de Stephen Jay Gould, *Rocks of Ages*, que abordarei numa espécie de *flashback* a Lyndon Johnson. Conta-se que quando um certo congressista praticou uma ação que o Presidente Johnson considerou censurável, este o chamou ao seu escritório e disse, "Primeiro vou pregar-lhe um breve e belo sermão para deixar claro que não é assim que se deve agir. Depois vou destruí-lo".

Meu breve e belo sermão para o professor Gould é, "Embora seja paleontólogo, você se mostra incapaz de distinguir uma pedra de um calhau, pois é a um calhau que você reduz a religião". Agora, à destruição.

DE PEDRAS E CALHAUS

Gould diz que não consegue perceber o motivo de toda a confusão, pois (diz ele) "o conflito entre ciência e religião existe apenas na mente das pessoas, não na lógica ou na utilidade própria desses temas inteiramente diferentes e igualmente vitais". Desfeitos o emaranhado e a confusão, diz ele, "uma solução felizmente simples e inteiramente convencional emerge", que (sem que seja surpresa) acaba sendo a solução proposta por ele mesmo. "A ciência procura documentar o caráter factual do mundo natural e desenvolver teorias que coordenam e explicam esses fatos. A religião, por outro lado, opera no igualmente importante, mas absolutamente diferente, reino dos propósitos, dos significados e dos valores humanos."

Observe que a "religião" de Gould lida com propósitos, significados e valores humanos (não divinos), mas a questão mais profunda é quem (na dicotomia de Gould) deve lidar com o caráter factual do mundo não-natural, sobrenatural. Ninguém — pois a seus olhos céticos o mundo natural é tudo o que há, e por isso os fatos se limitam a ele somente. Gould tem todo o direito a essa opinião, naturalmente, mas estabelecê-la como fundamento das suas definições de ciência e de religião prejudica as relações entre as duas desde a origem. Pois não se pode deixar de repetir que a questão entre ciência e religião não é entre fatos e valores. Essa questão existe, mas apenas subsidiariamente. A questão fundamental diz respeito aos fatos, ponto — todo o aparato de fatos é formado por cosmovisões. Especificamente aqui, trata-se da posição dos valores no mundo objetivo, o mundo que está aí, quer os seres humanos existam ou não. Os valores estão profundamente entranhados nesse mundo, à semelhança das suas leis naturais, ou lhe são eles acrescentados como verniz epifenomênico quando a vida passa a integrar o quadro?

O fato de que esta *é* a verdadeira questão não afeta Stephen Jay Gould, mas afeta todos os biólogos. Dois anos atrás, fui solicitado a dissertar sobre a evolução na Universidade da Califórnia, em Davis, dentro de uma programação elaborada por seu departamento de assuntos religiosos. Alguns dias depois, já em casa, recebi uma carta do professor de biologia responsável pelo curso sobre evolução naquele *campus*. Ele disse que fora à palestra receoso de ouvir coisas que teria de contestar na aula seguinte, mas ficara agradavelmente surpreso, pois pouco do que eu dissera mereceria algum reparo. Acompanhava a carta um artigo de sua autoria que levantava a questão dos motivos de haver tanto tumulto em torno da evolução. A resposta dada era: "A questão não é se a evolução é ou não boa ciência, se a melhor explicação científica da diversidade da vida é a evolução ou a criação, ou se a seleção natural é um argumento que anda em círculos. A confusão efetivamente não diz respeito nem sequer à *biologia*. Essencialmente, ela tem relação com as cosmovisões." *Rocks of Ages* poderia ter sido um livro proveitoso se Gould tivesse levado em conta este ponto, mas agora, depois de me divertir com Gould, devo admitir que não fui totalmente justo com ele. Com efeito, ele está bastante certo quando diz que a posição por ele defendida é "inteiramente convencional". Isso não conserta as coisas, mas isenta Gould da culpa de ter inventado o erro, erro que citei algumas páginas atrás como sendo apontado por Appleyard. "Separando nossos valores de nosso conhecimento do mundo [é a principal maneira como o cientismo] destrói antigas autoridades e tradições."

Da Guerra ao Diálogo

O triunfalismo religioso morreu há um ou dois séculos, e seu equivalente científico parece agora estar seguindo no mesmo rumo. Aqui e ali conservadores ferrenhos surgem — Richard Dawkins, que equipara a crença em Deus com a crença em fadas, e Daniel Dennett, com o seu argumento de que a crença de John Locke de que a mente deve preceder a matéria nasceu do tipo de paralisia conceptual que hoje é tão obsoleta como a caneta de pena — mas esses ecos do pronunciamento de Julian Huxley, pela metade do século, de que "em pouco tempo será tão impossível para um homem ou mulher inteligente ou instruído acreditar em deus como é hoje acreditar que a terra é plana" são atualmente bastante reconhecidos como bravatas polêmicas. Parece claro que tanto a ciência como a religião estão aqui para ficar. E. O. Wilson ficaria feliz como ninguém ver a religião fracassar no teste darwiniano, mas ele admite que parece haver um gene religioso em nós e não vê de que maneira poderíamos livrar-nos dele. "Os céticos continuam a alimentar a crença de que a ciência e o saber eliminarão a religião", escreve ele, "mas essa idéia nunca pareceu tão fútil como hoje."

Com essas duas forças como pontos de referência permanentes na história, a questão óbvia é a forma de relacionamento que elas vão assumir. Alfred North Whitehead acreditava que, mais do que de qualquer outro fator isolado, o futuro da humanidade depende do modo como essas duas poderosas forças definem suas relações recíprocas, e à sua interface está sendo hoje dada uma atenção jamais vista desde o surgimento da ciência moderna.

A explicação para isso pode estar em parte no fato de que o dinheiro passou a fazer parte do cenário (o Prêmio Templeton para o Progresso Religioso é maior que o Prêmio Nobel), mas é provável que assinale também uma mudança em nosso clima de opinião. Os cientistas provavelmente sentem que não podem mais imaginar que o público aceitará as suas afirmações sobre questões amplas sem questionamentos, e isso exige que apresentem razões. De qualquer modo, a conversa Deus-e-ciência parece estar em toda parte. Dez centros dedicados ao estudo da ciência e da religião estão florescendo nos Estados Unidos, e juntos eles produzem uma série sempre crescente de conferências, palestras e seminários. Várias centenas de cursos de ciência-e-religião são ministrados todos os anos em faculdades e universidades em todo o país, onde uma década ou duas atrás precisava-se escarafunchar para encontrar um; e a praticamente cada ano novas revistas com títulos como *Science and Spirit, Theology and Science* e *Origins and Design* se juntam à duradoura *Zygon* para aumentar a avalanche de livros — muitos deles *best-sellers* — que mantêm o diálogo entre ciência e religião em contínua expansão.

De modo geral, esse interesse cada vez maior é um sinal saudável, mas ele esconde o perigo de que a ciência (reifico por uma questão de simplicidade) use o diálogo como um cavalo de Tróia para com ele invadir a fortaleza central da religião, a teologia. Essa metáfora fracassa, porém, porque ela contém em si conotações de desígnio intencional. Uma fenda num dique é uma imagem mais apropriada. No caso de surgir uma fenda num dique holandês, não será um dedo sobre ela que impedirá a pressão do mar de rompê-lo.

TEOLOGIA COLONIZADORA

Uma pessoa que fez parte das forças inimigas está em condições de compreender como esse inimigo age, e por isso (com as devidas escusas pela linguagem militar) atribuo-me essa vantagem aqui.

Quando, da atividade missionária na China, vim para os Estados Unidos, o ambiente teológico que me acolheu no Central Methodist College em Missouri foi o teísmo naturalista, a visão de que Deus faz parte da natureza, pois natureza é tudo o que existe. Com modesta ajuda de John Dewey, Henry Nelson Wieman fundou essa escola de teologia, e meu orientador na faculdade era um dos seus alunos prediletos. Assim, quando cheguei na Divinity School da Universidade de Chicago para estudar com o professor Wieman, eu já era um discípulo ardoroso, como ele jamais tivera. Isso continuou durante todo o curso de pós-graduação, depois do que converti-me para a cosmovisão mística por tendência natural.

Na época a que me refiro (metade do século XX), o teísmo naturalista liberal de Wieman estava concorrendo com a do seu rival conservador — a neo-ortodoxia, fundada pelo teólogo suíço Karl Barth e liderada nos Estados Unidos por Reinhold Niebuhr — para conquistar para a mente protestante. Niebuhr venceu essa etapa, mas com Whitehead e do seu herdeiro teológico, Charles Hartshorne, o naturalismo voltou como Teologia do Processo. A filosofia naturalista do organismo (como Whitehead se referia à sua metafísica) é mais rica que o naturalismo de Wieman, e a sensibilidade religiosa de Whitehead e de Hartshorne era mais aguçada, mas a Teologia do Processo permanece naturalista. O Deus dessa teologia não é uma exceção aos princípios que ordenam este mundo, mas seu modelo principal. Deus não está fora do tempo como seu criador, mas dentro dele. E Deus não é onipotente, mas limitado, como tudo neste mundo. "Deus, o semicompetente" é o modo de falar que Annie Dillard adota para se referir a esse Deus.

Não vemos a mão da ciência — a que os teólogos do processo apontam tão orgulhosamente — nessa tendência teológica da metade do século? Ao relacioná-la com os temas deste capítulo, duas questões surgem. Primeira, se dependesse de nós, preferiríamos que Deus fosse totalmente ou parcialmente competente? Segunda, a ciência descobriu algum *fato* que torne a primeira alternativa (tradicional) menos razoável que a segunda? Em caso afirmativo, a ciência deu à tendência uma direção determinada e nós precisamos seguir essa direção. Se não surgiram fatos assim, os estilos cientísticos de pensamento são réus de teologia colonizadora.

Com esta rápida referência aos últimos cinqüenta anos, passo agora para o presente.

A Inclinação da Mesa de Negociações

Como os cientistas neste ponto estão negociando com base na força e ficariam felizes de manter as coisas como estão, cabe aos teólogos tomar a iniciativa de manter as conversações em andamento. Já mencionei os dez ou mais institutos de orientação religiosa que estão se dedicando a essa tarefa, e nestas páginas limitar-me-ei aos dois de maior prestígio, o Zygon Center, na Universidade de Chicago, e o Center for Theology and the Natural Sciences, na Graduate Theological Union, em Berkeley. Numa divisão do trabalho informal, o Instituto em Chicago publica *Zygon*, a revista acadêmica desse campo de estudos, e o Centro em Berkeley organiza as conferências.

Quem *Zygon* publica e convida para as conferências do CTNS? Não existe uma política explícita, mas um exame indutivo atento sugere uma tendência contra aqueles que, primeiro, criticam o darwinismo; segundo, defendem que o universo resulta de um projeto inteligente; e terceiro, aceitam a possibilidade de que Deus intervenha às vezes na história de modos diferentes daqueles estabelecidos pelas leis que regem a natureza. Pode-se acreditar que Deus tenha criado o universo e que atue dentro dele, mas não se deve pensar que Deus suspenda eventualmente as leis do universo ou que deixe brechas nelas que são divinamente preenchidas de fora. (Isso nos daria um "Deus das brechas", uma divindade que seria expulsa quando, como se supõe que acontecerá, a ciência finalmente preencher essas brechas.) Numa palavra, milagres e o sobrenaturalismo em geral estão excluídos. Aqueles que honram as três interdições mencionadas são bem-acolhidos no CTNS/*Zygon*; os outros não.

Essa é pelo menos a minha leitura do tema. Se a leitura for basicamente exata, a política operativa é bastante peculiar desde que se reflita sobre ela. Três pontos da plataforma religiosa tradicional foram removidos pelo eixo Berkeley/Chicago, que lidera o movimento. (A plataforma religiosa que postulo aqui é retirada do hinduísmo e das religiões abraâmicas. O budismo e a Ásia Oriental apresentam complicações que desviariam esta análise.) Por quê? A resposta óbvia parece ser que esses pontos não combinam com a cosmovisão científica. Não posso falar pelos corpos dirigentes das duas instituições e não sei se a política deles aqui é tática — evitar que os cientistas abandonem a mesa de negociações — ou se ela reflete uma crença de que a ciência descobriu coisas que exigem que os pontos tradicionais sejam abandonados. Conheço o grupo de Berkeley suficientemente bem para saber que seus membros são cristãos sinceros que não se vêem capitulando à cosmovisão científica se ela for lida de modos que excluam Deus. Mas o Deus que eles defendem é (1) a causa primeira e última do mundo, que (2) opera na história controlando o modo como partículas saltam na indeterminância que os físicos permitem que saltem. Essa posição mantém Deus, mas de um modo que suplementa a cosmovisão científica sem contrariá-la.

O problema com essa abordagem é que ela fecha os olhos para o fantasma de Laplace, que está preparado para anunciar que não precisa da hipótese-Deus. Mais sério é o modo processual como as coisas estão acontecendo. As instituições que dominam o diálogo ciência-religião não consideram o modo como relacionam a teologia com a ciência uma possibilidade entre outras que mereça ouvidos. Elas a consideram a verdade e acreditam que ela precisa ser compreendida para que a religião sobreviva numa era científica.

O darwinismo oferece o exemplo mais evidente dessa abordagem monopolista. Não é preciso dizer que a questão de como nós seres humanos chegamos aqui tem fortes conotações religiosas, e seu fundador e eu somos apenas dois entre milhões que vêem a teoria darwiniana (quando se acredita que ela explica plenamente as origens humanas) debatendo-se contra a hipótese teísta. Entre os próprios cientistas, debates sobre Darwin são calorosos, alimentados por comentários como a afirmação agora famosa de Fred Hoyle de que a casualidade de a seleção natural produzir uma única enzima que seja está na ordem

70 / POR QUE A RELIGIÃO É IMPORTANTE

de um fragoroso tornado passar por um depósito de ferro velho e, na passagem, construir um Boeing 747. Mas quando a religião passa a fazer parte do quadro, os cientistas fecham fileiras para defender o darwinismo, com CTNS e *Zygon* apoiando-os. Que eu saiba, nenhum crítico da teoria foi publicado em *Zygon* ou incluído numa função importante no CTNS.

Michael Ruse, da Universidade de Guelph — ferrenho defensor autoconfesso do darwinismo — analisa criteriosamente essa colonização da teologia pela biologia quando acusa seus colegas darwinistas de se comportarem como se o darwinismo fosse uma religião. Rustum Roy, pesquisador dessas matérias na Pennsylvania State University, vai além. Em tom de gracejo, ele ameaçou processar a National Science Foundation por violar a legislação normativa da separação da Igreja do Estado ao patrocinar ramificações da ciência que acabaram se transformando em religiões. Se esses porta-vozes estão certos e o darwinismo se transformou numa doutrina, temos o curioso espetáculo de que ele coloniza não somente a teologia mas também a biologia. Encerrarei este capítulo com um exemplo.

A conferência sobre "A Origem dos Planos do Corpo Animal e o Registro Fóssil", sediada na China em 1999, realizou-se nesse país porque lá foi encontrado um número desproporcional de fósseis relacionados com a explosão cambriana de filos. No geral, os delegados ocidentais afirmavam que a explosão poderia ser explicada através da teoria darwiniana, posição vista com ceticismo pelos delegados chineses. Jonathan Wells, do Center for Renewal of Science and Culture do Discovery Institute de Seattle, concluiu o relatório da conferência com um fato que contém conotações suficientemente ameaçadoras para justificar sua inclusão aqui:

> Terminarei este relatório com uma historieta enternecedora sobre uma conversa que tive com uma bióloga de desenvolvimento chinesa, de Xangai, chegada recentemente da Alemanha, onde estivera realizando pesquisas. Ela me contou que a prática educativa geralmente adotada na China consiste em definir uma teoria oficial e ensinar somente essa teoria, excluindo todas as demais. Até agora, disse ela, isso não aconteceu na biologia; como ela mesma critica a idéia de que programas genéticos controlam o desenvolvimento, ela receia a possibilidade de ser obrigada a ensinar a linha darwiniana. Mas ela teme que isso possa acontecer em breve, e ela e seus colegas acreditam que a única esperança é a disposição dos cientistas ocidentais de discutirem teorias rivais e não cair no dogmatismo. Ela se sentia desanimada por constatar nessa conferência como os biólogos americanos já haviam se tornado dogmáticos, e insistiu comigo que eu defendesse o espírito da pesquisa livre. Pelo modo como ela se expressou, o mundo está contando com vocês para fazer isso.

CAPÍTULO 5

A Parede Esquerda do Túnel: Educação Superior

Voltando-nos agora para a parede esquerda do túnel, que é a educação superior, comecemos com o livro que define a direção deste capítulo. Neste caso também (como no Capítulo 3), houve abundância de livros à disposição. *Killing the Spirit: Higher Education in America*, de Page Smith, foi um candidato importante, mas me decidi por *The Soul of the American University*, de George M. Marsden, porque seu subtítulo, *From Protestant Establishment to Established Nonbelief*, praticamente conta a história por si mesmo.

Livro Condutor

As primeiras faculdades americanas foram criadas para formar clérigos, sendo decorrência natural que uma atmosfera religiosa envolvesse seus *campi*. Essa atmosfera permaneceu durante décadas à medida que os objetivos da educação se expandiam além da formação de ministros. Há apenas um século, quase todas as universidades e faculdades públicas e privadas ofereciam serviços religiosos obrigatórios, e algumas exigiam também participação em cerimônias dominicais. Atualmente, porém, a presença uma vez envolvente da religião nos *campi* simplesmente desapareceu. *The Soul of the American University* não é um lamento por uma idade de ouro perdida quando o *establishment* dos descendentes dos europeus protestantes do norte detinham o poder e a influência. Ele sustenta, porém, que a inclusão de perspectivas feministas e multiculturais não precisava e não devia ter excluído as posições religiosas tradicionais, as quais podem enriquecer o currículo universitário sem ameaçar o saber ortodoxo e a livre pesquisa.

72 / POR QUE A RELIGIÃO É IMPORTANTE

A história desse tema é muito conhecida, e por isso preciso apenas reproduzir alguns aspectos importantes da criteriosa tese de Marsden, acompanhados dos meus próprios comentários.

Os Acontecimentos

As faculdades americanas foram criadas num período de fervoroso idealismo nacional e moral, e teria sido surpresa se seus criadores não tivessem visto seus interesses práticos através de lentes religiosas. Essas lentes eram de orientação protestante, e os presidentes clérigos das primeiras instituições ministravam tipicamente cursos sobre a Bíblia e a doutrina cristã e promoviam encontros religiosos nos *campi*. Desde o início, porém, as faculdades aceitavam verdades que podiam ser alcançadas pela "razão natural", sem a ajuda da revelação. A filosofia era a província dessas verdades, e a filosofia natural (antigo nome da ciência) era o ramo que tratava da natureza. Já nos primórdios da história de Harvard, um dos seus presidentes citou a seguinte afirmação de Aristóteles, considerando-a como a mais importante, "Seja amigo de Platão, seja amigo de Sócrates, mas, acima de tudo, seja amigo da Verdade", e continuou exaltando explicitamente a filosofia natural: "Pois o que é a Filosofia Natural senão um sistema em que as coisas naturais são explicadas; e em que essa hipótese é certamente a que melhor pode, de modo pleno e claro, explicar a maioria dos fenômenos naturais? Essas coisas devem ser buscadas e alcançadas."

Assim, no início, ciência e religião eram aliadas. Mas no decorrer dos dois séculos seguintes, a religião foi sendo progressivamente relegada a segundo plano. As faculdades e as universidades que as sucederam (usarei os termos *faculdade* e *universidade* indiferentemente, pois, afora o tamanho, há pouca diferença entre elas) não atuaram isoladamente aqui, porém. De modo geral, elas simplesmente acompanharam a progressiva secularização da sociedade americana ao mesmo tempo em que voltavam pelo mesmo caminho no século XX para confirmar essa secularização.

A causa mais importante do aumento dessa secularização é a "tecnologização" progressiva do mundo ocidental em nome do progresso, um projeto em que as universidades são agentes fundamentais. São necessários cientistas para descobrir novas leis da natureza e engenheiros para pô-las em prática. Todos entraram nesse ato, não apenas as universidades e os cientistas, pois desde corpos saudáveis até fornos de microondas e televisores, os bens materiais são os troféus mais óbvios que a vida põe à nossa disposição. Decorre daí que nada poderia deter uma verdadeira explosão da ciência e da engenharia nos *campi* universitários. Os *land-grant colleges* foram criados especificamente para promover o aspecto prático do aprendizado, mas à medida que a ciência e a engenharia se expandiram por suas próprias forças nas universidades mais antigas e de maior

A Parede Esquerda do Túnel: Educação Superior / **73**

prestígio, as fronteiras entre "faculdades estaduais" e universidades desapareceram. As escolas mais recentes que passaram a integrar a crescente indústria educacional são as faculdades de administração de empresas; pois a partir do momento em que aprendemos a criar produtos, o foco se volta para a produção em massa, para a propaganda e para a distribuição, tarefas essas específicas do setor empresarial. Alunos estrangeiros vinham ao Ocidente para graduar-se em ciências, mas sabe-se hoje que o título de mestre em administração obtido na Harvard Business School é o prêmio mais cobiçado.

Levando em conta as condições do mundo moderno, esse desabrochar da ciência, da tecnologia e das escolas de administração nos *campi* foi inevitável e em si mesmo até oportuno. Mas o preço foi alto. As humanidades e as ciências sociais, que estudam *pessoas*, deixaram de receber a devida atenção.

Voltarei a esse ponto, mas vários outros desenvolvimentos sociais afetaram tanto a "natureza palpável" da experiência educacional, que preciso mencioná-los antes de retomar o tema principal deste capítulo, que é o modo como a universidade forma as cosmovisões dos alunos.

- Avalanches de matrículas transformaram as universidades em megaversidades. Nos meus tempos de faculdade, nós alunos entrávamos e saíamos da casa dos nossos professores o tempo todo. O limite lógico da educação despersonalizada atual são os cursos oferecidos totalmente pela Internet. Um dos meus alunos de pós-graduação criou um curso assim. Incapaz de exercer o magistério face a face, ele concretizou a iniciativa e criou um curso sobre as religiões do mundo, que a divisão de Extensão da Universidade da Califórnia continua oferecendo para obtenção de crédito. Nos cinco anos que o curso está sendo oferecido, o professor que o criou não conhece pessoalmente um único aluno sequer.
- Se o crescimento das matrículas despersonalizou a educação, o aumento do conhecimento a fragmentou. Os homens do renascimento que conheciam alguma coisa de tudo que devia ser conhecido desapareceram há vários séculos. Os alunos enfrentam hoje um excesso de áreas de conhecimento compartimentalizadas. Como não são ensinados a relacionar essas áreas, eles não têm visão do todo, mesmo quando um ou outro professor tem consciência do inter-relacionamento de tudo o que existe.
- Com as despesas com educação aumentando cada vez mais, a maioria dos alunos precisa hoje trabalhar enquanto estuda, o que os deixa cansados a maior parte do tempo.
- Os objetivos vocacionais passaram a ser prioritários. A educação superior sempre foi um veículo para a mobilidade social, mas agora um diploma universitário é necessário apenas para manter a posição e afastar o espectro do salário mínimo.
- Dois outros desenvolvimentos na educação superior são relevantes para nossa análise aqui, mas os classifico numa categoria diferente porque seus efei-

tos, de grande abrangência, prometem ser enriquecedores: a compleição étnica dos *campi* está mudando e as mulheres são mais visíveis.

Sem dúvida, há vantagens compensadoras nas quatro mudanças inquietantes que apontei, e é sempre um erro subestimar a capacidade do espírito humano de se adaptar a novas circunstâncias. Mas minha intenção ao mencionar esses desenvolvimentos sociais é na verdade deixá-los de lado. Era necessário mencioná-los porque eles afetam o espírito humano, mas, feita a referência, volto ao túnel metafísico que é assunto deste livro. A metafísica deste livro é o naturalismo, e a essência deste capítulo é mostrar como a negligência da universidade (na melhor das hipóteses) com relação a uma realidade que extrapola a natureza, e (na pior das hipóteses) sua negação de que uma realidade assim existe, moldam a mente dos estudantes.

Para confirmar a definição já dada, naturalismo não é materialismo. O materialismo afirma que só a matéria existe. O naturalismo admite que as experiências subjetivas — pensamentos e sentimentos — são diferentes da matéria e não podem ser reduzidas a ela, mas insiste que são totalmente dependentes da matéria. Não havendo cérebro, não há mente; não havendo organismo, não há senciência.

Esse é um aspecto importante da cosmovisão científica, e o que aconteceu com a educação superior é que ela foi dominada (ou envolvida) por ela. Uma história nesse sentido conta que nos inícios do século XX, quando um aluno procurou Benjamin Jowett (então diretor da Faculdade Balliol, na Universidade de Oxford), angustiado por ter perdido a fé em Deus, Jowett trovejou, "Encontre-a até as nove horas de amanhã de manhã ou abandone esta escola". Uma brincadeira apócrifa, sem dúvida, mas mostra como os tempos mudaram.

Embora eu diga que a cosmovisão científica passou a dominar, devo salientar novamente que isso não aconteceu intencionalmente. O domínio é simplesmente a culminância na universidade dos efeitos imponderados do cientismo que impregna todo o modernismo. O incrível sucesso da ciência age como um ímã sobre os outros departamentos da universidade e os leva a imitarem sua metodologia. No último colóquio de ciências sociais de que participei, o palestrante (um economista) começou perguntando se as ciências sociais estão se tornando mais científicas. Sua resposta foi, "Não com a rapidez devida".

Influência da Ciência Sobre Outras Disciplinas

Como a atração magnética é mais forte a curta distância, não é de surpreender que entre outras divisões da universidade sejam as ciências sociais as que sentem mais intensamente a influência das ciências naturais. Cientista social ele próprio, Robert Bellah precisou conviver com essa influência durante toda a sua carreira, e por ele ser excepcionalmente lúcido na percepção dessa influência e absolutamente corajoso em seu protesto contra ela, o melhor que posso fazer é entregar a ele a próxima seção deste capítulo.

As Ciências Sociais

"Os pressupostos que fundamentam a ciência social em geral", escreve Bellah,

> podem ser relacionados sucintamente: positivismo, reducionismo, relativismo e determinismo. Não estou afirmando que cientistas sociais ativos poderiam fazer uma boa defesa filosófica desses pressupostos, ou mesmo que estão totalmente conscientes de que os defendem. No sentido descritivo, refiro-me apenas aos preconceitos desses cientistas, aos prejulgamentos que fazem sobre a natureza da realidade. Por positivismo entendo apenas o pressuposto de que os métodos da ciência natural são a única perspectiva para um conhecimento válido, e o corolário de que a ciência social difere da ciência natural tão-somente no grau de maturidade, e que as duas se tornarão progressivamente mais semelhantes. Por reducionismo entendo a tendência para explicar o complexo em termos do simples e a encontrar por trás de formas culturais complexas impulsos, necessidades e interesses biológicos, psicológicos e sociológicos. Por relativismo entendo o pressuposto de que questões morais e religiosas, por receberem explicações de constelações específicas de condições psicológicas e sociológicas, não podem ser julgadas verdadeiras ou falsas, válidas ou inválidas; elas simplesmente variam com pessoas, culturas e sociedades. Determinismo, na minha compreensão, não é nenhuma visão filosófica sofisticada, mas apenas a tendência para pensar que as ações humanas são explicadas em termos de "variáveis" que podem justificá-las.

Bellah acrescenta que, para a maioria dos cientistas sociais, esses pressupostos não entram em conflito com os pressupostos da religião. Eles são tão evidentemente verdadeiros em si mesmos que transcendem qualquer contradição. A religião, não sendo científica, não pode arrogar-se nenhum direito sobre a realidade em nenhum caso, embora alguns possam admitir que, como crença ou prática individual, ela é psicologicamente proveitosa para certas pessoas. "Entretanto, esses pressupostos conflitam, e conflitam agudamente, com todas as grandes religiões e filosofias tradicionais da humanidade."

> A ciência social representa o etos mesmo da modernidade, continua Bellah, e para ela não há cosmo, isto é, não há todo com relação ao qual a ação humana faça sentido. Naturalmente, não há Deus nem qualquer ou-

tra realidade última, mas também não há natureza, no sentido tradicional de uma criação ou expressão de realidade transcendente. Da mesma forma, nenhuma relação social pode ter qualquer qualidade sacramental. Nenhuma forma social pode refletir ou receber um significado divino ou cosmológico. Antes, toda relação social pode ser explicada em termos da sua utilidade social ou psicológica. Finalmente, embora o cientista social diga muita coisa sobre o "self", ele não tem nada a dizer sobre a alma. A noção mesma de alma implica um contexto divino ou cosmológico que falta no pensamento moderno. Para apresentar o contraste de outro modo, a visão religiosa tradicional considerava o mundo como intrinsecamente significativo. O drama da existência pessoal e social era vivido no contexto do sentido cósmico e espiritual contínuo. Para a visão moderna, o mundo é intrinsecamente sem sentido; somente os atores individuais lhe dão sentido, e as sociedades que eles constroem, para seus próprios fins.

Como Bellah diz exatamente o que eu quereria ter dito — e o diz com a autoridade de uma pessoa do meio respeitada — deixo que ele encerre esta seção:

A maioria dos cientistas sociais se recusaria polidamente a discutir os contrastes que acabam de ser mencionados. Eles não expressariam má vontade com relação à religião; eles simplesmente desconhecem até que ponto o que ensinam e escrevem corrói todo pensamento e crença tradicionais. Diferentemente de uma geração precedente de iconoclastas, eles não acham que sua missão seja minar a "superstição". Para eles, as questões acima levantadas simplesmente estariam "fora da minha área", e sugeririam que o interessado as debatesse com filósofos, com humanistas ou com estudantes de religião. Nossa vida intelectual está tão fragmentada, mesmo nas melhores universidades, que questões assim provavelmente nunca sejam levantadas. Isso não significa que não sejam implicitamente respondidas.

Psicologia

A psicologia se fragmentou. A psicologia experimental chega quase a ser uma ciência exata, mas nossa mente e eu estão além dos seus limites, e isso faz com que a psicologia clínica, ou profunda, fique com os resíduos. Enquanto a psicologia experimental trata as pessoas como objetos, a psicologia clínica as vê como sujeitos. As diferenças metodológicas exigidas por essas abordagens são tão grandes, que os dois campos têm dificuldade para comunicar um com o outro e precisam ser analisados separadamente.

Na psicologia experimental, os cães de Pavlov, o behaviorismo de J. B. Watson e a versão atualizada dos dois, feita por B. F. Skinner, estão obviamente dentro do campo de atração gravitacional das ciências *hard*. A essas se pode acrescentar a teoria do estímulo-resposta em geral: ao afirmar que ações seguidas de recompensas se repetem, a Lei do Efeito gradual de Thorndike é totalmente mecânica. A cada década, aproximadamente, ela recebe um novo verniz, mas suas limitações explicativas lhe são ingênitas, e assim o foco se deslocou para a psicologia cognitiva. Como analisarei essa questão num capítulo posterior, passo diretamente para a psicologia clínica, ou da profundidade.

O fato mais significativo aqui talvez seja a má vontade da universidade em aceitar modelos do *self* que abrem mais espaço para o espírito humano do que o faz a visão freudiana ortodoxa. Os principais modelos alternativos são os propostos, primeiro, por C. G. Jung; segundo, pela psicologia humanista e transpessoal; terceiro, pelas religiões asiáticas. Todos esses modelos se revelam tão proveitosos para terapeutas praticantes, que estes criaram Institutos Junguianos, a Association for Humanistic Psychology, de orientação existencial, e a Association for Transpersonal Psychology. As três entidades estão em franco desenvolvimento e inspiram a composição de programas reconhecidos oficialmente para a formação de terapeutas fora da universidade. (O California Institute for Professional Psychology, o Saybrook Institute e o Pacifica Institute em Santa Bárbara são apenas três que se localizam a poucos quarteirões da minha casa.) Mas sua comprovada utilidade não lhes obteve acesso à universidade.

Não são necessários malabarismos mentais para perceber a mão da ortodoxia freudiana nesse fechado segmento. Daniel Goleman, ex-editor de ciências do comportamento do *New York Times*, diz que a descrição que Freud faz do *self* humano é a que mais se aproxima de um modelo possível para o Ocidente, e ele não a vê com bons olhos. Essa descrição é mais pessimista do que os modelos alternativos com que trabalham as psicologias estranhas à academia. (Os psiquiatras Roger Walsh e Dean Shapiro revelaram que o índice das obras completas de Sigmund Freud contém mais de quatrocentos verbetes para patologia e nenhum para saúde.) Ela é também mais determinista — a psicologia existencial surgiu para enfrentar este aspecto do freudismo. Mas como o freudismo é inflexivelmente materialista e pretende (apesar das demonstrações em contrário, apresentadas por Adolph Grunbaum e Frederick Crew) ser científico, ele se afina melhor com os preconceitos da universidade dos tempos atuais.

As Humanidades

Defensoras do espírito humano, as humanidades eram tradicionalmente o coração da educação superior. Atualmente elas não são nem o seu coração nem o seu centro. Substituídas no centro pelo profissionalismo e pela ciência, as humanidades são hoje províncias remotas — em matrículas, orçamentos e prestígio, os três. Um artigo publicado na *Harvard Magazine* em 1998 mostrou que o número de formandos em cursos de graduação nessa área caiu verticalmente desde 1970, tanto em termos absolutos quanto relativos. Na média, os docentes desse setor recebem os menores salários, têm as cargas didáticas mais pesadas e seu tempo para pesquisas é o menor de todos.

Essa situação pode ser conseqüência do avanço da tecnologia e do profissionalismo, mas também pode simplesmente ser vista como abdicação; os humanistas abdicaram da sua função de mentores morais. Emerson afirmava que "o segredo da força do professor está na convicção de que os homens podem mudar, e mudam. Eles querem despertar, [e para isso precisam de professores] que tirem a alma da cama, do seu profundo sono habitual". Isso foi há muito tempo. Hoje os mentores de humanidades não se debatem mais com o propósito da existência humana e com a correta orientação da alma. "O triste", segundo Robert Scholes, "é que nós, professores de literatura, estamos com problemas porque nos deixamos convencer de que não podemos fazer afirmações relacionadas com a verdade, mas mesmo assim precisamos continuar 'professando'." Carl Woodring acrescenta secamente, "A literatura é útil para uma conduta cética da vida".

Esse ceticismo, hoje cultivado por todas as humanidades, é impulsionado por duas forças principais, a desconstrução (que é praticamente a essência do pós-modernismo) e a hermenêutica da suspeição. Ambas pedem algumas palavras. Primeiro, a desconstrução.

No jogo "Que canção (ou época, ou século) é essa?", o termo *pós-moderno* é o melhor que os historiadores conseguiram sugerir como rótulo para identificar a segunda metade do século XX e início do século XXI. Referindo-se (como o faz) apenas a um período do tempo, essa palavra não tem nenhum conteúdo positivo próprio, e então, para preencher essa lacuna, surgiu a desconstrução. Como se observou no capítulo introdutório deste livro, o pós-modernismo começou como um movimento para questionar as grandes narrativas do Iluminismo e do progresso humano, e daí passou a questionar todas as cosmovisões. Sentenciando que os sistemas (tanto sociais quanto conceptuais) são coercivos, ele assume como tarefa sua o desmantelamento desses sistemas.

Nunca ouvi dizer que a desconstrução fosse uma extensão do teorema de Gödel à filosofia e à crítica literária, mas a *indecidibilidade* é o resultado final de ambas. De Aristóteles a Turing, os matemáticos haviam tentado estabelecer sistemas completos. Gödel acabou com esse sonho. Seu famoso Teorema da Incompletude afirma que num sistema formal que satisfaça certas condições precisas, sempre haverá pelo menos uma proposição indecidível — isto é, uma proposição tal que nem ela nem sua negação podem ser provadas dentro do sistema. Ao negar a possibilidade de um sentido único para um texto, Jacques Derrida parece aplicar diretamente esse teorema. A interminável atividade interpre-

A *Parede Esquerda do Túnel: Educação Superior* / **79**

tativa decorrente dessa negação — um confronto contínuo entre explicações alternativas plausíveis, na esperança de gerar novas idéias, novos valores, novas compreensões do mundo e modos como poderíamos responder a ele — é a prática habitual da desconstrução. É raro abordar-se diretamente se as novas idéias são melhores do que as originais — e na verdade está-se próximo do limite em que escancarar-para-possibilitar-alternativas é praticamente o nome do jogo.

Enquanto eu escrevia esta página, *2ⁿᵈ Sight: Grafik design after the end of print*, de David Carson, chegou à minha escrivaninha. A mensagem impressa na capa diz: "a criatividade é uma coisa inusitada. ela assusta. ela desconcerta. ela é subversiva. ela desconfia do que ouve. ela ousa duvidar. ela age. mesmo se erra. ela infiltra idéias preconcebidas. ela abala certezas estabelecidas. ela inventa incessantemente novos modos. novas vocações. ela provoca e muda pontos de vista." O foco deste capítulo é a forma (em modos como esse) como a desconstrução contribui para a erosão da crença, com a qual as universidades estão sendo cúmplices, na visão de Marsden, pois às crenças formadas com cartas que estão continuamente sendo embaralhadas está reservada a instabilidade.

Quanto à hermenêutica da suspeição, começo com a anedota de Steven Weinberg sobre um amigo seu de mais idade que (diante da perspectiva de morte iminente) diz que busca um pouco de consolo na circunstância de que quando a morte chegar ele não precisará mais correr para o dicionário para ver o significado da palavra *hermenêutica*. O termo significa *interpretação*, mas *hermenêutica* soa mais pomposo.

A hermenêutica da suspeição é um recurso interpretativo que ataca teses não direta, mas indiretamente, por insinuação. É X o caso? A hermenêutica da suspeição não responde sim nem não — na verdade, ela não se envolve com a questão a esse ponto — mas muda de assunto e passa para os motivos não explícitos que (diz ela) são as verdadeiras razões que suscitam a questão. Nos cursos de retórica, essa técnica é conhecida pelo nome de falácia da psicologização, e a hermenêutica da suspeição se delicia com ela. Se o ataque se dá de um ângulo marxista, as verdadeiras razões para a demanda (sustenta-se) são os interesses de classe do demandante. Do ângulo freudiano, a agressão reprimida ou a libido são citadas como a verdadeira causa. Nos exemplos do dia-a-dia, o pretendente é acusado de buscar a fama ou de ser um provocador.

Para o conceito de verdade, a hermenêutica da suspeição é um desastre. Em Foucault e em grande parte do pós-modernismo, a verdade quase não passa de um jogo de poder. Wilfred Cantwell Smith comentou que apesar de continuar gravada nas insígnias da Universidade de Harvard, a palavra *veritas* não aparece uma vez sequer numa exposição dos objetivos dos cursos de graduação em educação que a congregação de professores precisou de dois anos para formular pouco antes que Smith se aposentasse.

A hermenêutica da suspeição tem seu lugar, pois motivos fazem parte regularmente dos afazeres humanos. Chego a ponto de admitir que toda esta pri-

80 / *POR QUE A RELIGIÃO É IMPORTANTE*

meira metade do livro pode ser lida como uma extensa investigação sobre o modo como motivos de que não tínhamos consciência atuaram para fixar firmemente nossas esperanças na ciência. Mas não transformo toda essa investigação e denúncia em meu interesse maior. Minha grande preocupação é a natureza das coisas, a que dedicarei a segunda metade deste livro.

É o entibiamento dessa preocupação que leva à não-crença, razão da perplexidade de Marsden. Robert Bellah endossa enfaticamente a tese de Marsden. A acusação mais grave imputada à universidade atual, diz Bellah, é que ela corrói não apenas a crença religiosa, mas todas as crenças que estão fora da área científica. Deparei-me com uma instância inusitadamente vívida do fenômeno em meu próprio território recentemente. Numa festa do quarteirão no Dia do Trabalho, um recém-chegado me reconheceu e (apresentando como motivo seu interesse pela filosofia) perguntou se podíamos almoçar juntos. Durante o almoço, ele relacionou uma série de paragens que ele havia percorrido — movimento psicodélico, Índia, Rajneesh, Da Free John (uma lista conhecida) — e então chegou ao ponto. "Meu problema", disse ele, "é que estou convictamente debilitado. Consigo acreditar em alguma coisa durante um ano ou dois, e então ela se dissolve e eu começo a procurar novamente." *Convictamente debilitado* — a "não-crença" de Marsden em duas palavras, e também um testamento à acusação de Philip Rieff de que a essência da modernidade é "a caça permanente a todas as convicções permanentes".

Filosofia

Fora do mundo ocidental, a filosofia e a teologia mal podem ser separadas, e também no Ocidente elas foram companheiras durante toda a Idade Média e depois. Clemente descreveu o cristianismo como a confluência de dois rios, Atenas e Jerusalém, e Tomás de Aquino compôs a síntese medieval acrescentando a metafísica de Aristóteles aos fundamentos da teologia cristã. Na Idade Média, a filosofia era a serva da teologia, e (com Hume como dissidente solitário) Deus permaneceu o personagem central nos grandes sistemas metafísicos modernos até Hegel. A filosofia de Hegel foi a última filosofia teísta importante, porém, pois embora o idealismo alemão e o romantismo do século XIX detivessem temporariamente o avanço da cosmovisão científica, nos inícios do século XX o positivismo lógico baniu os dois. A filosofia lingüística conteve o positivismo no terceiro quartel do século XX, que, todavia, fechou com a premissa materialista restabelecida. Lembro ao leitor a afirmação de John Searle, acima citada, de que os profissionais da filosofia aceitam hoje alguma versão de materialismo porque acreditam que ele é a única filosofia coerente com a ciência contemporânea.

Nem é preciso dizer que Deus não tem lugar nessa filosofia; o que importa, porém, é que a ausência de Deus é hoje considerada tão normal, que praticamente não chega a ser percebida. Antes, embora teístas e ateístas divergissem em suas conclusões, a questão era importante para ambos os lados; mas isso ruiu. O iconoclasmo provocador de Bertrand Russell e de Jean-Paul Sartre abriram passagem para o ateísmo da apatia, da indiferença e do desinteresse.

Com relação ao espírito humano, a condescendência da filosofia com a força gravitacional da ciência é apenas metade da história. A outra metade é o reforço que ela dá a essa força ao afastar-se ela mesma da religião. Enquanto a metafísica e a filosofia moral ocupavam uma posição de destaque no conjunto, ela era bem-aceita nos departamentos de filosofia e religião, mas quando a lógica deslocou essas prioridades, a coabitação se tornou desconfortável. Quando a declaração de Bertrand Russell de que a lógica é a essência da filosofia consolidou-se, a habilidade de seguir provas de completude para sistemas formais via lógica simbólica substituiu as línguas estrangeiras como pré-requisito para os cursos de pós-graduação, e a filosofia passou a distanciar-se cada vez mais da religião.

A auto-estima também passou a fazer parte do quadro, pois a posição secundária da religião na universidade fez com que os filósofos se ressentissem de ser associados a ela e começassem a exigir departamentos próprios. Richard Rorty sugere que a filosofia atual pode estar representando a visão sombria de Henry Adams, que (aproximadamente um século atrás) considerava a nova religião da ciência tão auto-enganosa quanto o fora a religião do passado, e acreditava que seu "método científico [era] simplesmente uma máscara atrás da qual se embosca[va] a crueldade e o desespero de uma época niilista". A recente criação da Sociedade dos Filósofos Cristãos parece contradizer o que estou dizendo, mas o conselho que candidatos à associação ouvem de seus orientadores é, Não escolha filosofia da religião como tema da sua dissertação. Escolha alguma outra coisa. Quando conseguir um emprego, *então sim* você pode fazer filosofia da religião.

Estudos Religiosos

Quando da criação das universidades e das faculdades estaduais, pensava-se inicialmente que a separação constitucional da Igreja do Estado proibia o ensino de religião nas instituições públicas. Por volta da metade do século XX, porém, estabeleceu-se a distinção entre ensino de fatos objetivos sobre religião e proselitismo, o que preparou o caminho para a criação de departamentos de estudos religiosos em todos os *campi*.

Mas esse fato foi menos útil ao espírito humano do que se poderia esperar, pois quando a educação superior adotou o modelo europeu de universidade, ela introduziu também o modo europeu de estudar religião, que era tão positivista quanto seu modo de estudar outras disciplinas. (Outros comentários sobre este importante assunto serão feitos mais adiante.) Auguste Comte havia traçado os limites: a religião pertencia à infância da raça humana. É bom conhecer fatos da infância, mas manter atitudes infantis demonstra falta de amadurecimento. Assim, os estudos religiosos não tiveram um começo promissor. Os pais fundadores da disciplina, que continuam sendo homenageados como seus próceres — o lingüista Max Müller, o antropólogo Emile Durkheim e os sociólogos Max Weber e Karl Mannheim eram ou agnósticos ou ateus. Müller confessou ser religiosamente "não-musical", e Mannheim certamente falou pela multidão quando disse: "Não existe Além. O mundo que existe não é um símbolo do eterno. A realidade imediata não aponta para nada além dela mesma."

Os preconceitos iniciais continuam atuantes. Uma vez dividido o mundo segundo critérios científicos e não-científicos, a sociologia se tornou para a religião (como mostra Peter Berger) um inimigo mais poderoso que a ciência, pois ela se arrogou jurisdição sobre o "homem social", definido como as pessoas na totalidade das suas experiências. A história havia preparado o caminho para a investida ao insistir no caráter histórico da religião: as religiões surgem não das incursões divinas no mundo, mas das circunstâncias históricas, e portanto elas são relativas. Freud prolongou a variável psicológica deste tema ao afirmar que a religião é uma projeção das necessidades e desejos humanos, uma visão absolutamente sinistra dado o caráter pouco elevado das necessidades e desejos postulados por Freud.

Mitos e textos sagrados constituem a essência da religião, e seus seguidores os aceitam como textos revelados. Caídos do céu, por assim dizer, eles trazem novas de uma realidade que ultrapassa e transcende nosso mundo cotidiano. Os estudos religiosos (cujas metodologias se assemelham às das humanidades e das ciências sociais em geral) não podem aceitar essa posição ao pé da letra. Deixarei que dois estudiosos bíblicos contem a história — um como ela aparece no Novo Testamento, o outro como ela se aplica à Torá. Com relação ao Novo Testamento, Marcus Borg escreve:

> Em grande parte, a característica definidora do saber bíblico no período moderno é a tentativa de compreender a Escritura sem referência a outro mundo. Nascido no Iluminismo, que transformou radicalmente todas as disciplinas acadêmicas, o saber bíblico moderno tem procurado compreender seu conteúdo de acordo com a imagem-raiz da realidade que domina a mente moderna. Explicações "racionais" — isto é, "racional" dentro da estrutura de uma compreensão unidimensional da realidade — são oferecidas para textos que falam de fenômenos "sobrenaturais".
>
> As principais subdisciplinas que emergiram no saber bíblico são as que podem ser feitas sem referência a outros níveis de realidade: estudos do modo como os escritores bíblicos redigiram as tradições que receberam, a forma e as funções dos vários gêneros literários e orais, o desenvolvimento retórico da tradição cristã incipiente expressa nos textos, etc. Todas têm em comum o fato de que convergem para os aspectos "deste mundo" dos textos.

Para a Bíblia hebraica, Arthur Green diz:

A emergência da *Wissenschaft* [a ciência da história no sentido abrangente, europeu, da palavra *ciência*] trouxe consigo a bifurcação entre o estudo da Torá como obrigação religiosa e a transformação da pesquisa acadêmica numa religião substituta de direito próprio. Somos forçados a incluir na mesma categoria, para os propósitos de ensinar e pesquisar, nossa fé em Deus. Os métodos de estudo da religião na universidade são os da história e da filologia (nas humanidades) e da antropologia, psicologia e sociologia (nas ciências sociais). O impacto desses métodos é desconsiderar a Torá como criação divina. Um pesquisador que escrevesse um artigo para a *Journal of the American Academy of Religion* ou para a *Journal of Biblical Literature* acreditando que a Escritura fosse a Palavra de Deus literal seria alvo de riso.

DA NÃO-CRENÇA À DESCRENÇA

The Soul of the Modern University: From Protestant Establishment to Established Nonbelief foi de suma importância para definir a linha deste capítulo, mas as duas subseções precedentes do meu texto mostram que ele não atinge o alvo. A universidade moderna não é apenas agnóstica; ela é francamente hostil à religião. Ela apóia a espiritualidade, desde que esta se mantenha indefinida; ainda não encontrei um aluno que dissesse não ter algum aspecto espiritual inerente à sua natureza. Mas a espiritualidade organizada, institucionalizada (é isso que a religião acaba sendo) não é vista com bons olhos no *campus*. Num livro posterior ao que adotei, Marsden chega a esse ponto quando escreve: "Alunos novos aprendem rapidamente que professores influentes têm atitudes negativas com relação à expressão religiosa explícita e que para serem aceitos precisam ser reservados sobre suas crenças."

A história nos ajuda a analisar esse preconceito com isenção. Sabemos que as universidades européias evoluíram a partir dos claustros; a palavra *colégio* referia-se inicialmente a claustros de monges que precisavam saber ler para realizar seus ofícios. E como já se observou, no Novo Mundo os primeiros colégios foram antes de mais nada seminários para a preparação de ministros. Mas quando, no processo de transição à condição universitária, os colégios afrouxaram ou romperam seus vínculos com a Igreja, eles precisaram de uma nova identidade (um novo modelo, se se quiser), e as universidades alemãs, então as mais prestigiosas do mundo, estavam preparadas para fornecer essa identidade. Elas eram absolutamente positivistas, e (porque se firmaram como modelo para a universidade americana) é importante compreender o secularismo ativo entranhado na palavra *positivismo*.

84 / POR QUE A RELIGIÃO É IMPORTANTE

O Positivismo é a corrente filosófica geralmente associada ao sociólogo francês do século XIX Auguste Comte, o mais influente dos seus propagadores. O termo *positivo*, no sentido por ele usado, remete a algo dado ou estabelecido, algo que (por ser dado) precisa ser aceito ao pé da letra e sem necessidade de explicações. Como seu corolário negativo, a palavra adverte contra as tentativas da teologia e da metafísica de ultrapassarem o mundo da evidência na (vã) esperança de descobrirem as causas primeiras e os fins últimos. Todo conhecimento verdadeiro está contido dentro dos limites da ciência. A filosofia continua sendo útil para explicar o campo de ação e os métodos da ciência, mas nada proveitoso se pode dizer sobre a teologia. A religião pertence à infância da raça humana, e também a filosofia precisa abandonar a pretensão de deter os meios para alcançar o conhecimento que a ciência não tem. Sintomático dessa flagrante hostilidade contra a religião é o fato de que quando (no final do século XVIII) o teólogo alemão Friedrich Schleiermacher proferiu uma série de palestras intitulada *Sobre a Religião* na Universidade de Marburgo, o subtítulo dado à série foi *Palestras a Seus Desdenhosos Eruditos*.

Como posição filosófica, o positivismo ruiu, mas o anticlericalismo por ele introduzido na universidade alemã do século XVIII continua ocupando seu lugar na universidade americana atual. A força do hábito explica isso em parte, mas a rivalidade também é fator importante. Conquistada a autonomia com relação à Igreja, a universidade, na mente dos nossos tempos, se tornou rival da Igreja, e rivais raramente são vistos com os melhores olhos por seus adversários.

Este não é um tópico agradável. Nos inúmeros debates ciência-religião de que participei ao longo dos anos, não lembro que tenha sido abordado. Mas ele é um fato da vida, e para encará-lo recorro à descrição que John Kenneth Galbraith fez da rivalidade que o New Deal (idealizado por Franklin Delano Roosevelt para tirar os Estados Unidos da Grande Depressão) criou entre Washington e a comunidade empresarial. "A ideologia tinha um papel", admite Galbraith; "o sistema da livre empresa precisava ser defendido, e a comunidade empresarial se viu como sua defensora. Essa era a motivação expressa. Mas mais profunda e intensa era a sensação da posição perdida, do prestígio passando de Nova York, Pittsburgh e Detroit para Washington. Foi esse fator, tanto quanto a ideologia, que mobilizou os empresários contra Franklin D. Roosevelt."

"A sensação da posição perdida" e "o prestígio passando" para outros são as frases expressivas aqui. Em seu livro *Name-Dropping*, Galbraith generaliza a essência dessas expressões num parágrafo que é tão pertinente à hostilidade da universidade contra a religião, que o citarei por inteiro:

> Existem duas forças motivadoras em todo sistema econômico: uma é o desejo de dinheiro; a outra é a necessidade de prestígio. A busca do dinheiro — renda — é amplamente aceita. Mas, para a comunidade empresarial, o prestígio também é profundamente importante e uma coisa

que não pode ser compartilhada. A única política econômica aceitável [do ponto de vista empresarial] é a que possibilite posição preeminente ao executivo corporativo ou agente financeiro. Um governo ativo, como o de Roosevelt, obviamente desafia a base da estima e auto-estima empresarial. É melhor sofrer alguma perda de renda [como aconteceu com as empresas na Grande Depressão] do que ver esse prestígio — o direito de liderança — enfraquecido ou violado.

Tudo o que precisa ser feito com essas palavras para explicar o preconceito contra a religião no *campus* de hoje (e a descrença em questões religiosas que ele alimenta nos alunos) é substituir a rivalidade entre empresa e governo na análise de Galbraith pela rivalidade entre a universidade dominada pela ciência, por um lado, e a religião, por outro, pois a universidade está profundamente envolvida com sua pretensão de controlar o conhecimento. O paralelo não é exato, pois a empresa se via ameaçada pelo New Deal, enquanto a religião não está em condições de ameaçar a universidade dominada pela ciência de hoje. Mas ela *ameaçou* a educação no passado, e as lembranças morrem lentamente. Além disso, fora do *campus* (na sociedade em geral) a competição entre os dois lados para conquistar a mente do público continua acirrada.

Ineficácia da Resposta Teológica

A investida da universidade contra a religião colocou os teólogos numa posição difícil. Eles precisavam contra-atacar para abrir espaço para seus temas; ao mesmo tempo, porém, não queriam afastar-se da vida intelectual e cultural, e a educação superior havia se firmado como o centro institucional mais importante para desenvolver o conhecimento do qual uma moderna sociedade científico-tecnológica depende. Mais importante, os teólogos eram eles próprios produtos da universidade e numa proporção apreciável haviam assumido seus matizes.

Se eu tivesse de escolher um livro condutor para esta breve seção, este seria *Faith and Knowledge: Mainline Protestantism and American Higher Education*, de Douglas Sloan, pois ele conta em detalhes a história que resumirei em alguns parágrafos. A estratégia que os teólogos do século XX adotaram para repelir o assalto da universidade à religião foi a de defender dois tipos de verdade. (Antecipamos essa estratégia no capítulo anterior com a concordância de Stephen Jay Gould com ela.) Por um lado, temos as verdades de conhecimento enquanto derivadas da ciência e da razão discursiva, empiricamente fundamentadas. Por outro, temos as verdades que a fé, a experiência religiosa, a moralidade, o sentido e o valor geram. Estas não se baseiam no conhecimento, mas nascem de uma mescla de sentimento, intuição, ação ética, convenção comunitária, tradição folclórica e experiência mística.

86 / POR QUE A RELIGIÃO É IMPORTANTE

A força desse duplo enfoque é que ele ajuda a manter vivas importantes dimensões da experiência humana e do sentido que a visão de conhecimento dominante não consegue abranger. Ela tem, porém, uma fraqueza fatal. Enquanto resiste de algumas formas à atitude moderna, num nível mais profundo ela acredita na divisão básica da moderna teoria do conhecimento a que Jacques Monod se refere na passagem que citei no fim do Capítulo 2 — a cisão entre sujeito e objeto, fato e valor, teoria e prática, ciência e humanidades, e (no caso da religião) fé e conhecimento. E, naturalmente, o equilíbrio entre as duas esferas é desproporcional. O domínio da fé, do significado e dos valores está sempre na defensiva e é hostilizado pelas incursões de um conhecimento estreito, positivista, e pela cosmovisão materialista que o acompanha. Não alicerçado na realidade geralmente aceita como potencialmente *cognoscível*, o objeto da fé, da ética e da arte corre sempre o risco de se tornar epifenomênico e só secundariamente real. A crise da fé no mundo moderno deriva da disparidade cognitiva entre essas duas visões da verdade. A teologia do século XX esclareceu essa disparidade, mas não a corrigiu.

Uma outra ocorrência merece ser abordada antes da conclusão deste capítulo.

O NOVO PROFISSIONALISMO

O surgimento da universidade americana na segunda metade do século XIX trouxe consigo uma revolução na nossa compreensão da vida intelectual. Nestes aspectos, principalmente, essas universidades revelaram seu espírito: o modo como conciliaram ciência e secularismo, como se libertaram da orientação religiosa que guiava os antigos colégios, como abraçaram a curiosidade como valor em si mesmo e o modo como entronizaram a razão como força motriz da vida intelectual.

Esse novo espírito se revelou especialmente no novo profissionalismo, que reorganizou antigas profissões (teologia, medicina e direito) e criou novas (administração de empresas, jornalismo, medicina veterinária, engenharia florestal e outras). O antigo profissionalismo levava os estudos liberais a sério porque estes voltavam toda sua atenção aos seres humanos. O novo profissionalismo estuda *coisas*, e levanta questões não sobre o papel essencial da humanidade e as responsabilidades que acompanham esse papel, mas sobre se X ou Y é o melhor modo de alcançar algum fim imediato, restrito. Essa é uma diferença de espécie, não de grau. Ao entronizar o conhecimento instrumental e torná-lo o centro de tudo, as universidades florescentes transformaram vocações em profissões. No processo, perderam-se de vista o propósito e o sentido da vida e enfraqueceu-se o foco sobre o humano enquanto humano, pois ele reduziu os seres humanos a instrumentos para o avanço do conhecimento deste mundo.

Conclusão

Encerro este capítulo sobre educação com duas observações espirituosas de conteúdo mordaz, mas de forma moderada.

O crítico de uma paródia recente às faculdades de engenharia agrícola do meio-oeste — um livro intitulado *Moo U* — começa dizendo que a obra é naturalmente uma sátira; na continuação, ele justifica esse fato, perguntando se há outra maneira possível de escrever sobre a universidade atual.

A segunda observação foi feita pelo historiador da arte A. K. Coomaraswamy. Vindo da Índia para organizar o setor asiático do Museu de Belas Artes de Boston, ele teria comentado que várias décadas como imigrante o haviam convencido de que são necessários quatro anos para obter formação universitária nos Estados Unidos e quarenta para recuperar-se dela.

CAPÍTULO 6

O Teto do Túnel:
Os Meios de Comunicação

Seja qual for a profissão que exerçam, os intelectuais, em sua maioria, são profundamente socializados por sua educação formal. Isso significa que as universidades dão os retoques finais na mente dos que delas saem para dirigir os Estados Unidos. Não admira, portanto, que o secularismo e o anticlericalismo desses centros de ensino tenham se disseminado e impregnado nossa vida cultural. As pesquisas mostram sistematicamente que a maioria dos americanos acredita em Deus, mas seria um erro imaginar que essa estatística reflete o prestígio da religião na vida pública. O chiste justificadamente famoso de Peter Berger resume isso muito bem: "Se a Índia é o país mais religioso do planeta, e a Suécia o menos, os Estados Unidos são uma terra de indianos governados por suecos." O próximo capítulo documentará essa visão em sua relação com a lei; este mostra como os meios de comunicação a refletem.

LIVRO CONDUTOR

Summer for the Gods: The Scopes Trial and America's Continuing Debate over Science and Religion, de Edward J. Larson, é meu guia neste capítulo. Escrito por um historiador da ciência e professor de direito na Universidade da Geórgia, e publicado pela Harvard University Press em 1998, o livro gira em torno de um único fenômeno: a forma como a imprensa tratou o julgamento de Scopes, em 1925, em Dayton, Tennessee. A análise de Larson é tão reveladora, que dedicarei a primeira metade deste capítulo ao relato dos acontecimentos, deixando as generalizações sobre os meios de comunicação para a segunda metade.

Herdeiros do Vento

Até que os historiadores começassem a pesquisar o assunto e suas descobertas fossem aos poucos divulgadas quase no final do século XX, caso se perguntasse a praticamente qualquer americano o que aconteceu no julgamento de Scopes, em Dayton, durante o sufocante verão de 1925, a resposta informal seria um reflexo menos dos fatos em si do que dos mitos sobre eles criados por um filme de grande sucesso, *Herdeiros do Vento*, baseado na peça teatral homônima da Broadway, também acolhida com enorme entusiasmo popular. Protagonizado por Frederic March e Spencer Tracy, respectivamente nos papéis de William Jennings Bryan e Clarence Darrow, o filme jogou a realidade para o alto, como uma panqueca, e se elevou a uma estatura mítica.

Os fatos que inspiram o filme são em geral conhecidos. (Como este se baseou na peça, referir-me-ei a ambos indistintamente.) Em 1925, o Tennessee promulgou uma lei contra o ensino da evolução, e a American Civil Liberties Union (ACLU) publicou um anúncio procurando um professor de biologia que examinasse a constitucionalidade dessa lei. A ACLU esperava manter o julgamento restrito à questão da livre expressão versus majoritarianismo — o majoritarianismo defende que a maioria tem o direito de determinar os resultados — mas quando William Jennings Bryan e Clarence Darrow começaram os debates, o tema ciência versus religião passou a ser central. Essa é a questão que a peça e o filme abordam, a ciência representando o papel do cavaleiro em armadura reluzente dando combate a fanáticos religiosos ignorantes, intolerantes e retrógrados. Os espectadores recebem a informação de que o filme não é uma "história", mas é um "filme histórico", o que não impede que o roteiro dê a impressão de ser história. A seu modo, ele narra a história do "julgamento do macaco", em que John Scopes foi acusado de violar a lei contra o ensino da evolução. A encenação do julgamento dirigida por Stanley Kramer, teatralmente brilhante e manifestamente facciosa, fez com que o filme simplesmente substituísse o julgamento propriamente dito na memória do público. Escrevendo à época, Irving Stone disse que o filme aplicara um golpe mortal ao fundamentalismo, identificado com a religião em geral. Se o tempo mostrou que Stone estava errado, os créditos não se devem a *Herdeiros do Vento*.

A Peça é a Coisa

Herdeiros do Vento começa com Leslie Uggams cantando "Give Me That Old-Time Religion" em cadência fúnebre marcada por tambores, enquanto três policiais carrancudos e um pregador invadem uma sala de aula, numa pequena cidade do Sul, para prender um professor de biologia que, segundo os boatos, estaria ensinando evolução. Em seguida vemos esse professor, John Scopes (não há por que complicar meu relato com os nomes artísticos dos protagonistas), recebendo na prisão a visita da sua afável noiva, espremida entre o amor a quem em breve se tornaria o seu marido, um homem corajoso e de princípios, e o amor ao seu pai, um pregador fervoroso que ameaçava com os piores castigos os que não se convertiam e para quem Scopes é o próprio diabo. Esse é um artifício clássico para levar a platéia para o lado pretendido pelo filme, mas como *história* ele é pura ficção. O romance não fez parte do julgamento e Scopes nunca foi preso. Bryan (o promotor titular) sustentou que ele não podia ser condenado, absolutamente, e quando o juiz declarou que toda essa brandura não pertencia à sua jurisdição, Bryan imediatamente se ofereceu para pagar a multa mínima de cem dólares imposta pela corte.

A cena inicial define a linha a ser seguida por todo o filme. Uma marcação de cena determina que a cidade seja sempre visível, como pano de fundo, e ela invariavelmente aparece sendo hostil a Scopes e a seu advogado, Clarence Darrow. Ao chegar na estação ferroviária de Dayton, Bryan é recebido como herói, e à noite os líderes locais oferecem um banquete em sua homenagem. Quando Darrow chega, porém, a plataforma está vazia; cidadãos hostis se distribuem ao longo das calçadas enquanto ele percorre seu caminho solitário até o hotel, o silêncio pétreo quebrado apenas por uma aluna da escola local que grita, "Demônio!" Nada que se assemelhe à história. Ao contrário da presença constrangedora em que o filme a transforma, Dayton era uma cidade amistosa e tolerante; o clima para o julgamento era festivo, e ela sentia prazer em ser o centro das atenções do mundo inteiro. Nenhuma aglomeração fez demonstrações fora de uma cela inexistente, cantando "We'll hang John Scopes to the sour apple tree" [Enforcaremos John Scopes na macieira azeda]; nem mesmo o ateísmo espalhafatoso do ilustre repórter do julgamento — H. L. Menken, do *Baltimore Sunday* — o induziu a dizer algo tão irresponsável como, "Arruaceiros do mundo, univos; não há mais ninguém para queimar a não ser os vossos intelectuais".

Os fatos verdadeiros são os seguintes. Na esperança de reverter três décadas de declínio populacional, os líderes de Dayton viram na tentativa da ACLU de conseguir um professor de biologia que analisasse a legalidade da lei do Tennessee uma oportunidade de ouro para recolocar Dayton no mapa. O fato de o professor de biologia da escola local estar doente e incapacitado não seria problema; o treinador de futebol e coordenador de ciências, John Scopes (que fora chamado para lecionar a disciplina até o fim do semestre) cumpriria essa função. No julgamento real, Scopes testemunhou que como professor substituto na segunda metade do curso, ele mais aprendera biologia com os alunos do que lhes ensinara, pois pelo menos tinham assistido a seis semanas de aula de alguém que entendia a matéria. Nada disso está no filme.

A estratégia dos líderes da cidade superou as suas maiores expectativas. Mais de duzentos repórteres invadiram Dayton, e o julgamento acabou sendo o primeiro nos Estados Unidos a receber cobertura internacional.

Liberdades desse tipo permeiam o filme todo, todas elas introduzidas com o objetivo de demonstrar que a ciência é sensata, avançada e tolerante, enquanto a religião (equiparada ao fundamentalismo) é intolerante, fechada e retrógrada. Apesar da afirmação explícita de Bryan no banco de testemunhas de que a sua leitura dos seis dias da criação era alegórica, ele é representado como um literalista bíblico radical. Além disso, o lado humanitário do seu caso é totalmente ignorado. Bryan era acima de tudo um humanitarista exaltado. Ele era um pregador insopitável da reforma social, e o darwinismo social (que em pouco tempo seria desacreditado) estava então no auge. Bryan havia visto a teoria da sobrevivência do mais apto ser usada nos Estados Unidos para defender magnatas inescrupulosos, e na Alemanha para justificar o brutal militarismo que levou à Primeira Guerra Mundial. Isso o levara a convencer-se de que "a teoria darwinista representa o homem chegando à perfeição atual pela ação da lei do ódio, a lei implacável pela qual os fortes excluem e eliminam os fracos".

Pelo filme, jamais se conseguiria deduzir que era esse entendimento do darwinismo que exacerbava o ardor de Bryan, pois o roteiro ressalta Darrow menosprezando Bryan através das suas (inadequadamente representadas) crenças sobre a evolução, conseguindo assim uma estrondosa vitória para a ciência. Os repórteres que cobriram o julgamento viram as coisas de modos diferentes. Para eles, esse confronto era o primeiro combate de uma prolongada batalha entre fundamentalistas religiosos e modernistas religiosos. O filme mostra Bryan desfalecendo e esmorecendo no banco das testemunhas sob o peso do interrogatório devastador de Darrow, que — este aspecto é exato — não tinha nada a ver com o caso, mas tudo a ver com o objetivo de Darrow de ridicularizar Bryan e o literalismo bíblico. ("Tomei a decisão de mostrar ao país como ele era ignorante", escreveu Darrow a Mencken depois do julgamento, "e consegui.")

Na realidade, Bryan não se considerou vencido, absolutamente. Ele passou os dias seguintes fazendo declarações à imprensa e preparando um discurso de quinze mil palavras que continuaria sua batalha contra o darwinismo e contra Darrow. (Como aconteceu) ele morreu cinco dias depois do julgamento, mas não porque se sentisse derrotado. Referindo-se ao lendário gosto de Bryan pela comida, Darrow comentou que a *causa mortis* fora barriga rebentada.

Estou escrevendo como se *Herdeiros do Vento* fosse o único a interpretar equivocadamente o julgamento de Scopes, mas as distorções começaram a se acumular um ano ou dois depois do julgamento propriamente dito. Se um só livro devesse receber os méritos por divulgá-las, este seria *Only Yesterday*, de Lewis Allen, publicado em 1931 e com mais de um milhão de exemplares vendidos. Instigante livro sobre a Ruidosa Década de 1920, ele propagou a idéia de que Bryan era um fundamentalista que acreditava no Gênesis literal, o que não era verdade, como vimos. Allen transformou o julgamento num conflito entre visões contrárias de religião e evolução defendidas por Bryan e Darrow, omitindo completamente tanto o humanitarismo quanto o majoritarianismo de Bryan.

"A questão de fato", afirmara Bryan no banco das testemunhas, "não é *o que* se pode ensinar nas escolas públicas, mas *quem* controlará o sistema educacional."

De modo geral, a abordagem de Allen deixou a impressão de que o julgamento correspondeu a uma vitória da razão sobre a revelação, e essa se tornou a versão aceita do assunto. Na era macarthista da década de 1950, mesmo historiadores da estatura de Richard Hofstadter citavam o julgamento como uma expressão das forças negras, antiintelectuais, nos Estados Unidos. Quase meio século devia transcorrer antes que esse estereótipo do julgamento fosse reconhecido como tal e fossem iniciados esforços para corrigi-lo. Num artigo intitulado "Visita a Dayton", publicado em *Hens' Teeth and Horses' Toes*, Stephen Jay Gould chamou a atenção para as interpretações equivocadas do significado maior do julgamento de Scopes, e vários outros estudos históricos (*Six Days or Forever: Tennessee v. John Thomas Scopes*, de Ray Ginger, e a investigação inicial do assunto de Edward Larson, *Trial and Error: The American Legal Controversy over Creation and Evolution*, que preparou o terreno para o seu estudo definitivo — o livro condutor para este capítulo) dão respaldo a Gould nesse ponto.

Licença Poética

A arte tem suas próprias prerrogativas, naturalmente. Ela precisa selecionar e ressaltar para manter o seu enredo claro, e ao longo do processo talvez ela tenha de lançar mocinhos contra bandidos. Diga-se, portanto, que o fato revelador sobre *Herdeiros do Vento* não é que ele tome liberdades. Pode-se desculpar mesmo suas grandes licenças (caso se queira), chamando-as de poéticas. O fato revelador sobre a produção é a mensagem que ela transmite, e o modo de colocar essa mensagem em perspectiva é tentar imaginar os papéis em *Herdeiros do Vento* invertidos. No clima de opinião atual, podemos imaginar Hollywood apropriando-se do julgamento de Scopes como base para uma história com William Jennings Bryan no papel do herói e Clarence Darrow no de vilão?

Edward Larson não diz que *Herdeiros do Vento* foi urdido com ar rarefeito; a intolerância intelectual certamente foi uma questão importante no caso. O que Larson faz (além de mostrar os erros factuais no filme) é chamar a atenção para aspectos do julgamento que geralmente são relegados a segundo plano e que atualmente continuam fazendo parte das discussões sobre o lugar da ciência e da religião nas escolas públicas. O medo verbalizado por Bryan durante o julgamento — "que perderemos a consciência da presença de Deus em nossa vida diária se tivermos de aceitar a teoria [darwinismo] de que através de todos os tempos nenhuma força espiritual tocou a vida do homem nem modelou o destino das nações" — dá a impressão de ter sido expresso ontem. E em essência ele *foi* manifestado praticamente ontem, no recente tumulto sobre darwinismo em Kansas.

A ATUALIZAÇÃO DE KANSAS

Eu não teria reservado a *Herdeiros do Vento* o espaço que lhe dediquei se não o considerasse como o indicador mais expressivo que conheço do modo como os meios de comunicação tratam a religião nos dias de hoje. A cobertura dada pela imprensa às decisões relacionadas à evolução, tomadas pelo Conselho de Educação do Kansas em agosto de 1999, confirma essa impressão, e eu acrescentarei esse caso como uma atualização. Meu jornal local, *The San Francisco Chronicle*, seguiu o padrão de todo o país ao intitular seu editorial sobre a decisão "Voto a Favor da Ignorância", mas se sondarmos sob a superfície, descobriremos que foi a cobertura dos meios de comunicação à decisão que elevou o nível de ignorância da nossa nação.

Se essa parece uma acusação irresponsável, pergunto ao leitor se os seguintes fatos sobre o caso chegam a ser surpresa. Até onde podem surpreender, eles revelam as deficiências da imprensa ao relatar os acontecimentos.

Ao contrário da impressão transmitida pelos meios de comunicação, a decisão do Kansas realmente *aumentou* a ênfase das suas escolas públicas sobre a evolução. As antigas normas científicas (de fato desde 1995) dedicavam em torno de 70 palavras para evolução biológica, enquanto a nova aumentou esse número para aproximadamente 390 palavras. Conquanto esse número esteja aquém das 640 pretendidas pelo Kansas Science Education Standards Writing Committee, ainda assim observa-se um aumento quintuplicado sobre o que os livros registravam até então.

O número de palavras não é tudo, naturalmente, mas as 390 palavras aprovadas pelo Conselho incluíam muitas das disposições recomendadas pelo Comitê. O Conselho adotou literalmente a síntese do Comitê sobre a teoria de Darwin, assim redigida:

> *A seleção natural inclui os seguintes conceitos: 1) A variação hereditária existe em todas as espécies; 2) alguns traços hereditários são mais vantajosos à reprodução e/ou à sobrevivência do que outros; 3) existe uma provisão finita de recursos disponíveis para a vida; nem toda progênie sobrevive; 4) indivíduos com traços vantajosos em geral sobrevivem; 5) os traços vantajosos aumentam na população ao longo do tempo.*

O Conselho determinou que os estudantes do Kansas fossem testados sobre essa síntese da teoria da seleção natural de Darwin — uma síntese que seria difícil de aperfeiçoar. Ele exigiu também que os alunos compreendessem que a "microevolução... favorece variações genéticas benéficas e contribui para a diversidade biológica", relacionando mudanças no tentilhão como exemplo desse conceito.

Assim, o que é tão ruim no caso do Kansas, e por que o tumulto? O problema está na recusa do Conselho de adotar duas propostas sugeridas por seu Comitê de Ciências.

94 / POR QUE A RELIGIÃO É IMPORTANTE

Primeiro, ele se recusou a exigir que os estudantes compreendessem que a microevolução leva à macroevolução — a origem de novas estruturas e de novos grupos de organismos. Segundo, ele não exigiu que os estudantes elevassem a evolução biológica a um "conceito unificador" de ciência, em igualdade de condições com conceitos como "evidência" e "forma e função". Mas é difícil considerar essas recusas como votos pela ignorância quando os próprios biólogos profissionais não concordam sobre esses pontos.

A tendência da imprensa ao relatar o caso do Kansas vem à luz não somente no modo como ela deu cobertura ao evento, mas também no modo como deixou de fazê-lo. Refiro-me ao simpósio sobre a decisão que a Universidade de Washburn, em Topeka, promoveu na esteira do tumulto. Como esse foi (pelo que sei) o único debate acadêmico responsável sobre o acontecimento — responsável no sentido de que os dois lados da controvérsia dispuseram de tempos iguais — poder-se-ia pensar que os jornalistas o viram como uma oportunidade para acrescentar profundidade à história, o que não aconteceu. Até onde consegui descobrir, fora de Topeka a imprensa ignorou o acontecido.

Ao assim proceder, ela negou à nação um fato significativo — que o departamento de biologia da Universidade de Washburn se absteve do debate. O que essa abstenção representa para a imagem da ciência enquanto fundamentada no discurso livre e aberto?

O Quadro Geral

Há uma cena quase no fim de *Herdeiros do Vento* que no contexto atual dá a impressão de ter sido incluída com o objetivo de levar do filme em si para a questão mais ampla do tratamento que os meios de comunicação dão à religião em geral. Um personagem identificado como Radialista entra na sala do tribunal com um microfone enorme. Ele explica que o microfone está conectado por linha direta com a Rádio WGN, de Chicago. Dada essa informação, ele prossegue e relata a todo o país o que está acontecendo no tribunal. William Jennings Bryan, orador famoso, voz altissonante, tenta falar no microfone. Ele se atrapalha com o novo aparelho, mas o poder da sua voz se impõe e suas palavras chegam ao público. Na última declaração de Bryan, porém, o diretor do programa em Chicago resolve que sua fala ficara no ar durante muito tempo e o Radialista interrompe para anunciar que a rádio volta a transmitir do estúdio em Chicago para um intervalo musical. As marcações de cena descrevem isso como o derradeiro ultraje a Bryan.

Phillip Johnson, da Boalt School of Law, da Universidade da Califórnia, extrai dessa cena um questionamento que se expressa assim: "Quem segura o microfone?" O microfone (isto é, a imprensa noticiosa em geral) pode cancelar qualquer coisa que Bryan possa dizer com o simples acionar de uma chave. Sendo ele próprio crítico das pretensões exageradas do darwinismo, Johnson relaciona esse ponto com sua própria experiência. Na atmosfera dos meios de comunicação atuais, diz ele, é praticamente impossível fazer com que os jornais admitam que existem problemas científicos com o darwinismo que são bastante independentes daquilo que qualquer pessoa pensa sobre a Bíblia. Um repórter pode dar a impressão de entender a questão durante uma entrevista, mas depois de passar pelos editores, a história quase sempre volta com a mesma fórmula: os criacionistas estão tentando substituir o manual de ciências pelo Gênesis.

Minha alternativa ao relato de Johnson deriva da minha área de trabalho, as religiões do mundo. Vários anos atrás, a repórter de religião de um dos jornais mais importantes do país foi até Bay Area para me entrevistar; seu objetivo era fazer um esboço biográfico. Depois das perguntas corriqueiras relacionadas com minha formação, influências, tópicos de interesse humano e minha opinião sobre diversos assuntos, ela levantou a questão dos conflitos religiosos. Eu lhe disse que esses conflitos tendem a ser mais políticos do que religiosos, o que me levou a fazer uma pequena palestra que se desenvolveu mais ou menos assim:

Em conflitos étnicos que envolvem religião, as religiões fornecem aos grupos conflitantes suas respectivas identidades, mas não segue daí que as diferenças nessas identidades sejam a causa do conflito sob análise. Do modo como os lógicos vêem a questão, as identidades múltiplas são condição *necessária* para o conflito, mas não sua condição *suficiente*. É o mesmo que acontece com as pessoas. Para haver conflito é preciso haver grupos distintos, mas a pluralidade de grupos não implica a eclosão da luta. Ela dá condições tanto para a amizade quanto para o ódio.

Essa é a questão posta de modo abstrato, expliquei à repórter, e então dei um exemplo concreto. Vários anos atrás, quando os olhos do mundo se voltavam para a Bósnia, sintonizei casualmente um noticiário noturno em que um repórter entrevistava uma mulher numa vila sérvia. O diálogo foi mais ou menos o seguinte:

REPÓRTER: Há algum muçulmano na sua vila?

MULHER: Não.

REPÓRTER: O que vocês fariam se houvesse um?

MULHER: Nós lhe diríamos que fosse embora.

REPÓRTER: E se ele se recusasse a fazer isso?

MULHER: Nós o mataríamos.

REPÓRTER: Por quê?

MULHER: Porque é isso que eles fizeram conosco quatrocentos anos atrás.

Essa conversa reflete bastante bem quase tudo o que se refere ao conflito religioso, eu disse. Diferenças em crenças religiosas — a esfera da religião propriamente dita — não são as causas mais importantes dos problemas. Os sérvios não tinham preocupação nenhuma com relação às *crenças* dos muçulmanos. É a lembrança de atrocidades impunes que em geral alimenta os conflitos.

Nem sempre, sem dúvida. Quando uma religião *entra* na história, as crenças que a caracterizam e definem são conflitantes com as dos antepassados e com as dos povos vizinhos, sendo por isso percebidas como ameaças. Jesus era ou não o Messias? O sistema de castas hindu era aceitável, ou não, como ensinava Buda? Era Maomé um profeta na linha de Abraão, Moisés e Jesus ou era um impostor? Questões como essas realmente *são* questões religiosas, e foram causa de batalhas sangrentas quando as crenças em formação se debatiam para se tornar independentes dos seus pais, um pouco à semelhança das rebeliões adolescentes tão antigas quanto a história do mundo. Mas uma vez que as religiões forçam sua independência com relação aos pais e definem suas próprias identidades, expliquei, são questões políticas mais do que diferenças doutrinárias que criam problemas. Além disso, os líderes políticos freqüentemente usam a religião com objetivos políticos.

A repórter me ouviu até o fim e então disse: "Acho que compreendo bem o que o senhor disse, mas meu editor não. O que ele quer é terrorismo e guerras santas, de preferência *jihads*. Onde há sangue, há platéia." E sem dúvida (agora falo por mim), é isso, acima de tudo, que a imprensa nos dá quando se trata de religião.

Mencionada a Bósnia, darei um segundo exemplo no mesmo sentido, um fato em que estive envolvido pessoalmente. Aconteceu na década de 1970, quando o Oriente Médio estava em chamas. No dia em que os terroristas fizeram reféns americanos no Líbano, nos Estados Unidos as pessoas não conseguiam pensar em outra coisa, e à tarde — eu lecionava na Universidade de Siracusa na época — recebi um telefonema de um colega do Departamento de Ciências Políticas. Como a turma a quem ele ministrava um curso sobre o Oriente Médio se encontraria à noite, ele me consultava sobre a possibilidade de comparecer para explicar o papel da religião na crise daquela região.

Minha condição de colega me levou a aceitar o convite, mas ainda me lembro dos meus pesados passos ao atravessar o *campus* para chegar à sala de aula; eu sabia que minhas palavras decepcionariam a ele e a seus alunos. Minha experiência me dizia como tudo acabaria. Ele esperava que eu apontasse diferenças doutrinárias que ajudassem a explicar os conflitos na área — mais especificamente, as dissensões entre muçulmanos e judeus — enquanto o que eu teria de dizer era que, comparadas com a explosiva questão da terra, as sutilezas teológicas não passavam de pedantismo. Para falar a verdade, as diferenças religiosas entre essas duas crenças são tão pequenas, que Maomé ficaria sumamente surpreso se descobrisse que os judeus e os cristãos do seu tempo não o aceitavam como mais um profeta que dava continuidade às suas respectivas linhagens proféticas.

Volto ao quadro geral. Os repórteres fotográficos devem se sentir muito frustrados pelo fato de o espírito humano ser invisível. Não sendo possível fotografá-lo, ele não aparece nos jornais vespertinos. Isso os obriga a lidar com o que pode ser visualmente retratado, aquilo que (no caso da religião) é seu subproduto. E aqui, nós (o público) entramos em cena com nosso gosto pela violência. Se um advogado que luta pelas causas da vida mata um médico aborteiro, é certo que ele ocupará a primeira página de todos os jornais do país. Enquanto isso, naquele mesmo dia, milhões de cidadãos comuns dedicarão alguns momentos para entrar em contato com suas almas através da oração, da meditação, da leitura da Bíblia e de outros atos devocionais — atividades que penetram nas profundezas da alma onde as varetas são lançadas entre bondade e crueldade, esperança e desespero. Isso passa sem nenhuma menção.

É aí que começa o problema, mas não onde termina. Os repórteres aprendem que a arte da sua profissão consiste em não incluir opiniões pessoais em suas histórias — "Somente fatos, senhora, somente fatos." Mas a advertência não se aplica quando suas opiniões refletem o ceticismo do nosso etos reinante. E. J. Dionne, do *Washington Post*, ilustra isso com uma história ligada a um dilema que ele teve de enfrentar quando cumpria uma missão na África. Ele fazia a cobertura de uma visita do papa, e enquanto esperava debaixo de chuva a chegada do avião papal, começou a conversar com um católico ao seu lado. Dionne manifestou sua preocupação com o tempo, mas o interlocutor lhe disse que não se preocupasse, pois a chuva cessaria quando o papa chegasse. "Como você sabe?", perguntou Dionne. "O doutor da chuva disse que seria assim porque o papa é abençoado" foi a resposta.

Dionne não contaria essa história se as coisas não tivessem acontecido exatamente como o doutor da chuva previra: o sol apareceu e o papa celebrou a missa num mundo brilhante, lavado pela chuva. Sempre que conta essa história a estudantes de jornalismo, Dionne pergunta como eles a teriam tratado. Para ele, o consenso previsível é *como uma coincidência*. Mas como então, pergunta ele, isso afeta o princípio do somente fatos?

Volto à caracterização que Peter Berger fez dos Estados Unidos como uma terra de indianos governados por suecos. O livro de Christopher Lasch, *The Revolt of the Elites,* é dedicado a essa questão, e vale a pena transcrever aqui um parágrafo. Os americanos geralmente *dizerem* que acreditam em Deus não significa nada, diz Lasch, pois

a vida pública está totalmente secularizada. A separação entre Igreja e Estado, hoje interpretada como inibidora de qualquer reconhecimento público da religião, está mais profundamente entrincheirada nos Estados Unidos do que em qualquer outro lugar. A religião foi relegada a segundo plano no debate público. As elites lhe dão pouca atenção — algo útil para casamentos e funerais, mas de resto dispensável. Um estado de espírito cético, iconoclasta, é uma das características distintivas das clas-

98 / POR QUE A RELIGIÃO É IMPORTANTE

ses cultas. Pressupõe-se que seu envolvimento com a cultura da crítica deva orientar compromissos religiosos. A atitude da elite para com a religião varia desde a indiferença até a hostilidade ativa. Ela se baseia numa caricatura de fundamentalismo religioso como movimento reacionário empenhado em inverter todas as medidas progressivas alcançadas ao longo das últimas décadas.

Tipicamente, os intelectuais apresentam a religião confortando as pessoas com a agradável ilusão de que elas são o centro do universo, o objeto do amor benevolente e da atenção extasiada de Deus, continua Lasch. Mas (num parágrafo difícil de ler, mas suficientemente importante para ser citado) Lasch mostra que é exatamente essa ilusão que a forma mais radical de fé religiosa ataca incessantemente. Assim,

> Jonathan Edwards distingue entre uma "boa vontade agradecida" (a raiz do sentimento religioso, no seu entender) e o tipo de gratidão que depende de ser amado e apreciado — em outras palavras, o tipo de gratidão que as pessoas podem sentir com relação a um criador que supostamente quer acima de tudo o melhor para elas. A "verdadeira virtude", escreveu Edwards, "consiste, não no amor a algum ser específico nem na gratidão porque ele nos ama, mas numa união de coração com o ser em geral." O homem não pode pretender o favor de Deus, e uma "boa vontade agradecida" deve ser entendida, de acordo com isso, não como um reconhecimento da resposta às nossas orações, por assim dizer, mas como o reconhecimento do poder vivificador de Deus que ordena as coisas como lhe apraz, sem "dar qualquer satisfação das suas ações".

Essa visão de Deus, conclui Lasch, não se assemelha à figura do pai benevolente freudiano que seres humanos infantis invocam devido à sua necessidade inconsciente de dependência. Freud (que os intelectuais tendem a considerar como autoridade nesse assunto) supõe que a religião satisfaz a necessidade de dependência, enquanto Edwards defende os que com autoconfiança repelem essa necessidade. De fato, para essas pessoas é mortificante lembrá-las de que dependem pessoalmente de um poder além do seu próprio controle.

A linha que vai das observações de Christopher Lasch aos meios de comunicação não é tortuosa, e o objetivo deste capítulo é mostrar que ela é reta. Antes de terminar, porém, quero inserir alguns parágrafos sobre a propaganda. Eles serão breves porque a propaganda é uma instituição social, e são as cosmovisões, e não a sociedade, o foco deste livro. Mas do mesmo modo que no capítulo anterior achei necessário fazer breve registro de certas mudanças estruturais na universidade (porque suas influências sobre os espíritos dos estudantes foram tão evidentes, que não mencioná-las pareceria um lapso), adoto o mesmo procedimento aqui.

QUEM PAGA A CONTA?

É a publicidade que praticamente comanda os meios de comunicação, e isso porque é ela que paga as contas. Enquanto se propõe a informar as pessoas sobre produtos cujos benefícios elas desconhecem, a propaganda presta um serviço inestimável, mas seria ingenuidade supor que as agências publicitárias entendessem ser essa a sua missão. Persuadir, mais do que informar, é o seu grande propósito. As sociedades industriais podem realmente exigir que os publicitários sejam persuasivos, pois a tecnologia se tornou tão eficiente na produção em massa, que o problema passou da produção para o consumo — deslocar produtos dos depósitos para antecipar a saciedade. Isso transforma a publicidade e o *marketing*, praticamente seu equivalente, nos elos decisivos no ciclo de retroalimentação do capitalismo.

Esse parágrafo coloca a propaganda em seu contexto social, mas como ela afeta o espírito humano? Ainda não defini *espírito*, mas quando o fizer, o caráter será um dos seus componentes importantes, e a propaganda imprime suas marcas sobre o caráter.

Imagine três diferentes cenas retratando três pessoas que acham uma carteira na calçada. Na primeira, a pessoa põe o dinheiro no bolso e joga a carteira na lixeira mais próxima, alegrando-se com o pensamento de que esse é seu dia de sorte. Na segunda, a pessoa se angustia com a decisão e guarda o dinheiro, mas devolve a carteira (com os cartões de crédito) para o dono pelo correio. O terceiro que se depara com a carteira não hesita. Vai até o telefone mais próximo, informa ao proprietário que sua carteira foi encontrada e recusa a recompensa que este lhe oferece.

Todos concordam que o caráter da pessoa que encontra a carteira se revela à medida que prosseguimos por essa seqüência. A questão é como *adquirir* o caráter da terceira pessoa.

O primeiro passo é nos estabelecermos como agentes morais. Isso implica aprender a controlar nossos desejos em vez de sermos seus escravos. Se não conseguimos ter esse domínio, um ditado japonês revela a conseqüência: "Primeiro o homem toma uma bebida, depois uma bebida toma uma bebida, e por fim a bebida toma o homem." Que desejos nossos devem ser reforçados? Aqueles que podem beneficiar-nos a longo prazo e contribuir para o bem comum.

A propaganda trabalha contra todas essas necessidades morais. Ela impele à gratificação imediata e às coisas que beneficiarão o próprio indivíduo e não a sociedade em geral.

CONCLUSÃO

O objetivo deste capítulo foi documentar o óbvio — que as mentes dos jornalistas foram forjadas na academia e moldadas por seu martelar secular. Garry

100 / *POR QUE A RELIGIÃO É IMPORTANTE*

Wills critica os jornalistas sobre esse ponto. Para eles, diz Wills, sua perspectiva secular justifica que ignorem os 120 milhões de praticantes habituais da religião nos Estados Unidos. "É desleixo", continua Wills,

> continuar marginalizando um número tão grande de pessoas. No entanto, sempre que a religiosidade atrai a atenção dos intelectuais, é como se uma estrela cadente aparecesse no céu. Dificilmente se acreditaria que nada é mais estável em nossa história, nada menos passível de ser tocado do que a crença e a prática religiosas. A religião não muda nem vacila. A atenção dos seus observadores, sim. A atenção pública, como um holofote irrequieto, volta-se esporadicamente para comportamentos censuráveis dos crentes, encontra-os ainda na mesma atitude, e com expressões de espanto ou apreensão, proclama que a religião está passando por um novo desenvolvimento ou reflorescimento.

Peter Jennings (âncora sênior e editor do *World News Tonight* da ABC no momento em que escrevo estas linhas) usou essa afirmação de Garry Wills para concluir uma palestra que proferiu na Harvard Divinity School alguns anos atrás sobre "Os Desafios dos Meios de Comunicação ao Abordarem a Religião". Às palavras de Wills, ele acrescentou as suas: "Precisamos parar de tratar a religião como se ela se parecesse à montagem de aviões em miniatura, apenas outro passatempo, e não fosse realmente uma atividade apropriada a adultos inteligentes. Quanto antes o fizermos, melhor compreenderemos nosso país."

Minha própria conclusão para este capítulo decorre de algo que Saul Bellow disse durante as três semanas que passou na Universidade de Siracusa, no início da década de 1980. Na entrevista coletiva que a universidade programou para sua chegada, um dos repórteres lhe perguntou: "Sr. Bellow, o senhor é escritor e nós somos escritores. Que diferença há entre nós?" Bellow respondeu: "Como jornalistas, vocês se interessam pelas notícias do dia. Como romancista, interesso-me pelas notícias da eternidade."

Antecipo a segunda metade deste livro quando acrescento à observação do Sr. Bellow a afirmação de que o terceiro milênio será muito beneficiado se for reduzida a distância que existe entre essas duas profissões literárias.

CAPÍTULO 7

A Parede Direita do Túnel: A Lei

É questão delicada tentar relacionar o espírito humano com a lei. Em primeiro lugar, as leis mudam continuamente; toda decisão importante acrescenta um precedente que decisões futuras precisam levar em conta e reforçar. Os filósofos diziam que para caracterizar a filosofia de Bertrand Russell era preciso estar atento ao relógio — ao momento em que ele teria escrito o ensaio sob análise. Algo parecido acontece aqui.

Um segundo problema é que as opiniões variam quanto ao que a doutrina constitucional da separação entre Igreja e Estado tem como intenção primeira. A intenção é proteger as Igrejas da interferência governamental ou proteger a política de grupos de pressão religiosos? Subjacente a esses dois problemas está o fato de que não há modo de manter a Igreja e o Estado separados. Eles sempre esbarraram um no outro e sempre o farão. Devo dizer, portanto, que a parede direita do túnel, descrita por este capítulo, é a parede projetada na segunda metade do século XX. Cabe ao leitor concluir se os desenvolvimentos ocorridos desde o momento em que este livro foi para o prelo sugerem se estamos saindo do túnel ou nos aprofundando nele ainda mais.

LIVRO CONDUTOR

Como último livro condutor, escolhi *The Culture of Disbelief: How American Law and Politics Trivialize Religious Devotion*, de Stephen Carter. Uma hora atrás, aconteceu algo estranho que se relaciona com o subtítulo deste livro. Começo um dia típico (depois de alguns minutos de hatha-ioga) com a leitura de uma passagem de uma das grandes escrituras mundiais. Esta manhã (logo antes de sentar para

102 / *POR QUE A RELIGIÃO É IMPORTANTE*

começar este capítulo sobre a lei) surpreendi-me lendo, no evangelho de Lucas: "Ai de vós, legistas, porque impondes aos homens fardos insuportáveis, e vós mesmos não tocais esses fardos com um dedo sequer... tomastes a chave da ciência! Vós mesmos não entrastes e impedistes os que queriam entrar!"

Não veja isso como coincidência, mas como a sincronicidade de Carl Jung, ou pense nisso como Deus operando disfarçado — sendo meu convidado. Algo que Boris Yeltsin disse certa vez, porém, me estimula a relatar o incidente. Quando um repórter americano lhe perguntou sobre suas crenças religiosas, ele respondeu que, como marxista, não tinha nenhuma crença. Dada a resposta, e aparentemente esperando a pergunta seguinte, ele reavaliou o que acabara de dizer e acrescentou: "Não, não sou religioso", reafirmou, "mas *sou* supersticioso."

Voltando. Se a acusação aos legistas que citei ficasse sem explicações, eu não quereria ter parte com ela. Mas como observei, este capítulo leva em consideração suas ações na segunda metade do século XX, e nesse período eles têm coisas a explicar, como indica o livro de Stephen Carter.

Carter, professor de Direito na Universidade de Yale, explica que escreveu seu livro porque percebera que a religião estivera sendo cada vez mais marginalizada da vida pública durante os trinta anos de sua carreira e queria descobrir até que ponto a lei contribuíra para esse declínio. Como ele disse a um repórter por ocasião da publicação do livro,

> no passado, embora não houvesse o devido respeito pelo pluralismo religioso como deveria haver, penso que houve o devido respeito pelo que era considerado religião. As pessoas talvez tivessem visões um tanto limitadas sobre o que era considerado religião, mas havia respeito por ela, e creio que isso se aplicava a todo o espectro político e também à escala social e econômica, tanto em sua dimensão ascendente quanto descendente. Isso mudou. Há menos respeito pela religião; ela é menos valorizada como força importante que pode realmente ser a força motriz na vida das pessoas sem ser de algum modo sintoma de algo neurótico. É isso que se perdeu.

A contribuição do sistema legal para essa perda se adapta perfeitamente à história do século XX que estive expondo. À medida que o século transcorria, a cultura liberal-racionalista, dominante, impunha cada vez mais sobre o público "uma retórica comum que se recusava a aceitar a noção de que pessoas racionais, imbuídas de espírito público podem levar a religião a sério". Os tribunais não somente aceitaram essa retórica, mas ainda arrogaram-se cada vez mais o poder de reforçá-la. A crítica de Carter a essa situação não é exagerada. Em grande parte, ele simplesmente insiste em que os legisladores devem tratar as questões religiosas com mais respeito do que se acostumaram a fazê-lo. Mas ele incrimina e responsabiliza severamente uma decisão da Suprema Corte dos Estados Unidos, de 1990, *Employment Division v. Smith*, que privou a Igreja Nativa Americana dos seus direitos constitucionais. Como essa decisão custou dois anos da minha vida profissional (dois anos muito recompensadores, mas falarei mais sobre isso adiante), adotá-la-ei para ilustrar este capítulo, um papel paralelo ao de *Herdeiros do Vento* no capítulo anterior.

EMPLOYMENT DIVISION V. SMITH

Sejam quais forem as razões (talvez porque o tema fosse candente demais para ser tratado), os redatores da Constituição Americana deixaram as questões religiosas a cargo dos Estados. Essa foi a intenção clara da Primeira Emenda: "O Congresso não fará nenhuma lei relacionada com a instituição ou com o livre exercício da religião." Dois séculos depois, *Employment Division v. Smith* opôs-se frontalmente a essa determinação e a virou do avesso. A Corte Suprema do Estado do Oregon determinara que um dos seus cidadãos, Alfred Leo Smith, tinha o direito de pertencer à Igreja Nativa Americana, mas a Suprema Corte Americana revogou essa decisão. Como a história que produziu essa decisão é pouco conhecida fora dos círculos legais, vou resumi-la.

Nascido na reserva de Klamath, Alfred Smith foi tirado de seus pais (com a idade de oito anos) e internado numa escola paroquial católica. Toda sua educação formal aconteceu em internatos. Ele fala das conseqüências disso:

> Foram tempos difíceis para mim. Fui separado da minha família e espoliado da minha língua, da minha cultura e da minha identidade, e acabei tornando-me alcoólatra. Com dezesseis anos, parei de beber e comecei uma vida de recuperação com a ajuda dos Alcoólicos Anônimos. Quinze anos depois, fui introduzido à minha primeira cerimônia da tenda do suor. Esse foi o meu primeiro contato com o modo de vida que meus ancestrais haviam vivido, e até hoje recebo orientação espiritual mediante a Igreja Nativa Americana.

Depois da sua recuperação, Smith desenvolveu programas nativos voltados para pessoas dependentes de álcool e de drogas. Seu último trabalho nessa área foi em Roseburg, Oregon, onde foi contratado para ajudar a desenvolver serviços para os seguidores da Nativa Americana. As coisas iam bem até que numa sexta-feira à tarde seu superior o chamou para o escritório e lhe perguntou se ele fazia parte da Igreja Nativa Americana. Smith respondeu afirmativamente; a segunda pergunta foi se ele tomava "aquela droga" (isto é, o peiote). "Não", respondeu Smith, "mas participo do sacramento da minha igreja." Seu patrão lhe disse que o peiote era ilegal e que não estava disposto a ter um infrator da lei em sua folha de pagamento. Na segunda-feira seguinte, o patrão o chamou novamente ao escritório e lhe perguntou

104 / *POR QUE A RELIGIÃO É IMPORTANTE*

se freqüentara a igreja no fim de semana. Diante da resposta afirmativa, o patrão de novo lhe perguntou se ele havia tomado "aquela droga". A resposta de Smith foi a mesma da semana anterior — "Não, mas recebi o sacramento da minha igreja" — o que lhe custou a demissão (junto com outro membro da Igreja que trabalhava na mesma agência).

Os nativos americanos não são suficientemente esclarecidos a ponto de terem condições de defender seus direitos. (Certa vez, ouvi Daniel Inouye, presidente da comissão do Senado para as questões indígenas, dizer durante uma audiência no Congresso, "Não me agrada dizer que os Estados Unidos, dos mais de oitocentos tratados assinados com os índios, desrespeitaram todos, mas sempre exigindo que os índios cumprissem a parte deles.") Alfred Smith, porém, mostrou ser uma notável exceção. Ele não pediu para ser readmitido, mas para receber os benefícios a que tinha direito; (como esses lhe fossem negados) levou o caso às cortes do Oregon. Essas se pronunciavam ora a favor ora contra, até que, seis anos mais tarde, a Corte Suprema do Estado aceitou sua petição. Mas então o procurador-geral do Oregon recorreu da decisão à Suprema Corte dos Estados Unidos, que anulou a decisão da corte estadual.

Já foi mencionado que a decisão da mais alta corte do país violou tanto a letra quanto o espírito da Constituição — a letra porque a Primeira Emenda proíbe o governo federal de praticar atos que poderiam afetar o livre exercício da religião; o espírito porque a intenção da emenda era deixar as questões religiosas a cargo do Estado — mas o aspecto ético do caso também merece menção. Falo com certa paixão aqui, pois (como mencionei ao introduzir este caso) suas conseqüências me atingiram. Já é farsa suficiente a Suprema Corte dos Estados Unidos ter escolhido o segmento mais fraco, mais oprimido e desmoralizado de nossa sociedade para exercer sobre ele seu poder opressor — primeiro tiramos-lhes as terras e depois atacamos o seu último refúgio e os espoliamos também da sua religião — mas precisamos também considerar a natureza do peiote, o sacramento da Igreja Nativa Americana em que o caso se transformou. Mas só depois de esclarecer como me envolvi no caso.

Um aluno meu, James Botsford, estudou minuciosamente a lei dos Nativos Americanos, e na manhã seguinte à sentença dada ao caso Smith, ele me telefonou para perguntar se eu queria me envolver no movimento para recuperar os direitos dos nativos americanos. Respondi afirmativamente, e as conseqüências vieram. A decisão da corte despertou nos Nativos Americanos uma reação inesperada jamais vista. Sob a inspirada direção de um dos grandes líderes nativos americanos do século XX, Reuben Snake ("sua humilde serpente", disse-me ele quando fomos apresentados), eles elaboraram o Projeto de Liberdade Religiosa para os Nativos Americanos, que envolvia praticamente todas as trezentas e tantas tribos indígenas dos Estados Unidos. Abandonados pelo judiciário, deram o caso por encerrado nessa esfera e foram diretamente ao Congresso.

Como os representantes no Congresso são sensíveis aos desejos dos seus eleitores, a coalizão Nativo Americana viu a necessidade de informar o público sobre a questão em pauta. Depois de produzirem um curta-metragem, *The Peyote Road*, Reuben resolveu que o filme precisava de um livro que o acompanhasse, atribuindo a mim a tarefa de escrevê-lo (ou, como as coisas aconteciam à medida que o livro era escrito, de editá-lo). Os acontecimentos se desenrolaram mais rapidamente do que havíamos previsto, e em 1994 o Congresso aprovou a Lei 103-344, Emendas da Liberdade Religiosa dos Índios Americanos, que devolveu os direitos constitucionais à Igreja Nativa Americana. Isso transformou o livro num relato comemorativo da vitória dos Nativos Americanos sobre a mais alta corte do país. Co-editado por Reuben Snake e intitulado *One Nation Under God: The Triumph of the Native American Church*, ele narra uma história inspiradora para os povos amantes da liberdade de todo o mundo.

Dada essa informação autobiográfica, volto ao agente que provocou a decisão *Smith*, o peiote. Atualmente, o peiote é ilegal nos Estados Unidos. Ele é classificado como uma *Schedule One drug* — no mesmo nível do crack, da heroína e da cocaína — e o erro começa exatamente aí, pois o peiote é um cacto inofensivo, sendo praticamente impossível causar dependência, e ao qual nem uma única transgressão (quanto mais um crime) foi atribuída. Quando comparamos esse registro com os estragos provocados pelo álcool, o quadro se torna surrealista. Como o álcool é o sacramento da religião dominante do país, ele é aceito; mas o peiote é o sacramento "deles", e por isso não é aceito. Uma das ironias dessa história dramática é que (graças à visão e à determinação dos nativos americanos), a Igreja Nativa Americana, antes isolada por ter seus direitos tolhidos, é hoje, por ato do Congresso, a única Igreja que desfruta de proteção legal explícita nos Estados Unidos.

Outras igrejas não conseguiram essa condição.

O Ato de Restauração da Liberdade Religiosa

Employment Division v. Smith despertou reações em todas as Igrejas do país, pois embora a principal implicada fosse a Igreja Nativa Americana, seus reflexos se estenderam a todas as demais. Representantes atentos das grandes religiões acompanharam o caso *Smith* de perto, vendo nele conseqüências para a liberdade religiosa em geral: "Hoje acontece com eles, amanhã pode acontecer conosco." Assim, no dia seguinte à decisão da Suprema Corte Americana, a maior coalizão de denominações religiosas jamais antes formada — em torno de setenta e cinco ao todo — entrou com um mandado judicial pedindo à corte que reconsiderasse sua decisão, petição que foi rejeitada.

As Igrejas tinham razão de se preocupar, pois nenhuma delas sequer imaginara que as disposições do caso *Smith* tivessem tanto alcance. Através de cen-

106 / POR QUE A RELIGIÃO É IMPORTANTE

tenas de casos federais e estaduais relacionados com a liberdade religiosa americana nos últimos duzentos anos, a frase "interesse premente do Estado" emergira como critério para intervenção do Estado. Se o Estado não pudesse provar que havia necessidade premente para intervir, ele não podia fazê-lo. *Smith* reduziu o limiar a uma "base racional".

Para apoiar esse recuo com relação ao limiar estabelecido, o juiz Antonin Scalia (que elaborou a decisão) argumentou que a diversidade religiosa nos Estados Unidos havia proliferado tanto, que a liberdade religiosa era um "luxo" que uma sociedade pluralista não mais podia se "permitir". Ao remover o critério do "interesse premente", a corte também retirou da proteção da Primeira Emenda todo o corpo da lei criminal. Isso, com efeito, deu nova redação à Primeira Emenda, que passou a ser, "O Congresso não fará leis, a não ser leis criminais que proíbam o livre exercício da religião". (Dito de forma mais simples, *Smith* estabeleceu que o Congresso deve desconsiderar a Primeira Emenda se a lei sob análise for classificada como lei criminal.) Finalmente, a corte sugeriu que a Primeira Emenda não protege o livre exercício da religião a não ser que algum outro dispositivo da Primeira Emenda, como o direito de expressão ou de associação, esteja envolvido. Isto, naturalmente, torna a liberdade religiosa irrelevante, pois os outros direitos são protegidos independentemente. Milner Ball, professor de Direito Constitucional na Universidade da Geórgia, disse na época que "depois de *Smith*, há uma questão real e espinhosa sobre se a cláusula do livre exercício tem qualquer significado prático real na lei. Quando se precisa da Primeira Emenda, ela não está disponível. Ou pelo menos, foi a isso que o caso *Smith* reduziu a lei".

Já me referi ao desalento que a decisão *Smith* despertou na comunidade religiosa, o que a levou a entrar em ação imediatamente. Com o firme apoio do presidente Clinton, a coalizão de igrejas conseguiu que o Congresso aprovasse o Ato de Restauração da Liberdade Religiosa, em 1993, que restabeleceu a frase "interesse premente" como padrão que as agências governamentais precisavam satisfazer antes de poder interferir em questões religiosas. As Igrejas respiraram mais aliviadas, mas apenas durante três anos, pois em 1997 a Suprema Corte derrubou esse ato com a justificativa de que, ao aprová-lo, o Congresso havia extrapolado sua autoridade constitucional.

Marginalização da Religião

Retomo Stephen Carter.

O panorama legal não é monocromático nem imutável, por isso (como seria de esperar) têm havido desvios da direção geral que tracei. Mas, levando em consideração todos os aspectos, o que as cortes fizeram foi "transformar a Cláusula do Estabelecimento na Primeira Emenda [que, para repetir, afirma que "o

Congresso não fará leis relacionadas com o estabelecimento da religião"] de guardiã da liberdade religiosa em abonadora do secularismo público", escreve Carter. Estamos chegando ao ponto em que não podemos mais rezar em voz alta, especialmente no Norte, sem atrair cinco tipos de estudiosos e um ou dois zombadores, brincou um especialista em Direito.

Carter acompanha os liberais quando estes afirmam que o ideal americano é ameaçado quando o poder religioso se mistura demais com o poder político. Para ele, porém, a ameaça maior decorre das situações em que a Igreja deixa de ter sua separação respeitada e é forçada a uma posição de absoluta subserviência, não sendo mais ouvida nas grandes discussões públicas (ou mesmo desqualificada para apoiá-las). O liberalismo americano está mostrando uma hostilidade crescente para com a religião, afirma Carter, e a cultura conseqüente de descrença ameaça mais do que as más adaptações religiosas — Moonies, Hutteritas, e afins. O perigo real é que os cidadãos em geral aceitarão o pressuposto cultural de que a fé religiosa não tem influência real sobre a responsabilidade civil. Se isso acontecer, os costumes culturais predominantes exercerão uma pressão maior sobre nós do que as convicções de consciência pessoal, seja como for que se tenha chegado a elas.

Nosso discurso político se ajusta a esse muro separador. A religião civil ("The Battle Hymn of the Republic" [Hino de Batalha da República] em inaugurações, "In God We Trust" [Confiamos em Deus] em nossa moeda) reforça, mais do que contradiz, a posição de Carter, pois a deferência superficial às formas religiosas opera para banalizar e "domesticar" a fé verdadeira. Mais do que elevar a política ao nível da religião — "Que a justiça flua como as águas, e a retidão como uma torrente poderosa" — elas se apropriam antecipadamente da religião para fins políticos.

Carter engrandece o teologicamente metafísico aqui, e é bom que o faça, pois essa forma de apresentação assumiu uma posição menos importante por uns tempos. O cerne do argumento de Carter é que a fé, numa "poderosa senciência além do alcance humano", necessariamente carrega com ela um espírito de oposição à cultura predominante, e isso torna a tensão entre Igreja e Estado tão própria quanto inevitável. Os irmãos Berrigan estavam certos, como estavam certos Thoreau, Martin Luther King Jr., Mahatma Gandhi, os Amish, os Hutteritas e (em seus modos mais aculturados) os Menonitas e os Quakers (ou Amigos) em sua intransigente resistência à guerra.

"Na melhor das hipóteses", diz Carter citando David Tracy, "as religiões sempre têm um poder extraordinário de resistência. Quando não domesticadas como pálios sagrados para o *status quo* nem debilitadas por suas próprias tentativas autocontraditórias de chegar ao poder, as religiões vivem porque resistem." E (acrescenta James Carroll) o Estado vive porque é o alvo da resistência. O genial do sistema americano é que as cláusulas da separação da Constituição

108 / *POR QUE A RELIGIÃO É IMPORTANTE*

contém essa possibilidade em sua própria estrutura. É por isso que este país prospera há mais de dois séculos através da mudança.

Como a perspectiva da religião se enraíza não somente fora das suas instituições e fora do código nacional, mas também fora da história e do tempo em si, os cidadãos para quem a religião realmente tem importância provêem a fonte inexaurível de energia necessária para a renovação humana. Como? Exercendo, na frase de Carter, "o papel de crítico moral externo, e uma fonte alternativa de valores e significado". Sem o apoio decisivo das Igrejas, o movimento dos direitos civis na década de 1960 não teria tido sucesso, e sem sua oposição igualmente decisiva teríamos tido tropas americanas na Guatemala e em El Salvador uma década mais tarde, nos lembra Robert Bellah. *É por isso que*, basicamente, Carter deplora a cultura da descrença e as contribuições da lei para ela.

A ABORDAGEM CRIACIONISTA

Este capítulo começou com um estudo de caso, *Employment Division v. Smith*, e voltarei a ser concreto à medida que me aproximar do seu término. A questão em que as cosmovisões tradicional e científica mais divergem é a que diz respeito ao modo como os seres humanos chegaram aqui, e é por isso que o darwinismo ressurge tão freqüentemente neste livro. No capítulo anterior, analisei como os meios de comunicação social abordam essa questão; neste, apresento o ponto de vista da lei.

As cortes exigem que as crianças freqüentem a escola, e as escolas públicas só podem ensinar a solução científica ao problema das origens humanas. Desde o Tennessee (1925), passando pelo Arkansas (1982), até a Louisiana (1987), tentativas foram feitas para abrir um espaço onde (implícita se não explicitamente) Deus possa ser introduzido no quadro, mas com base em pretensos fundamentos constitucionais, as cortes sistematicamente negaram esse espaço a Deus.

Não afirmo que (considerando a forma dada aos casos mencionados) as cortes decidiram erradamente. Digo, sim, que não temos as peças desse quadro posicionadas corretamente. Direi mais adiante como penso que elas *devem* ser posicionadas; parece evidente, porém, que alguma coisa está errada na atual disposição.

Em termos bem simples, as cortes supõem corretamente que o teísmo é uma posição religiosa, e ao mesmo tempo presumem erradamente que o ateísmo não é. Alguém poderá objetar dizendo que o ateísmo não é *ensinado* nas escolas públicas, o que é verdade caso se considere que o ensino deve ser explícito somente, e não implícito, mas nenhum teórico da educação pensa que as duas formas de instrução podem ser completamente separadas. Se Deus é omitido das narrações das origens humanas, os estudantes entenderão que essa ausência significa que Deus não faz parte do quadro.

Especificamente, quando em 1987 a Suprema Corte dos Estados Unidos vetou o estatuto da Louisiana que exigia que a criação-ciência fosse ensinada juntamente com evolução-ciência, o juiz William Brennan sustentou pela maioria (em *Edwards v. Aguillard*) que a lei do Estado era um "estabelecimento da religião" inconstitucional porque o espírito do legislador "era claramente expressar o ponto de vista religioso de que um ser sobrenatural criou a humanidade". A frase *criação-ciência* introduz a confusão numa situação antes simples ao não distinguir entre criação divina em seis dias e criação divina ao longo de um tempo prolongado (estamos falando em bilhões de anos aqui). Mas a decisão do juiz Brennan é expressa em termos gerais que abrangem as duas leituras: as escolas não podem ensinar que um ser sobrenatural dotado de intenção (Deus) contribuiu para nossa presença aqui. Esse é um caso evidente de marginalização. As pretensões religiosas não são enfrentadas diretamente por sua verdade ou falsidade. Antes, são excluídas do quadro aos poucos, por classificações; neste caso, o teísmo é religioso, enquanto sua alternativa não é. Supõe-se que isso reflita uma política nacional de neutralidade, mas o movimento é tudo menos neutro quando a conseqüência é excluir idéias importantes e políticas públicas do escrutínio e do debate nacionais.

Se as cortes dissessem que a cosmovisão naturalista é verdadeira e (como implicação lógica disso) que o teísmo é falso, elas ficariam expostas por rejeitarem a Cláusula do Estabelecimento. Em vez disso, elas criaram categorias legais que *contêm* a cosmovisão teísta, retirando-a da discussão pública e relegando-a à esfera privada. Numa causa, seria como se o juiz decidisse pela negativa, não porque os seus argumentos fossem mais convincentes, mas porque os argumentos da afirmativa não dariam condições de decidir. As conseqüências são graves. "Não há dúvida de que em sociedades desenvolvidas a educação contribuiu para o declínio da crença religiosa", escreve Edward Norman em *Christianity and the World Order*; e Martin Lings aponta a causa principal disso: "Mais à teoria da evolução do que a qualquer outra coisa devem-se imputar os casos de perda da fé religiosa."

CONCLUSÃO

Pro Deo et patria, por Deus e pela pátria, dizemos, e a conjunção é apropriada. Resistência não pressupõe separação radical da Igreja do Estado mais do que o presume a identificação. Ela pressupõe uma interação dinâmica de um reino com outro. Mas a segunda metade do século XX mostrou que sabemos muito pouco a respeito da interface correta entre os dois reinos em qualquer confronto específico. Os mocinhos e os bandidos mudaram de lado de modo imprevisível, e podemos ficar certos de que continuarão a fazer isso. O Estado reivindica as prerrogativas da Igreja por sua conta e risco, e o contrário é igualmente verdadeiro; basta que nos lembremos da convenção republicana de 1992, quase um renascimento, que emitiu sinais de advertência anexando à sua plataforma pontos tirados do direito religioso.

Nenhum dos lados entra nesse conflito a partir de uma posição de superioridade. Se a fé habilita devidamente cidadãos religiosos a resistirem a políticas injustas do governo, ela faz assim porque antes capacitou esses cidadãos a resistirem ao lado negro de si mesmos.

PARTE 2

A LUZ NO FIM DO TÚNEL

Dedicada a primeira parte deste livro à descrição do túnel para o qual o modernismo nos desviou ao confundir cientismo com ciência, volto-me nesta segunda parte para o futuro. Surge uma luz no fim do túnel? Estamos detidos num desvio? Continuamos — não creio que seja o caso — penetrando mais fundo no túnel porque ainda não chegamos ao seu centro?

Essas são perguntas importantes, e os capítulos à frente as desenvolvem, se não por outra razão, pelo fato de que nosso interesse no futuro é parte do que torna os seres humanos interessantes. Essas questões não são, porém, o conteúdo principal do restante deste livro. Depois de uma abordagem leve, os capítulos finais, do 13 em diante, aprofundam uma forma mais proveitosa de nos prepararmos para o futuro, que consiste em termos clareza sobre características da paisagem religiosa que não mudam. A história é imprevisível — as bolas de cristal são sempre um mistério —, mas um mapa que mostre os aspectos invariáveis do terreno pode orientar-nos, seja o que for que se interponha em nosso caminho. No processo, ele nos ajudará a entender por que a religião é importante.

CAPÍTULO 8

Luz

A ciência não pode provar nada a respeito de Deus porque Deus está além da esfera científica. Mas, como procurei demonstrar num capítulo inteiro em *Forgotten Truth*, são inexauríveis os recursos de que ela dispõe para aprofundar as intuições religiosas e para *enriquecer* o pensamento religioso.

Começo com a luz. A luz é uma metáfora universal para Deus, e o que a ciência descobriu sobre a luz física nos ajuda a compreender (mais profundamente até do que os gigantes espirituais do passado puderem fazê-lo) por que a luz se presta de modo singular a esta função. Se Einstein pôde afirmar num determinado momento da sua carreira que queria refletir sobre a natureza da luz pelo resto dos seus dias, certamente a questão merece um curto capítulo que ponha em movimento a segunda metade deste livro. A luz é diferente. Estranhamente diferente. Paradoxalmente diferente. Essas três afirmações se aplicam a Deus, assim como uma quarta. A luz cria.

A Física da Luz

Por estranhas que sejam, as características básicas da Teoria Especial da Relatividade de Einstein ocupam seu espaço no nosso depósito comum de conhecimento. A velocidade da luz — 300.000 quilômetros por segundo — é uma constante invariável, e tudo o mais no universo físico se ajusta a ela. Esperando em seus carros parados num cruzamento ferroviário, motoristas impacientes vêem o trem passar zunindo; simultaneamente, para os passageiros do trem, o carro parece voar na direção contrária. Essa relatividade diz respeito ao espaço; mas a física interliga espaço, tempo e matéria como peças de um quebra-cabeça, e

114 / *POR QUE A RELIGIÃO É IMPORTANTE*

assim a relatividade se manifesta tanto no tempo quanto na matéria. Se você se desloca rapidamente pelo espaço, o tempo (seu relógio) anda devagar. Numa bicicleta, esse devagar é imperceptível, mas se você voasse um trilhão de quilômetros num avião de caça e aterrissasse às seis horas da tarde pelo seu relógio, os relógios do aeroporto de onde você decolou registrariam sete horas. E quanto mais próximo dos 300.000 quilômetros por segundo seu avião chegasse durante a viagem, mais lentamente os relógios do painel andariam, até que (se essa velocidade fosse alcançada) os relógios do avião parariam. Com relação à matéria, a massa de um objeto em movimento aumenta até que, se ele alcançasse a velocidade da luz, sua massa se tornaria infinita quando medida por um observador imóvel.

Invertamos agora tudo isso e observemos a situação da perspectiva da luz. Imagine-se sentado numa partícula. Nesse único "pedaço" (ou *quantum*) de luz você não está indo a lugar nenhum. Você não tem peso. Não existe tempo, nem espaço, nem eventos separados. Se a distância da Terra a uma estrela é de cem anos-luz, a estrela e a Terra, com relação à posição que você ocupa em seu *quantum* de luz, não estão de modo algum separadas. Além disso, o mundo pareceria emanar de você, de você e de seus fótons, porque a luz cria. Ela lança energia no mundo espaço-temporal. Isso se evidencia no processo da fotossíntese, onde a luz imaterial que emana do Sol se transforma num tapete de vegetação verde na terra. As plantas absorvem o fluxo de energia imaterial da luz e a armazenam sob a forma de energia quimicamente aglutinada. Se, abaixo da bioquímica, penetrarmos nos fundamentos da natureza, veremos que a criatividade da luz "vem à luz" ali mediante sua aparição precoce na seqüência que produz a matéria em seus estágios sucessivos. (A frase "vem à luz" não é um trocadilho. Em toda parte na história registrada, a luz substitui a inteligibilidade, a compreensão, o entendimento, e — subjacente a todos esses — a consciência. Esse uso metafórico da luz revela sua força multiforme.) Situados no ápice entre os reinos material e imaterial, os fótons (como se acabou de observar) não estão sujeitos ao nosso modo habitual de compreender o universo físico.

Tudo o que foi condensado no parágrafo precedente é estranho, por isso não fará mal nenhum rever seu conteúdo. Espaço? Lembre-se: sentado na luz — um fóton — você não está indo a lugar nenhum. Tempo? O tempo não cobra dos fótons o pedágio que exige em outras circunstâncias; como o faria se os relógios param quando alcançam a velocidade da luz? Quanto à matéria, os fótons não têm a massa de repouso nem a carga que as partículas materiais têm. Em linguagem leiga (que não tem acesso a *quarks*, *gluons* e outras partículas que soam como alienígenas de *Jornada nas Estrelas*), essas partículas materiais derivam da energia que — usando a palavra no seu sentido mais amplo — estou chamando de luz. Além de terem massa de repouso e carga, essas partículas derivativas também estão sujeitas ao tempo, e por isso são claramente materiais em todos esses aspectos. Mesmo assim, elas não são *completamente* materiais, pois não se pode atribuir-lhes nenhuma posição definida no espaço. Os átomos são mais materiais do que as partículas porque estão enclausurados no espaço *e* no tempo, mas mesmo eles não são tão "caídos" quanto o são as moléculas, pois átomos isolados estão livres para absorver e liberar energia numa extensão muito maior do que átomos que se combinaram para formar moléculas, que são quase totalmente prisioneiras do determinismo do nosso macromundo inanimado.

Se (de alguma maneira como descrevi) a luz produz o universo físico, ela também é responsável por suas permutações. A mecânica quântica nos diz que a essência de toda interação no universo é a troca de *quanta* de energia. Um *quantum* é o menor pacote de energia que pode ser permutado; sua medida é a Constante de Planck.

São os *quanta* de fótons que trocam moléculas no ato da fotossíntese e que excitam os átomos na retina dos nossos olhos que nos possibilitam enxergar. A troca de luz mantém nosso universo, desde o nível dos átomos e das moléculas até os organismos mais complexos.

A síntese de tudo isso é que as duas grandes mudanças históricas na física do século XX — a teoria da relatividade para o grande e veloz e a mecânica quântica para o pequeno — têm relação com a luz. Tudo é criado a partir da luz, e todas as interações que acontecem depois que essas coisas criadas estão acomodadas são devidas à luz. Com relação à luz em si mesma, ouçamos pela última vez aqui que ela está fora das matrizes de espaço, tempo e matéria que regem todas as suas criações.

Se você imagina que estou para afirmar que a física nos diz que a luz é Deus, você está errado, porque comecei este capítulo dizendo que a ciência não pode tocar nesse assunto. Mas o impulso que a física deu à luz como *metáfora* para a atividade criadora de Deus é fascinante. Se (e aqui enfatizo a condição) Deus fosse criar um universo físico, o que os físicos descrevem parece mostrar como Ele poderia realizar essa tarefa.

Esta seção abordou a luz *objetivamente,* como uma característica do mundo externo. Passamos agora para o modo como experimentamos a luz *subjetivamente.*

A Experiência Subjetiva da Luz

É evidente que se a luz simboliza clareza, lucidez e compreensão, a escuridão representa o oposto disso. Como poderia ser de outro modo se na escuridão tateamos, cambaleamos, tropeçamos e caímos? Nossa desorientação explode em nossos sentimentos. "Ninguém se sente bem às quatro da madrugada", diz o primeiro verso de um poema contemporâneo; e temos também os memoráveis ver-

116 / *POR QUE A RELIGIÃO É IMPORTANTE*

sos de Gerald Manley Hopkins: "Acordo e sinto o abatimento da noite, não do dia;/Autofermento do espírito, uma massa insípida azeda."

Isso é bastante óbvio. Agora, algo incomum — tão bizarro em sua própria esfera quanto as descobertas de Einstein relacionadas à luz. A história se refere ao francês Jacques Lusseyran, conforme ele conta em sua autobiografia, *Let There Be Light*. Como é pouco conhecida, vou resumir suas passagens mais relevantes.

A vida de Lusseyran deve certamente ser considerada das mais notáveis. Aos dezenove anos, ele era um dos elos vitais no movimento da resistência francesa na Paris ocupada pelos nazistas durante a Segunda Guerra Mundial; simultaneamente, ele se preparava para a *Ecole Normale Supérieure* na Universidade de Paris. Quando um traidor denunciou os *Volontaires de la Liberté,* Lusseyran foi detido pela Gestapo e ficou preso durante quase dois anos. Com a chegada do Terceiro Exército dos Estados Unidos, em abril de 1945, ele foi um dos trinta sobreviventes dentre dois mil homens que estavam sendo levados para Buchenwald. Espantados por serem libertados, conta Lusseyran, inicialmente os homens não conseguiam sequer comemorar o evento.

Recuperada a liberdade, porém, algo estranho aconteceu. Apesar do sucesso tanto da sua carreira acadêmica como da sua atividade como resistente, Lusseyran não foi aceito na *Ecole Normale Supérieure* em virtude de um decreto aprovado pelo governo de Vichy que vetava "inválidos". Lusseyran era cego desde os oito anos de idade. Durante uma brincadeira no intervalo das aulas, um dos seus amigos o derrubou acidentalmente e Lusseyran bateu a nuca na quina da mesa do professor. Com a pancada, um aro quebrado dos óculos penetrou em seus olhos, o que o obrigou a viver o resto da vida em escuridão total.

Ou assim poderíamos imaginar. Eu não contaria essa história aqui, se o relato de Lusseyran não revelasse que foi o contrário que aconteceu. "Ser cego não era de modo algum o que eu imaginava", conta ele. "Nem era o que as pessoas à minha volta pareciam pensar. Elas me diziam que ser cego significava não ver. Como, então, eu poderia acreditar nelas, quando eu *via*?"

Não no início, admite. Durante algum tempo, ele tentou usar os olhos como de costume e dirigir a atenção para fora, mas então algum instinto o fez mudar de direção. Em suas próprias palavras,

> Comecei a olhar desde um lugar interno para outro mais interno ainda, com o que o universo se redefiniu e se repovoou de outra forma. Eu tinha consciência de um brilho que se irradiava de um lugar que eu não conhecia, um lugar que tanto poderia estar dentro como fora de mim. Mas o brilho estava lá, ou mais precisamente, a luz. Eu me banhei nela como num elemento que a cegueira havia de repente trazido para muito mais perto. Eu podia sentir a luz surgindo, espalhando-se, pousando sobre os objetos, dando-lhes forma, e depois os deixando. Ou, mais exatamente, retraindo-se ou diminuindo, porque o oposto da luz nunca es-

tava presente. Sem meus olhos, a luz era muito mais estável do que quando eu os tinha.

Em *Catching the Light: The Entwined History of Mind and Life,* Arthur Zajonc oferece uma perspectiva abrangente e grandiosa do assunto deste capítulo, mas a visão de Lusseyran é a que, no meu entendimento, mais se aproxima de uma descrição do que a luz de Einstein e Planck poderia significar se nós seres humanos pudéssemos experimentá-la diretamente. Ao que Lusseyran já descreveu, acrescentarei apenas seu relato de duas virtudes que invariavelmente acompanhavam a luz que se reconstituiu nele.

A primeira era a alegria. "Descobri a luz e a alegria no mesmo instante", escreve ele. "A luz que brilhava em minha cabeça era como alegria destilada, e a partir do momento da minha descoberta, luz e alegria nunca mais se afastaram da minha vida." A ligação era de mão dupla. Quando emoções negativas se imiscuíam na alegria, a luz ficava desagradável, irregular, desigual e irritante. Nesse sentido, "medo, raiva e impaciência me cegavam. Um minuto antes eu sabia exatamente onde tudo se encaixava, mas quando eu me irritava, as coisas se irritavam ainda mais que eu. Então elas se misturavam, viravam de pernas para o ar, resmungavam como homens insanos e pareciam selvagens. Eu não sabia mais onde pôr as mãos ou os pés, e tudo me machucava".

A segunda virtude era que os seus poderes intuitivos se aguçavam. "Meus companheiros que enxergavam eram ágeis nos movimentos corporais, com os quais eu hesitava. Mas quando se tratava dos intangíveis, eram eles que hesitavam."

Foi esse salto quântico do julgamento intuitivo que promoveu Lusseyran à liderança do movimento de resistência. Sua capacidade de avaliar o caráter das pessoas e de perceber seus disfarces era tão excepcionalmente precisa, que coube a ele a delicada e perigosa tarefa de recrutamento; todos os que se inscreviam para participar do movimento eram encaminhados a ele para ser aceitos ou rejeitados. Suas decisões eram infalíveis, ou (como ele confessa) quase isso, porque houve um homem que ele aceitou, apesar de não ter certeza absoluta sobre ele, e que mais tarde traiu a todos.

Lusseyran protestou por lhe ser negado o ingresso na *Ecole Normale Supérieure* por causa da cegueira, e então foi admitido. Depois de se formar com honras, ele ensinou na França, nos Estados Unidos — no Hollins College, na Case Western Reserve University — e na Universidade do Havaí. Ele morreu tragicamente num acidente de automóvel em 1971.

Conclusão

Termino este capítulo como iniciei: não se pode provar a existência de Deus. Existem sermões na ciência que superam os inscritos em pedra, mas não *pro-*

vas, e o mesmo se aplica aos relatos fenomenológicos como os de Lusseyran. Mas a força desses sermões é extraordinária. Como a cor com toda a sua beleza encobre a Pura Luz do Vazio, Goethe a chamou de "sofrimento da luz", o que também é impressionante.

Que cristão (ou pelo menos o cristão com um mínimo de ouvido metafísico) pode recitar o Credo de Nicéia — "Deus de Deus, Luz da Luz, Deus verdadeiro de Deus verdadeiro" — sem uma nova compreensão, depois de refletir sobre as coisas sucintamente abordadas neste capítulo? Que judeu ou cristão pode ler a primeira ordem divina, "Faça-se a luz", sem um proveito semelhante? São apenas os muçulmanos que se emocionam com o belo verso de Rumi, "Não sabes que o sol que vês não passa de um simples reflexo do Sol que está velado?"

Da minha parte, acrescento ao que está acima o que Reuben Snake me disse uma vez: "Ao dar o primeiro passo para fora de casa pela manhã, nós índios elevamos os braços para saudar o Sol nascente. E numa explosão de louvor e gratidão, exclamamos 'Oh!' "

CAPÍTULO 9

A Luz Está Aumentando: Dois Cenários

"**A** previsão é muito difícil, especialmente quando se refere ao futuro", disse Niels Bohr. Quando ouvi essas palavras pela primeira vez, pensei que se tratasse de uma brincadeira, mas então entendi que Bohr provavelmente estivesse distinguindo as previsões sobre o futuro das relacionadas com os resultados dos experimentos de laboratório. De qualquer modo, seu argumento é incontestável: prever o futuro é tão difícil, que chega a ser temerário. Mesmo limitar a previsão ao objeto deste livro — o espírito humano — ajuda muito pouco. Ainda assim, "olhar para a frente e para trás, e ansiar pelo que não é", faz parte da constituição humana, de modo que não temos escolha. A primeira parte deste livro olha para trás; esta, para a frente. A precisão está no regaço dos deuses, principalmente de Cronos. O tempo dirá.

Aproveitando as previsões meteorológicas, exponho neste capítulo duas informações conflitantes que obtive em estações diferentes. A primeira diz que o céu está limpando depois de uma grande tempestade e que o futuro da religião parece brilhante, praticamente assegurado. ("Atmosfera clara, visibilidade total", é um comunicado raramente ouvido em torres de controle de tráfego aéreo, mas está nos livros.) Enquanto isso, em outra estação de meteorologia, ouvimos o contrário. Aproxima-se um tornado que pode arrasar a religião para sempre. Começando com o aviso da tempestade à vista, vou decifrar esses dois relatórios e em seguida pô-los sob o devido foco.

Deus Está Morto

Nos séculos XVI e XVII, o método científico substituiu a revelação, sua antecessora, como a estrada régia para o conhecimento. Conceitualmente, ele gerou a *cosmovisão* científica, enquanto sua tecnologia criou o *mundo* moderno. Os cidadãos desses novos ambientes físico e conceptual constituem uma nova estirpe humana cujas crenças correspondem a muito pouco na herança humana. Como conseqüência, a religião — mensageira da herança tradicional — foi marginalizada, intelectual e politicamente.

Primeiro, politicamente. A maior facilidade das viagens e as migrações em massa introduziram um novo fenômeno na história: o pluralismo cultural. O resultado foi o deslocamento da religião da vida pública, porque a religião divide, enquanto a política trabalha para um propósito comum sobre o qual os cidadãos podem manifestar suas diferenças. Simultaneamente, a religião foi marginalizada intelectualmente. A ciência não tem espaço para a revelação como fonte de conhecimento, e como os modernos tendem a pensar conforme a ciência em assuntos da verdade, a confiança na revelação arrefeceu. Para Marx, a religião era "o soluço de uma humanidade oprimida" e Freud a via como um sintoma de imaturidade. Crianças que não conseguem aceitar as limitações dos seus pais verdadeiros sonham com um Pai do Céu livre dessas imperfeições. O teísmo é a satisfação de um desejo, um instrumento a serviço "dos mais primitivos, fortes e urgentes desejos da humanidade", e a experiência religiosa ("o sentimento oceânico"), uma regressão ao útero.

Não é acontecimento insignificante a religião ser marginalizada socialmente e desdenhada intelectualmente. Para alguns, ela já tem material suficiente para justificar a afirmação de que Deus está morto. Os sociólogos acumulam estatísticas sobre a mudança, mas para o historiador intelectual dois desenvolvimentos são suficientes. Primeiro, quanto à questão da existência de Deus, o ônus da prova passou para os teístas; e como as provas do sobrenatural são difíceis em qualquer situação, as provas clássicas da existência de Deus simplesmente desabaram. O segundo sinal, mais significativo, já foi comentado. Enquanto os ateístas e os teístas concordavam que a existência de Deus é assunto importante, atualmente mesmo esse território comum deixou de existir. A tensão entre a crença e a descrença abrandou. Ela agora não deixa marcas nos intelectuais. Todos testemunhamos uma diminuição da urgência do debate.

Esse se tornou o destino comum da maioria dos intelectuais. O número deles deu origem a uma distinção entre *secularização* e *secularismo*. A palavra *secularização* é hoje empregada tipicamente para denotar o processo cultural pelo qual a área do sagrado vai ficando cada vez mais reduzida, enquanto *secularismo* significa a posição racional que favorece essa tendência. Fundamentado em argumentos tidos como cognitivos, morais, ou ambos, ele sustenta que a dessacralização do mundo é uma coisa boa.

Diante desses sinais aparentemente irrefutáveis do declínio da fé, como é possível afirmar que o futuro da religião é promissor?

OS OLHOS DA FÉ

Um avanço recente e interessante da física é o entendimento de que o observador deve ser incluído nos experimentos nas microfronteiras desse campo. Não é apenas que não podemos saber onde uma partícula está até que façamos um experimento para localizá-la. A partícula (do nosso lado) não está literalmente em nenhum lugar até que (desfazendo seu pacote de onda) um experimento dê sua localização. Isso realça o componente ativo no saber. A cognição não é um ato passivo. Se ver é crer, também se pode dizer que crer é ver, pois o crer traz à luz coisas que de outro modo passariam despercebidas. Nas palavras de William Blake,

Estas foscas janelas da vida da alma
Distorcem os céus de pólo a pólo
E nos levam a acreditar numa mentira
Quando vemos com o Olho, e não através dele.

Como isso pode afetar a questão do futuro da religião? A previsão morte-de-Deus do desaparecimento da religião foi feita por olhos que registram dados que estão disponíveis a todos. A religião, porém, vê através dos olhos da fé, e ao fazê-lo vê um mundo diferente. Ou melhor, vê o mesmo mundo a uma luz diferente.

Nessa nova luz, as coisas parecem diferentes de maneiras que são indiscutivelmente convincentes. Argumentos são irrelevantes aqui, do mesmo modo que o são quando se descobre que uma corda que foi confundida com uma cobra é de fato uma corda. O mundo sagrado é o mais verdadeiro, o mais verídico, em parte porque *inclui* o mundo mundano. E ao incluí-lo, ele redime esse mundo situando-o num contexto que é inteiramente significativo. Como expressou o mestre zen Hakuin: "Este chão que piso/É a terra do lótus brilhante,/E este corpo é o corpo de Buda."

Visto através dos olhos da fé, o futuro da religião está assegurado. Enquanto existirem seres humanos, haverá religião, pela simples razão de que o eu é uma criatura teomórfica — uma criatura cuja *morphe* (forma) é *theos* — Deus encerrado nele. Criados à *imago Dei,* à imagem de Deus, todos os seres humanos têm um vácuo em forma de Deus dentro dos seus corações. Como a natureza aborrece o vazio, as pessoas vivem tentando preencher o vazio que está dentro delas. Buscando uma imagem do divino que se adapte a esse vazio, elas se lançam a diversas opções, como se fossem peças de um quebra-cabeça, procurando combinar uma a uma com o enorme vácuo central. (Estamos de volta

122 / POR QUE A RELIGIÃO É IMPORTANTE

ao Capítulo 2 e às mulheres se atirando sobre as pilhas de roupas íntimas. Calvino comparou o coração humano a uma fábrica de ídolos.) Elas vão fazendo isso até encontrar a "peça" certa. Quando esta se encaixa, o quebra-cabeça da vida está resolvido.

De que modo? A visão do quadro que então emerge é tão imponente, que desloca a atenção do eu que observa o quadro para o quadro em si. Essa epifania, com o correspondente encolhimento do ego, é a *salvação* no Ocidente e a *iluminação* no Oriente. O esquecimento de si divino que ela promove equivale a graduar-se da condição humana, mas a conquista não ameaça em absoluto o futuro humano. Outras gerações aguardam nas naves laterais, ansiosas por ter uma oportunidade no currículo da vida.

O abismo que separa essa projeção do futuro da religião, orientada pela fé, da projeção inspirada pelo mundo, já descrita, é imenso; mas nós vivemos no *uni*-verso, e por isso precisamos de alguma maneira tentar aproximar as duas. Se somos religiosamente "não-musicais", e as narrativas religiosas nos deixam indiferentes, a situação é unívoca: a afirmação Deus-está-morto conta a história. Os que têm sensibilidade religiosa, porém, estão com um problema. A previsão religiosa tem peso, mas a secular também. É aqui que entra a visão binocular. Como se revela o futuro da religião quando levamos em consideração tanto o que os analistas sociais dizem — o primeiro cenário — quanto o que os olhos da fé registram?

Para aproximar estes dois enfoques precisamos ver novamente os desenvolvimentos históricos do século XX, agora com os olhos abertos e atentos aos sinais que levam o peso religioso.

LIMPEZA DO TERRENO

Esses sinais se manifestam quando vemos que nenhuma das peças do quebra-cabeça profano que o século XX tentou encaixar preencheu o espaço no centro do coração humano. As duas mais importantes foram o Marxismo, no Leste, e o Progresso, no Oeste. (O marxismo também acredita num progresso de características mais discretas, mas enfatiza um programa ideológico para alcançá-lo. Quanto a *Leste* e *Oeste,* uso essas palavras para me referir às ideologias que polarizaram politicamente o século XX.)

Voltemos ao ponto com que comecei este capítulo — o método científico que desarticulou a cosmovisão tradicional. A capacidade desse método de distinguir hipóteses verdadeiras de hipóteses falsas produziu o *conhecimento comprovado,* e este pode aumentar como uma bola de neve. A Revolução Industrial do século XVIII estabeleceu esses pontos historicamente, pois aplicando o conhecimento certificado que estava se expandindo, os avanços industriais elevaram incrivelmente os padrões de vida da Europa. Juntas, as Revoluções Científica e Industrial produziram uma terceira, uma incursão psicológica — a Revolução das Expectativas Crescentes.

Essa terceira revolução incluiu vários sonhos impetuosos que se juntaram para formar o Iluminismo: (1) graças ao confiável modo de conhecer da ciência, a *ignorância* seria eliminada; (2) o conhecimento confiável da natureza produzido pela ciência eliminaria a *escassez*; e (3) a cosmovisão científica eliminaria a *superstição*. As superstições que o Iluminismo tinha em mente eram as da Igreja, e com a Igreja pressionada, a humanidade estaria pronta para entrar na Idade da Razão. Essa Razão significava Progresso, a esperança que impulsionou o mundo moderno.

Para a Europa Oriental e posteriormente para a China, a versão dessa esperança, no século XX, foi o marxismo. Para pôr essa esperança em perspectiva, basta que voltemos para a Revolução das Expectativas Crescentes gerada pelas Revoluções Científica e Industrial. Hegel aproveitou a postura avançada dessas revoluções e a partir dela moldou uma cosmovisão. Do pretenso fato de que as coisas *estavam* melhorando e de que tinham grande possibilidade de continuar assim, Hegel extrapolou em retrospecto e concluiu que elas *sempre* estiveram melhorando. Progresso é o nome do jogo a ser escrito na natureza das coisas. (Na terminologia de Hegel, Ser é o desdobramento necessário da Idéia de ser em consciência e liberdade cada vez maiores.) O apoio a esse cenário encantador era bem-vindo de todas as partes, e Darwin surgiu para oferecer o suporte científico. Inspirado por Hegel, ele pintou a história natural da vida na Terra com pinceladas que se ajustavam perfeitamente à versão hegeliana de uma evolução de amplitude cósmica.

Nenhum problema até aqui. Mas quando chegamos na história humana, o motor de Darwin para o avanço — a seleção natural operando com variações casuais — ofega e trabalha muito lentamente para explicar. Fazia-se necessário um princípio que explicasse o avanço ao longo de séculos, não de eons, e Marx o forneceu com sua teoria da luta de classes. "Como Darwin descobriu a lei do desenvolvimento da natureza orgânica, assim Marx descobriu a lei do desenvolvimento na história humana", celebrou Engels junto ao túmulo de Marx no Cemitério de Highgate.

Um último passo se impunha. Embora Marx o presumisse, foi Engels (com a ajuda de Lênin) que o articulou explicitamente. Para inspirar não somente a esperança, mas também a convicção, o final feliz do comunismo — a sociedade sem classes — precisava ser assegurado, e isso só podia ser feito com a metafísica. Pois a ciência nunca é suficiente, nem mesmo as ciências natural e social juntas. Para inspirar convicção, a esperança precisa estar ancorada na natureza mesma das coisas. Por isso, a visão cósmica de Hegel foi confirmada, mas com uma mudança importante. Suas características inclusivas e de perspectivas futuras eram como deviam ser, mas seu vocabulário precisava passar do idealismo para o materialismo. Isso apresentava uma dupla vantagem: fazia

124 / POR QUE A RELIGIÃO É IMPORTANTE

a teoria parecer científica e ao mesmo tempo direcionava a atenção para o cenário econômico-político — especificamente para os meios de produção como lugar onde as engrenagens da história se movem decisivamente.

Esse é o pacote que no século XX convenceu a metade oriental da humanidade — a maior nação do mundo (aquelas jurisdições que formaram a URSS) e o país mais populoso (a República Popular da China). Com sua "peça do quebra-cabeça" (Comunismo) posta ao lado da peça que o Ocidente buscava (Progresso), podemos abordar o aspecto que justificou que eu as apresentasse. Nenhuma delas preencheu o vazio espiritual da constituição humana.

Começando com o Ocidente, o Progresso se transformou numa espécie de pesadelo. A campanha contra a ignorância expandiu nosso conhecimento da natureza, mas a ciência não consegue dizer a que devemos consagrar nossa vida. Isso desaponta: é desanimador descobrir que não somente não somos mais sábios (para distinguir de mais cultos) do que nossos antepassados; podemos até ser menos sábios por termos negligenciado questões de valor enquanto submetíamos a natureza. Essa possibilidade é assustadora, pois nosso poder sobre a natureza, aumentado extraordinariamente, pede que o usemos com mais sabedoria, e não menos. A segunda esperança do Iluminismo, a de eliminar a pobreza, é forçada a encarar o fato de que existem mais pessoas famintas hoje do que jamais se ouviu falar. Quanto à crença de que a Idade da Razão tornaria as pessoas sensatas, ela parece atualmente uma brincadeira cruel. No mito nazista de uma super-raça (que produziu o Holocausto) e no mito marxista de uma utopia sem classes (que produziu o Terror Stalinista e a Revolução Cultural de Mao), o século XX deixou-se enganar pelas superstições mais monstruosas que a mente humana jamais abraçou.

Com este último ponto, já nos dirigimos para a metade oriental do século XX, onde as esperanças marxistas não apenas arrefeceram, mas entraram em colapso. A União Soviética se arrasta com dificuldades, e conquanto o maoísmo subsista nominalmente na China, ninguém mais acredita nele — lá o capitalismo avança mais rapidamente do que em qualquer outro lugar do planeta. Em seu apogeu, o marxismo inspirava o comprometimento proclamando que seu idealismo se baseava na verdade. Essa é, de fato, a fórmula vencedora, mas o século XX falsificou ambas as metades da visão marxista. Todas as principais previsões de Marx se revelaram erradas: (1) o modelo de produção europeu não se espalhou pelo mundo todo; (2) a classe trabalhadora não se tornou progressivamente mais miserável e radical; (3) o nacionalismo e o zelo religioso não diminuíram; (4) o comunismo não produz bens com mais eficiência do que a livre empresa nem os distribui mais eqüitativamente; e (5) nos países comunistas, o Estado não dá qualquer sinal de estar em decadência.

Diante desse registro miserável e previsível, os apologistas geralmente passam da verdade para a justiça — vamos esquecer as massas sofredoras? Mas o registro marxista sobre a compaixão não é melhor do que o registro sobre a verdade. Ao justificar os meios do comunismo (com freqüência demoníacos) com base nos fins humanitários a que supostamente conduziriam, Marx sobrecarregou seu movimento com uma atitude contestadora e obstinada como raramente a história testemunhou.

A chegada da modernidade para ver os deuses que ela adorava pelo que eles eram — ídolos que fracassaram — foi o evento religioso mais importante do século XX. Com o terreno livre dessas ilusões, podemos agora examinar a terra crestada para ver se ela mostra sinais de uma nova vida.

CAPÍTULO 10

Sinais dos Tempos

Pelo menos podemos dizer que a religião resistiu à tempestade. Ao completar setenta e cinco anos, Malcolm Muggeridge fez uma retrospectiva da sua longa convivência com o mundo como editor do *Manchester Guardian* e concluiu que o fato *político* mais importante do século XX foi que, embora dispondo de todos os meios de repressão durante setenta anos, a União Soviética não conseguira destruir a Igreja Ortodoxa Russa.

À constatação de Muggeridge posso acrescentar a sobrevivência da Igreja Cristã na China, sob circunstâncias semelhantes. Quando meus pais, missionários, saíram da China em 1951, depois de nove meses de prisão domiciliar sob o comunismo, eles achavam que a obra a que haviam dedicado toda a sua vida fora inútil. Trinta anos mais tarde, quando voltei para visitar os lugares da minha infância, a proibição formal contra a religião organizada acabara de ser suspensa, e a vitalidade preservada pela Igreja durante os anos de clandestinidade surpreendia a todos. Para ter certeza de que poderia localizar a grande igreja que costumávamos freqüentar quando passávamos por Xangai, cheguei quarenta minutos antes das cerimônias matinais do domingo e não consegui mais lugar nos bancos. Dezesseis salas da escola dominical interligadas por um sistema de alto-falantes também estavam cheias, e no momento reservado aos avisos o pastor pediu aos fiéis que não freqüentassem a igreja mais de uma vez por domingo, pois do contrário outras pessoas não teriam oportunidade de fazê-lo. (Faz muito tempo que ouvi esse pedido em minha igreja.) Depois das cerimônias, enquanto almoçava com o pastor aposentado da comunidade (que aprendera inglês com meu pai), ouvi histórias do que os cristãos tiveram de suportar durante a Revolução Cultural — obrigados a usar bonés de burro e a ajoelhar durante duas horas sobre cacos de vidro diante de turbas zombeteiras, dentre outras coisas. Essas histórias se referiam ao cristianismo, a "religião dos estrangeiros", mas os muçulmanos e os budistas também sofreram e passaram por situações semelhantes. Mao criticou Confúcio duramente, chamando-o de burguês, mas a ética confuciana está de volta às escolas.

Essa elasticidade levou mesmo descrentes a um reconhecimento respeitoso da durabilidade da religião. Como não descobriram nenhuma sociedade sem religião, hoje os antropólogos (seguindo o funcionalismo, para o qual as instituições que não têm um objetivo acabam desaparecendo) consideram a religião adaptável. Os neurocientistas sondam sua utilidade até a estrutura mesma do cérebro humano; com o intérprete da metade esquerda do cérebro plenamente capacitado e reflexivamente ativo buscando consistência e compreensão, as crenças religiosas eram inevitáveis, dizem eles. Autor de *The Joy of Sex*, o gerontólogo Alex Comfort não corre o risco de ser acusado de piedade excessiva, mas seu veredicto é semelhante ao que acaba de ser mencionado: "Os comportamentos religiosos são um elemento integrador importante de toda visão que o homem tem de si mesmo em relação ao mundo." Carl Jung chegou à sua própria conclusão, afirmando categoricamente, baseado em sua prática analítica: "Os seres humanos têm uma necessidade religiosa ingênita." Philip Rieff, importante autoridade sobre Freud, resume esse parágrafo comparando a fé com a cola que mantém comunidades unidas, e acrescenta que o enfraquecimento dessa cola no século XX mudou a pergunta de Dostoiévski, "O homem civilizado pode crer?" para "O homem incrédulo pode ser civilizado?" A frase mais celebrada de André Malraux sentencia que o século XXI será religioso, ou simplesmente não haverá século XXI.

Essas citações indicam claramente que os pensadores estão novamente levando a religião a sério. Isso, porém, não toca na questão da verdade da religião. Pensadores informados hoje acreditam na *religião;* mas acreditarão em *Deus?* Alguns sim, outros não. O que segue é uma avaliação do cenário geral, com atenção especial para as mudanças que parecem estar em andamento.

RUMORES

Alguns anos atrás, a *New York Review of Books* comentou que "parece estar acontecendo um renascimento do teísmo entre os intelectuais". Parte importante das evidências dessa tendência é a fundação da Sociedade dos Filósofos Cristãos. Ao mencionar essa sociedade anteriormente, observei que a filosofia da religião (para não dizer filosofia cristã) é vista com reservas pelo *establishment* filosófico; no entanto, o próprio surgimento de uma sociedade assim no último quarto de século sugere uma mudança. Contando entre seus associados mais de mil e seiscentos dos dez mil que compõem sua organização, a Associação Filosófica Americana, constituída principalmente de jovens, publica uma revista de pri-

128 / *POR QUE A RELIGIÃO É IMPORTANTE*

meira linha, *Faith and Philosophy,* que tem como lema as palavras de Tertuliano, "a fé procurando compreender". Mesmo filósofos como Levinas, Heidegger e Derrida (que não só não são cristãos, mas repelem o epíteto *teísta)* podem ver seus últimos escritos assemelhando-se surpreendentemente à "teologia negativa" dos místicos, cujo Deus está oculto na "nuvem do não-saber".

A filosofia ocupa um lugar especial num livro sobre cosmovisões, motivo que me levou a fazer essas reflexões iniciais. Isso feito, volto ao cenário mais amplo. Para começar, levanto meu dedo e o exponho ao vento para tentar obter uma sensação impressionista da direção em que ele está soprando.

- *Item.* Ao dar ao seu influente livro o título de *A History of the Warfare Between Science and Religion,* Andrew Dickson White deu continuidade à visão do final do século XIX de que a ciência e a religião estavam envolvidas numa batalha que a ciência sem dúvida venceria. Os intelectuais aderiram a essa visão durante praticamente todo o século XX; em 1965, o historiador Bruce Mazlish (então meu colega no Departamento de Humanidades do MIT) escreveu que estava "além de qualquer dúvida razoável que o modelo beligerante continua firmemente entrincheirado como o dominante". Isso mudou. O triunfalismo científico chegou ao topo, e cresce a esperança de uma coexistência pacífica.
- *Item.* Surgiu um livro revolucionário no estudo acadêmico da religião. Contrastando agudamente com a antipatia pela religião demonstrada pelos cientistas sociais durante os séculos XIX e XX, no fechamento do século XX Roy Rappaport (ex-presidente da Associação Antropológica Americana) defendeu em seu *Ritual and Religion in the Making of Humanity* que a religião tem sido essencial ao processo evolutivo desde o aparecimento da espécie humana, e continuará sendo fundamental para qualquer avanço cultural que possamos alcançar no futuro.
- *Item.* David K. Scott, reitor da Universidade de Massachusetts, em Amherst — físico por formação — prevê uma volta da religião à universidade, não apenas aos departamentos de estudos religiosos (deixando outros departamentos livres para ignorarem o assunto), mas de modos a dar aos estudantes possibilidades de se defrontarem, ao longo dos anos de formação, com a questão de valores, significados e propósitos últimos. Não se trata de um retorno à universidade medieval, diz ele; acontece simplesmente que o pêndulo oscilou demasiadamente na direção contrária. Scott prevê uma "universidade integradora" em que a espiritualidade será uma aliada e não uma inimiga ao educar os estudantes a serem cidadãos engajados numa democracia iluminada. A Constituição não é um obstáculo, pensa ele. A universidade a tem usado como "barreira conveniente" para não levar a religião a sério.
- *Item.* As vendas de livros religiosos aumentaram espetacularmente (cerca de 50% nos últimos dez anos), e a religião está entrando no veio profundo dos

nossos mais respeitados escritores. Flannery O'Connor e Walker Percy conduziram a tocha ao longo dos anos de escassez, seguindo T. S. Eliot, Graham Greene e W. H. Auden; e Saul Bellow, Tom Wolfe e John Updike são apenas três escritores de renome, sensíveis aos pontos sutis da linha que separa este mundo do outro. Updike caracterizou *A Man in Full*, de Tom Wolfe, como "todo sobre religião". Diferentemente dos outros dois escritores citados, Updike é explícito sobre suas visões religiosas: "Se este mundo físico é tudo, então ele é um inferno fechado onde estamos confinados como prisioneiros em grilhões, condenados a ver os outros presos sendo exterminados."

- *Item*. A divisa "ater-se aos fatos" exige que os jornalistas se distanciem daquilo que informam, mas eles percebem que religião, hoje, vende. Todo jornalista que se preze, disse Bill Moyers, sabe que a questão mais importante do nosso tempo é: O que é o espírito humano? E ela está sendo analisada em muitas frentes. A história de capa da edição de 1998 da *Newsweek* (que trazia a manchete "A Ciência descobre Deus", que aliás seria muito interessante, se fosse verdadeira) foi rapidamente imitada por sua concorrente. Em 1999, a *Business Week* dedicou a manchete da edição do seu setuagésimo aniversário à "Religião no Trabalho: A Presença Cada Vez Maior da Espiritualidade na Empresa Americana".

- *Item*. Um dos sinais indiscutíveis de que alguma coisa passou a fazer parte da consciência pública é ela ser abordada pelos cartunistas. Alguns leitores se lembrarão do cartum da *New Yorker* reproduzindo um executivo sentado sobre a escrivaninha na posição de lótus. Ao mesmo tempo, sua secretária pedia a um cliente que aguardasse, dizendo, "Sinto muito, mas no momento o Sr. Mason está em comunhão com o Altíssimo". Os televangelistas ocupam o segundo lugar nas pesquisas de audiência de seriados como *Um Toque de Anjo;* e mais de cinqüenta anos depois de ter entrado no ar pela primeira vez em 1950, *Unshackled*, um programa de rádio cristão, ainda continua forte, transmitido por 1.200 estações em mais de 140 países.

- *Item*. O humanismo secular não é mais aquele grito de guerra confiante dos idos de 1933, quando intelectuais se juntaram a John Dewey para elaborar o Manifesto Humanista. Esse manifesto inicial assentava-se firmemente sobre a visão predominante da época. A começar pelo próprio Dewey, entre seus signatários estavam nomes reconhecidos de todas as áreas da cultura — Isaac Asimov, John Ciardi e B. F. Skinner, para citar apenas esses. O segundo manifesto, atualizado em 1973, já é mais defensivo do que confiante, e o terceiro (1999) chega quase a se apresentar (toscamente) como um encerramento de atividades. Nem um único nome de destaque aparece entre os signatários.

- *Item*. Os recursos da espiritualidade para a saúde mental estão sendo pesquisados com muita seriedade. Cinco vezes nos últimos três meses, desde Seattle até a Universidade da Flórida, fui convidado a fazer palestras a audiências formadas exclusivamente por psicólogos, psiquiatras e assistentes sociais psiquiátricos, sobre a interface entre o trabalho deles e o meu. Uma rede de grupos como esses que me convidaram parece estar ganhando corpo.

Quantos melros são necessários para fazer uma primavera? A lista acima poderia ser ampliada, mas uma relação de exemplos contrários, igualmente longa, também poderia ser facilmente elaborada e posta ao lado dessa. O leitor teria de decidir por si mesmo qual das listas seria mais expressiva.

A Contracultura e o Movimento Nova Era

Creio que foi Nathan Pusey que caracterizou a Universidade de Harvard como um agregado de departamentos autônomos unidos por uma central de aquecimento, e essa é uma brincadeira interessante. Comunidades de sábios são coisas do passado, mas posso dar testemunho de uma exceção. Durante dois dos meus anos no MIT, o milagre aconteceu. Capelães do Instituto uniram forças e programaram uma série de encontros mensais sobre "Tecnologia e Cultura", uma iniciativa que *deu certo*. Todos os meses, um membro insigne do corpo docente era convidado a expor a sua visão pessoal sobre um tema social da sua área, depois do que eram feitos debates. Sempre lotávamos o auditório e vivenciávamos nosso Instituto de uma maneira nova.

Menciono o fato por causa de um encontro que me vem à memória. Não consigo lembrar o nome do palestrante, mas lembro perfeitamente como ele começou a sua apresentação. Segurando no ar um exemplar de *The Making of a Counter Culture,* de Theodore Roszak (que fora publicado recentemente), ele disse o quanto essa obra o abalara. Ele a lera duas vezes, reforçou, na tentativa de compreender por que pessoas jovens seriam hostis à ciência que era o amor da vida dele.

Aprestei os ouvidos, pois eu acabara de escrever um artigo (com certa malícia intitulado "Tao Agora") em que argumentava que as visões asiática e ocidental da natureza haviam entrado em conflito num único fonema. "Tao" e "Dow" têm a mesma pronúncia, e nós estávamos no auge dos protestos contra a guerra do Vietnã, que haviam transformado a Dow Chemical Company num símbolo do Pentágono devido à fabricação do napalm. A qual das opções semânticas desse fonema, eu perguntava — uma profundamente ecológica, a outra violentamente destrutiva — queríamos entregar o futuro humano?

É desnecessário dizer, o conferencista da tarde criticou duramente a distinção entre ciência e os usos que fazemos dela, mas (falo por mim mesmo) o fato subjacente à situação não desaparecerá. Visto que (1) a ciência nos tem dado um poder imprevisto sobre a natureza e que (2) os seres humanos não têm sabedoria e virtude para não usar esse poder para vantagens pessoais que prejudicam o bem comum, a ciência não é mais vista como o messias que nos salvará.

A contracultura de Roszak exasperou-se acima de tudo com os usos destrutivos da tecnologia, enquanto seu sucessor, o Movimento Nova Era, apanha o outro lado da história da ciência: sua cosmovisão e as censuras que faz a toda a humanidade. Os defensores desta última contracultura querem sair — sair da prisão daquela visão. Como lhes faltam guias experientes, seu entusiasmo descomedido pela Era de Aquário aderna sem controle, e conceitualmente o movimento é quase um caos. Pirâmides, pêndulos, astrologia, ecologia, vegetarianismo e veganismo (estamos de volta à religião como restrição alimentar); amuletos, medicina alternativa, psicodélicos, extraterrestres, experiências de quase-morte, retorno do arcaico, canalização, neopaganismo e xamanismo — esses e outros entusiasmos esbarram um no outro promiscuamente. E pairando sobre todos está Gaia — Gaia e as deusas (dentro e fora). Tocando as franjas da irresponsabilidade e ingênuo a ponto da credulidade — uma mente aberta é salutar, mas em desordem? — o Movimento Nova Era é tão problemático, que eu de bom grado o deixaria de lado se ele não tivesse duas características dignas de elogio. Primeira, o movimento é otimista, e nós precisamos de toda a esperança que pudermos conseguir. Segunda, ele se recusa terminantemente a aceitar a cosmovisão cientificista. Ele *sabe* instintivamente que o espírito humano é grande demais para aceitar os limites de uma gaiola.

Reencontro com Quatro Gigantes Modernos

Depois de Kant e Hegel, os principais arquitetos da mente moderna foram Darwin, Marx, Nietzsche, Freud e Einstein. Einstein não ameaçou a religião. Quando lhe perguntaram se acreditava em Deus, ele respondeu, "Sim, no Deus de Spinoza"; e conquanto esse não fosse o Deus de Abraão, de Isaac e de Jacó, ele está habilitado. Os outros quatro, porém, deram trabalho à religião. Reduzidas a *slogans*, suas respectivas acusações — religião é ópio, ilusão, mentalidade escrava e excesso de bagagem — ecoam como clichês na mente moderna. Juntos, seus autores constituem uma temível falange a ser enfrentada pelo espírito humano. É um sinal significativo dos nossos tempos, portanto, que suas teorias estejam sendo contestadas. Nem tudo, porém; os quatro conservarão o seu lugar na história. Mas serão lembrados com mais reservas do que inicialmente previsto.

Charles Darwin

Estes pontos parecem solidamente estabelecidos — que a vida neste planeta começou num caldo primordial e que (ao longo de aproximadamente três bilhões e meio de anos) evoluiu até alcançar a complexidade humana. Consolidada está também a descoberta de Darwin de que a seleção natural, operando segundo variações casuais, desempenha um papel importante no processo. Mas mesmo quando o acaso e outras causas observáveis (como contingências históricas e mudanças no meio ambiente) são acrescentados ao quadro, a seleção natural acaba não tendo toda a força explicativa que o seu autor esperava que teria. Entendida como uma explicação completa das origens humanas, sua teoria começa a se parecer com a hipótese ptolemaica em seus estertores: cada vez que surge uma dificuldade, ocorre um novo epiciclo para salvar a teoria. Estão visivelmente faltando formas de transição em determinados pontos no registro fóssil? Um equilíbrio pontuado emerge para justificar a lacuna: ele aconteceu muito rapidamente (há apenas trinta milhões de anos, mais ou menos), deixando depósitos em quantidade suficiente para serem percebidos. Os debates se alastram rapidamente, mas (para todos, menos para os que definiram sua posição) um ponto emerge claramente: o darwinismo não excluiu Deus do processo evolutivo como Darwin achava que aconteceria.

Continuo com uma história. No verão de 1997, fui convidado a proferir uma série de palestras, durante uma semana, na Instituição Chautauqua, na região norte do Estado de Nova York. Para uma das palestras, escolhi o tópico da evolução, e no decorrer dos meus comentários li uma carta aberta que eu escrevera para a Associação Nacional dos Professores de Biologia (NABT). A carta perguntava se a Associação poderia analisar a possibilidade de retirar duas palavras candentes da sua definição oficial de evolução, que eu citava: "Evolução [é] um processo natural *não-supervisionado, impessoal,* de natureza temporal com modificação genética que é afetada pela seleção natural, pelo acaso, pelas contingências históricas e pelas mudanças no meio ambiente." (Itálico meu) E continuava a carta, perguntando: Haviam os biólogos descoberto algum *fato* que provasse que o processo é "não-supervisionado" e "impessoal"? Caso não, poderia a Associação pensar em excluir essas duas palavras, vistas por muitos americanos como ameaça à sua crença de que Deus participava do processo?

Aproveitando a oportunidade para dar vazão a uma interpretação teatral exagerada que compartilho com todos os professores natos, eu trouxera um envelope selado e endereçado. Dobrando a carta com floreio cênico, coloquei-a no envelope, colei as bordas e (no final da palestra) dirigi-me empertigado até a caixa coletora de Chautauqua, onde a depositei, batendo a tampa com o vigor que a ocasião exigia.

Dez dias depois, já em casa, recebi resposta do diretor executivo da NABT. Ele começava agradecendo o tom civilizado da minha carta. Quase toda a correspondência que a Associação recebe, acrescentava o diretor, diz que eles são agentes do demônio e que irão para o inferno num carrinho de mão; minha carta fora pelo menos cortês. Dito isso, ele me informava que o Conselho faria uma reunião naquele mesmo mês e que a minha carta seria incluída na agenda.

Achei isso interessante e alertei o Religious News Service sobre o que estava acontecendo. A história publicada no final do episódio continha esses fatos.

O Conselho da Associação Nacional dos Professores de Biologia realiza uma reunião anual de quatro dias. No primeiro dia do encontro daquele ano, seus membros analisaram minha carta durante dez minutos e votaram unanimemente contra a minha sugestão. Mas a questão não se deixaria ofuscar. Durante toda a semana, nos elevadores, nos corredores, nos intervalos de lanche e em encontros pessoais, os membros do Conselho continuavam a discuti-la, e como último item daquela reunião anual levaram a carta novamente à discussão. Dessa vez, os debates duraram quarenta minutos, depois do que votaram unanimemente a favor da reversão da decisão anterior.

Assim, aquelas duas palavras desapareceram da definição oficial de evolução dada pela NABT — mas a história não termina aí. Lembre-se, estou usando este relato para mostrar o que no darwinismo precisa ser deixado para trás, e minha luta contra os moinhos de vento passou para uma segunda etapa dois anos mais tarde.

Entusiasmado com meu sucesso inicial, quando o alvoroço em torno da evolução explodiu no Kansas em 1999, resolvi arriscar minha sorte e enviei uma segunda sugestão à NABT. Dessa vez, propus que o Conselho considerasse recomendar que, na primeira aula de todo curso que tratasse da evolução, os professores distribuíssem uma nota que dissesse mais ou menos o seguinte:

Este é um curso de ciências e, como seu instrutor, é minha responsabilidade ensinar-lhes o que a ciência descobriu empiricamente sobre os mecanismos que possibilitaram o surgimento e o desenvolvimento da vida neste planeta. Nós, cientistas, estamos convencidos de que conhecemos uma parte importante dessa história, e eu darei o melhor de mim para informá-los sobre isso.

Entretanto, há muita coisa que ainda não sabemos, sobrando um espaço enorme que vocês podem preencher com suas próprias convicções filosóficas ou religiosas.

Esclareci que a frase "Há muita coisa que ainda não sabemos" era de Stephen Jay Gould.

O diretor executivo da Associação acusou o recebimento da carta, mas observou que duvidava que essa segunda proposta fosse aceita. Depois disso, não ouvi mais falar do assunto.

Reavaliando essa segunda tentativa, admito francamente que a tática proposta pode não ter sido a melhor, mas não consigo ver por que um ramo de oliveira assim (um símbolo de paz e boa vontade que não causaria nenhum dano à ciência) não faria bem a todos nós. Retomarei a evolução no próximo capítulo, mas aqui cheguei ao ponto desejado. Como (até agora) explicação parcial do modo como chegamos aqui, o darwinismo deve ser ensinado e os esforços para preencher as brechas existentes na teoria devem continuar. Mas alegações de que o darwinismo alcançou um ponto tão alto na história, que é despropositado pensar que outras causas (algumas das quais podem não ser empíricas) podem ter contribuído — essa posição deve ser rejeitada.

Karl Marx

A compaixão de Marx pelos oprimidos, especialmente como ela se expressa nos seus primeiros escritos, não deve jamais ser esquecida, pois ela rivaliza com o poder dos profetas hebreus para despertar e motivar. Quarenta anos no Museu Britânico para compor e consolidar uma leitura da história que manteria a esperança das massas é homenagem de uma grandeza que compete com a de Madre Teresa. A correção do seu programa para realizar sua visão é outro assunto.

O capítulo anterior já antecipou que nenhuma das previsões de Marx se concretizou, mas certamente não estou em condições de criticá-lo por isso, uma vez que meu livro também joga com o futuro. O que se precisa censurar em Marx é o seu grande erro de acreditar na engenharia social. Se as massas oprimidas "soluçavam" (a palavra comovente de Marx) antes da Revolução Russa, elas se contorciam de desespero no gulag pós-revolucionário. Quer o número de vítimas soviéticas chegasse a cem milhões *do seu próprio povo* (o que é provável) ou a "meros" dez milhões (o que não é plausível), os oitenta anos de terror são imperdoáveis. Alguns objetarão que a visão de Marx foi traída, e isso é verdade com respeito a aspectos específicos. Mas não estou falando de especificidades. Trata-se da fé de Marx na engenharia social e da sua disposição a sacrificar o que fosse necessário em nome dessa fé.

Os que conheceram Karl Popper dizem que seus métodos ditatoriais não ofereciam um bom modelo para a sociedade que ele propunha em *The Open Society and Its Enemies*, mas todos nós pregamos melhor do que praticamos, de modo que isso não deve ser usado contra a verdade da tese do livro. Tentativas de revolucionar o mundo para amoldá-lo a uma ideologia preconcebida só podem levar ao totalitarismo, porque a história não se adapta docilmente aos nossos projetos conceptuais. Em vez de tentar "engenharia holística" (frase de Popper), devemos abordar as coisas gradualmente — com cuidado e aos poucos — enquanto ficamos atentos aos sinais que nossas iniciativas nos devolvem. Dedicar toda a nossa energia a políticas que se mostram eficazes, mantendo-nos ao mesmo tempo cautelosos com fórmulas que sugerem que entendemos como a história funciona. Acima de tudo, não infligir sofrimentos reais em nome de panacéias hipotéticas. Os fins não justificam os meios, ao contrário do que Marx geralmente pensava.

Entretanto, Marx estava certo ao documentar até que ponto os interesses de classe interferem no modo como as pessoas vêem o mundo. (Ele não se surpreenderia com a descoberta de que quando se pede a crianças que desenhem uma moeda, o desenho das crianças pobres é maior do que o das mais favorecidas. A moeda se agiganta no mundo das pobres.) Reinhold Niebuhr foi muito influenciado por Marx nessa questão, e em seu clássico *Moral Man and Immoral Society* (que num determinado momento John F. Kennedy e Che Guevara estavam lendo simultaneamente) documentou as realizações deste ponto nos Estados Unidos do século XX. Niebuhr analisou criteriosamente o pensamento de Marx, considerando-o correto na questão dos interesses de classe, mas equivocado ao propor a engenharia social.

Sobre este último aspecto, o livro de Niebuhr precedeu o de Popper (embora não haja evidências de que Popper tenha lido Niebuhr) e revestiu a questão da engenharia social com uma capa teológica, o que Popper não fez. Pensar que podemos enredar o coração humano e, diante dos seus obstinados clamores, alcançar o reino dos céus, reproduzindo as instituições sociais, é descuidar o fato de que esse reino é acima de tudo e antes de mais nada uma questão interior. Exceção feita à *eschaton* (fim da história), sua entrada no mundo será proporcional à sua entrada nos corações humanos.

Isso não está em conflito com a importância da ação social. (Niebuhr era um ativista convicto. Opondo-se à "frente unida" controlada pelos comunistas, depois da Segunda Guerra Mundial, ele se uniu a Eleanor Roosevelt para fundar a Americanos para uma Ação Democrática.) Mas ele insiste que, para ser produtiva, essa ação precisa avançar na compreensão de que "nunca houve uma guerra que não fosse interna" (Marianne Moore).

O que dizer da religião como ópio do povo? Essa condenação é uma advertência útil sobre o perigo a que a religião pode sucumbir (o que acontece freqüentemente), mas é uma meia-verdade. Às vezes, a religião tem sido uma força conservadora; outras, um agente revolucionário na intenção e na realização. Ela tem sido um ópio, e também um estimulante. Identificou-se demasiadamente com culturas particulares e desafiou o *status quo*. Preocupa-se em aumentar as rendas das igrejas, e em soerguer os oprimidos. Assina a paz com a iniqüidade e procura redimir o mundo.

Finalmente, há o provérbio de que Marx encontrou Hegel de cabeça para baixo e o pôs de pé, o que se traduz no fato de que Marx aceitou o determinismo histórico de Hegel, mas ao mesmo tempo substituiu o idealismo pelo materialismo. O determinismo histórico fracassou, mas o materialismo permanece como opção filosófica. Os que o adotam têm direito às suas convicções, mas ele não passa hipoteca a quem o considera deficiente.

Friedrich Nietzsche

Certo dia, quando estudávamos Nietzsche num curso de história da filosofia por mim ministrado na Universidade de Washington, um aluno excepcionalmente complicado e desinibido não apareceu. Como sua ausência se prolongasse e fosse percebida, um dos seus amigos foi procurá-lo no quarto do dormitório. Encontrou-o deitado na cama, lendo *Assim Falou Zaratustra*. Ao lhe perguntar se estava doente, ele disse que não, e à pergunta natural que seguiu, "Por que você não está indo às aulas?" ele respondeu: "Vocês, rapazes, ainda estão procurando. Eu já encontrei."

Muitos identificar-se-ão com essa resposta, porque são poucos os que num momento ou outro não se deixaram levar pelo encantamento hipnótico de Nietzsche. Ele arrebata. Mas o que dizer sobre a verdade das suas palavras?

A conclusão da história sobre esse estudante não nos dá uma resposta animadora. Homem corpulento e atlético, ele estendeu as doutrinas do super-homem e da vontade de poder à esfera da força física. Intoxicado pela idéia, desafiou seu rival de dormitório para uma luta, que perdeu desastrosamente. Seu oponente o derrotou sem clemência. Desonrado, abandonou a universidade, e essa foi a última vez que o vimos ou ouvimos falar dele.

Se essa foi uma leitura equivocada de Nietzsche, foi o próprio Nietzsche que deixou essa possibilidade em aberto. Seria um erro acusar Nietzsche pelo nazismo, porém — muitas coisas contribuíram para aquela loucura. De qualquer modo, é uma outra controvérsia a respeito de Nietzsche que nos interessa aqui — sua visão do cristianismo. Nesse contexto, como em geral acontece, Nietzsche nos deu meias-verdades. O ressentimento e uma mentalidade servil fazem parte da história do cristianismo, mas também a coragem e a compaixão. Devemos considerar Martin Luther King Jr. um escravo? Ou Dietrich Bonhoeffer, que os nazistas aprisionaram e executaram por ajudar os judeus? Esses homens são símbolos para os milhões iguais a eles que também arriscaram sua vida.

Bonhoeffer merece algumas palavras. Como são os professores os principais divulgadores da idéia de Nietzsche de que o cristianismo é a personificação da mentalidade escrava, vale a pena salientar que as Igrejas alemãs resistiram ao nazismo (não tanto quanto a história gostaria que o fizessem, mas é fácil condenar quando se está a uma distância segura), enquanto as universidades não o fizeram. Se Bonhoeffer simboliza o primeiro segmento, Heidegger representa o segundo.

Quanto ao louco de Nietzsche gritando pelas ruas "Deus está morto", essa lenda forma (como vimos no Capítulo 3), com a alegoria platônica da caverna, a segunda das duas grandes alegorias que moldaram a civilização ocidental como majestosos suportes para livros. A presciência de Nietzsche era inspirada; não estou exagerando ao dizer que o túnel na primeira metade deste livro não faz nada mais do que detalhar a mensagem que o louco de Nietzsche tentava transmitir a seus indiferentes espectadores.

O que recentemente ficou claro (pela publicação de algumas conversas reveladoras entre Nietzsche e vários amigos mais íntimos) é como o próprio Nietzsche reagiu à notícia da morte de Deus. O breve relato a seguir, de Ida

Overbeck, em *Conversations with Nietzsche*, de Sander Gilman e David Parent, diz isso melhor:

> Eu havia dito a Nietzsche que a religião cristã não conseguia me confortar e preencher. Eu ousava dizer: a idéia de Deus era muito pouco real para mim. Profundamente tocado, ele respondeu: "Você está dizendo isso só para me ajudar; nunca desista dessa idéia! Você a tem inconscientemente. Um grande pensamento domina sua vida: a idéia de Deus." Ele engoliu com dificuldade. Suas feições estavam totalmente contorcidas pela emoção, até finalmente assumirem uma calma impassível. "Eu desisti dele; quero fazer algo novo; não devo voltar atrás e não o farei. Perecerei por causa das minhas paixões; elas me jogarão de um lado para o outro; estou em constante processo de desintegração." Essas são suas próprias palavras, pronunciadas no outono de 1882.

Por mais que perscrutemos o futuro, os críticos continuarão a debater sobre o que Nietzsche realmente queria dizer. Sua grandeza, porém, não diminuirá, se não por outra razão (como diz William Gass), porque "ele mordeu nossos valores como se fossem moedas suspeitas e deixou em cada uma delas as marcas dos seus dentes".

Sigmund Freud

Minha esposa me lembrou recentemente de algo que eu havia esquecido. Num jantar em homenagem a Aldous Huxley por ocasião de uma visita que ele fazia ao *campus* da Universidade de Washington, perguntei-lhe se havia algum livro que ele tivesse vontade de reler. Na verdade, respondeu ele, havia dois. Um era *Art and Education,* de *Sir* Herbert Read, e o outro era um livro do qual nenhum dos presentes tinha ouvido falar, *The Origins of Love and Hate,* de Ian Suttie. Ela mesma psicóloga, Kendra procurou mais informações sobre o segundo livro, e foi isso que ela encontrou.

Seu autor, um psiquiatra escocês, é um tanto misterioso. Ele morreu quando estava com sua carreira pela metade na década de 1930, e seu trabalho foi ignorado até que um aluno, John Bowlby (que se tornou um nome conhecido em desenvolvimento infantil), o retomou e publicou uma segunda edição desse livro esquecido.

Como Freud e outros psicólogos, Suttie acreditava que as pessoas lidam com a ansiedade reprimindo os pensamentos angustiantes no inconsciente. Mas diferentemente dos psicanalistas, ele se convenceu (através de pesquisas) de que nossa maior repressão não é a dos nossos impulsos sexuais ou agressivos, mas da afeição e da abertura. Essas repressões nos indivíduos se somam a um tabu coletivo contra a ternura em nossa cultura.

138 / *POR QUE A RELIGIÃO É IMPORTANTE*

Mas vejamos desde o início. Para Suttie, a criança nasce com duas tendências independentes. A mais importante é o desejo do dar-e-receber social e do relacionamento responsivo que chamamos de *amor.* A sexualidade, em sua teoria, existe como um impulso separado e independente.

Essa é uma visão radicalmente diferente da de Freud, que também propunha dois impulsos independentes, um dos quais era o sexo (a libido) e o outro a agressão (o instinto de morte). Freud descrevia o estado de consciência inicial da criança como auto-erótico e narcisista. Em contraste, Suttie descreve o estado primordial (anterior à fase em que o bebê começa a distinguir a si mesmo dos outros) como um estado de comunhão simbiótica.

Na visão freudiana, o bebê se crê onipotente, capaz de atrair a mãe magicamente com seu choro. Ele recorre emocionalmente à mãe porque ela acalma suas tensões físicas. Para Suttie, isso era tão absurdo quanto dizer que a mãe ama o bebê porque ele lhe alivia os seios ao sugar suas glândulas mamárias intumescidas.

Durante anos de meticulosas pesquisas, Suttie ficou impressionado com as propostas precoces que um bebê faz para provocar uma resposta da mãe. Ele a fita com olhar embevecido enquanto é amamentado, e geralmente obtém como recompensa um olhar amoroso. Cedo ele começa a sorrir em volta do mamilo enquanto suga, soltando-o várias vezes e voltando a mamar com prazer se obtém uma resposta. Essa é uma forma de flerte. No intercâmbio harmonioso entre mãe e filho, o bebê dá a única coisa que pode, seu amor e seu corpo como primeiro brinquedo compartilhado. É o início da criatividade que Suttie vê no jogo, a mãe da invenção (diz ele), e não a necessidade.

Um período crítico começa quando o bebê é capaz de perceber a diferença entre ele e a mãe, e entre a mãe e as outras pessoas. Só então o bebê pode conhecer a separação da sua mãe, e essa separação é a principal causa da ansiedade humana — o medo do abandono. Aproximadamente na mesma época, a aceitação já não é mais incondicional. Algumas funções físicas e atividades do bebê podem não ser bem-aceitas e aprovadas.

Na infância ou na vida adulta, o inferno não conhece fúria maior do que a do amor rejeitado. Aqui está para Suttie a origem da raiva, que ele via como o esforço desesperado do bebê para recuperar uma harmonia perdida. Dependendo do grau de dor e desesperança que a pequena criança sofre, pode haver renúncia à intimidade, que pode ser substituída por uma busca de auto-suficiência (ou poder) — a trajetória típica em nosso Ocidente individualista, acreditava Suttie.

Peter Koestenbaum, que organiza seminários para líderes industriais, oferece este pequeno depoimento. Num grupo de discussão, ele interrompeu e disse, "Às vezes é necessário falar com o coração". "O coração é uma bomba", rosnou um magnata do petróleo. Mais tarde, quando Koestenbaum já havia afrouxado algumas defesas do homem, o magnata revelou um segredo. Fechado na gaveta da sua escrivaninha estava um poema comovente que escrevera. Ele disse que nunca o mostrara a ninguém, com medo de que se o fizesse talvez perdesse a sua autoridade.

É como Suttie diz: a ternura é uma repressão cultural. Suttie cita o sexo obsessivo, compulsivo, como outra conseqüência possível da ternura reprimida, pois (como diz o ditado) só se consegue aquilo que se quer realmente. O que necessitamos e desejamos (embora nossa cultura negue, afirma Suttie), é a intimidade emocional. Não sexo, nem alimento, nem poder, nem qualquer outro substituto pode satisfazer essa necessidade.

Já quase esgotei o espaço reservado para Freud e praticamente nem cheguei a mencionar suas teorias. P. B. Medawar pode ter exagerado ao dizer que o freudianismo é o maior embuste do século XX, mas se Adolph Grunbaum e Frederick Crews não mostraram como há pouco por meio da razão e de evidências consistentes que exija que aceitemos sua auto-admitida visão sem amor da natureza humana, não vou realizar essa tarefa aqui. A Associação Americana de Psicanálise está sempre pronta a se manifestar e dizer que os críticos não compreendem, embora seu tom soe mais defensivo a cada década.

Uma alternativa, é disso que precisamos. Minha estratégia — apresentar uma alternativa às teorias de Freud mais do que argumentar contra elas — ocorreu-me quando me lembrei de um sermão que me é eternamente favorito. No século XIX, os sermões tinham títulos robustos, e este (de Thomas Chalmers) se chamava "O Poder Expulsivo de um Novo Afeto". Ele conta que a idéia lhe veio quando era conduzido num coche por uma estrada nas montanhas. Num lugar estreito onde a estrada ladeava um precipício, o cocheiro começou a chicotear os cavalos, o que pareceu a Chalmers um procedimento perigoso. O cocheiro, porém, lhe disse que precisava desviar a atenção dos animais do perigo da estrada. A dor das chicotadas lhes dava algo diferente em que pensar.

Não é diferente com os seres humanos, continuava explicando o sermão de Chalmers. As pessoas não se livram dos hábitos pela força da razão ou pelo poder da vontade. Elas precisam de algo novo sobre o que pensar e a que reagir. Espero que Ian Suttie ofereça o aguilhão do chicote que é o estímulo necessário aqui.

CAPÍTULO 11

Três Ciências e o Caminho a Percorrer

A cosmovisão científica se revela uma história estupenda. Esbocei suas linhas gerais no segundo capítulo deste livro, mas a um exame mais atento ela se assemelha a três novelas interligadas por perguntas seqüenciais: Como o universo chegou aqui? Como a vida chegou aqui? Como os seres humanos chegaram aqui? A Física se dedica à primeira questão, a Biologia à segunda, e a Biologia mais as Ciências Cognitivas, à terceira. Essas são as três ciências com as maiores implicações metafísicas, e se elas estão seguindo na direção de uma perspectiva menos afunilada, para fora do túnel, esse é o melhor sinal que podemos ter de que o grande espaço aberto está mais próximo.

FÍSICA

Começamos a ter a impressão de que a Física já está fora do túnel. Digo isso baseado na autoridade do experimento EPR (Einstein—Podolsky—Rosen), que conclui que o universo é não-local. Partes separadas dele — a distância da separação é irrelevante; pode ir daqui até as bordas do universo — estão simultaneamente em contato umas com as outras. Em linguagem leiga, o que o experimento EPR demonstra é que se separarmos duas partículas que estão em interação, e imprimirmos a uma delas um movimento rotativo descendente, a outra assumirá instantaneamente um movimento rotativo ascendente.

As conseqüências teóricas dessa descoberta são revolucionárias — o suficiente para Henry Stapp, da Universidade da Califórnia, em Berkeley, chamá-la de "a descoberta mais importante que a ciência já fez", porque ela relega o espaço, o tempo e a matéria (as matrizes do mundo que geralmente conhecemos) a um estado provisório. Se fôssemos observar o mundo através de uma janela com (digamos) nove caixilhos em forma de treliça, *veríamos* o grande espaço aberto como dividido pelo treliçado (que, sem dúvida, não está na paisagem que observamos). Algo parecido acontece aqui.

Quais são as implicações de tudo isso? Vejamos.

Tudo o que percebemos com os nossos sentidos (e analisamos e classificamos segundo leis e relações) tem a ver com o mundo relativo, uma espécie de jogo espectral de nomes e forças que fluem temporariamente na corrente do espaço e do tempo. Nesse mundo relativo não existem absolutos; o tempo e a mudança governam tudo. Não existem padrões de referência fixos em lugar nenhum; em nenhum lugar existem objetos que podem ser considerados como independentes dos sujeitos que os observam. Nenhum evento pode ser percebido exatamente do mesmo modo por todos os observadores, e há uma incerteza irredutível que exclui a possibilidade de algum dia conhecermos todas as propriedades fundamentais dos fenômenos que experimentamos e investigamos. Essa incerteza está inserida na estrutura mesma do universo, e por isso nada lhe escapa. O todo não pode ser reduzido a um conjunto de componentes básicos, porque na escala cósmica a matéria pode desaparecer, transformando-se em energia pura, e reaparecer sob forma diferente. Os antigos não se surpreenderiam. *Anicca, anicca;* impermanência, impermanência. Maya reina, e a dança incansável de Xiva continua.

Mas isso é apenas parte do quadro. O que põe a física pós-EPR fora do túnel metafórico em torno do qual gira este livro pode agora ser dito explicitamente. O momento da verdade do experimento EPR abre uma brecha na nuvem do não-saber através da qual os físicos podem ter a visão de um outro mundo ou, pelo menos, de uma outra realidade. Novamente, vou dar a palavra a Henry Stapp: "Tudo o que [agora] sabemos sobre a Natureza condiz com a idéia de que o processo fundamental da Natureza está fora do espaço-tempo, mas gera eventos que podem ser localizados no espaço-tempo." Stapp não menciona a matéria, mas a frase "espaço-tempo" a torna implícita, porque a física entrelaça os três. O colega de Stapp, Geoffrey Chew, dublou essa palavra explicitamente quando (durante um jantar festivo em que aproveitei a oportunidade para sentar perto dele) ele me disse, "Se começar pela matéria como pressuposto inquestionável, você está perdido".

Os entusiastas da Nova Era se apressam aqui com o anúncio de que os físicos descobriram Deus, o que, sem dúvida, não é verdade. Os físicos descobriram, isso sim, que o que dirige o espetáculo (dirige o universo espaço-tempo-material) está fora desse espetáculo. Ainda assim, ao estabelecer a existência de "algo", nem que seja um X caracterizado não mais adiante, além do mundo espaço-tempo-material, a não-localidade nos fornece a primeira plataforma nivelada desde o surgimento da ciência moderna sobre a qual cientistas e teólogos podem continuar seus debates. Pois Deus também está fora desses três perímetros.

142 / *POR QUE A RELIGIÃO É IMPORTANTE*

Haverá quem pense que se eu me detiver na não-localidade e não lhe acrescentar o Projeto Inteligente, estarei desconsiderando uma segunda razão importante para dizer que a Física está fora do túnel. Por isso vou citá-la, mas sem apostar nela.

Cada dia mais, os cientistas estão se convencendo de que se as razões matemáticas na natureza tivessem sido minimamente diferentes, a vida poderia não ter evoluído. Se a força da gravidade fosse minimamente mais forte, todas as estrelas seriam gigantes azuis, e se fosse levemente mais fraca, todas seriam anões vermelhos; em ambas as situações, não haveria a mais remota possibilidade de serem habitáveis. Ou ainda, se a Terra tivesse se estabelecido numa órbita cinco por cento mais próxima do Sol, ela teria passado por um efeito estufa incontrolável, o que provocaria temperaturas insuportáveis na superfície e a evaporação dos oceanos; por outro lado, se tivesse se posicionado apenas um por cento mais longe, ela teria passado por uma glaciação incontrolável que deixaria a água da Terra em estado de gelo permanente. E assim por diante. Entendemos a situação.

Físicos da estatura de John Polkinghorne acham impossível acreditar que essa sintonia fina (e a aparente freqüência com que ocorre) poderia ter resultado do acaso. Eles jogam com números de improbabilidade na faixa de um em dez seguido de quarenta zeros. Para eles, improbabilidades dessa ordem exigem que pensemos que o universo foi projetado para tornar a vida humana possível, ao que acrescentam que um projeto implica a existência de um projetista inteligente e intencional. Eles não riem quando um colega cientista, Dale Kohler, escreve: "Estivemos raspando a realidade física durante todos esses séculos, e agora a camada do pouco que resta e que não compreendemos é tão fina, que através dela podemos entrever a face de Deus observando-nos."

Não sou cientista, mas vejo com bons olhos a hipótese do Projeto. Perplexo com números muito superiores às "dez mil coisas" (a antiga frase chinesa para céu e terra, o universo), dez seguido de quarenta zeros me foge completamente. Ainda assim, um único fato pode me levar à conclusão sugerida pelas razões citadas. Se a Galáxia de Andrômeda não estivesse onde está, também nós não estaríamos onde estamos — literalmente, somos feitos da poeira das estrelas. Isso é suficiente para me estarrecer e levar a um momento de frenesi místico.

Entretanto, assim sou — e o sou na companhia de cientistas eminentes que têm a mesma sensibilidade espiritual. O problema em citar um universo que-deve-ter-sido-projetado como indicação adicional de que a física está fora do túnel é que outros tantos físicos qualificados — Stephen Hawking, entre eles — discordam dessa leitura da questão. O que de fato está no âmago da controvérsia é se a discordância se transforma em evidência ou em lentes filosóficas através das quais a evidência é percebida. Como a evidência está além da minha capacidade de avaliação, qualquer contribuição que eu desse aos debates apenas refletiria minhas próprias crenças e percepções, e assim sem nenhum valor. A discussão vigorosa desse assunto é um bom sinal, e ninguém pode culpar os que crêem por encontrarem no Projeto Inteligente um recurso para sua fé. Mas isso é o máximo que se pode dizer neste ponto dos debates.

Ao mesmo tempo em que deixo de me envolver, eu deveria voltar à não-localidade e admitir que os físicos também discordam com relação às implicações que ela acarreta. Quando perguntei a Geoffrey Chew se ele e Stapp eram físicos da corrente principal ou dissidentes, ele respondeu com satisfação, "Oh, somos dissidentes, sim senhor, mas nos tornamos mais numerosos a cada ano que passa". O que me leva a afirmar que a Física está quase fora do túnel é a minha fé no aumento cada vez maior desse número.

BIOLOGIA

Não tratarei aqui da biologia molecular — do DNA e dos três bilhões de letras químicas de que são feitos os genes humanos. As possibilidades técnicas da bioengenharia (para o bem e para o mal) são colossais, mas suas implicações metafísicas são modestas, e por isso omitirei esses aspectos da biologia e irei direto ao prêmio, Charles Darwin.

Escrever um livro sob a pressão do prazo de entrega transforma o escritor em iletrado nos interstícios, e por isso o livro de David Walsh, *The Third Millennium*, me passara despercebido até que os meus olhos deram num anúncio sobre ele quando me preparava para escrever este capítulo. Mais uma vez (como no capítulo sobre a lei), só posso creditar à Providência o senso do momento oportuno, seja isso superstição ou não. A compreensão de Walsh sobre o darwinismo é tão perspicaz que vou citá-la por inteiro:

> É sempre um sinal de advertência quando uma teoria científica desempenha um papel de maior relevância fora do seu campo de aplicação do que dentro dele. Por fascinante que fosse o relato de *A Origem das Espécies* (1859), sua verdadeira contribuição estava além da referência explícita do estudo. Mais importante que a compreensão da estratificação da emergência das espécies, e mesmo do mecanismo evolutivo proposto para explicar a emergência, foi a função da teoria de Darwin na constituição de uma cosmovisão. Ela foi acolhida e rejeitada pela mesma razão. Darwin mostrara como a criação podia dispensar um criador. Um mundo de desenvolvimentos casuais podia, durante um período de tempo suficientemente longo, evoluir até chegar a um mundo ordenado. Não foi a sugestão de que os homens descenderam de macacos que provocou maiores abalos, mas a de que tudo se originara através da sobrevivência das mutações aleatórias melhor adaptadas. A indicação natural mais estimulante de uma inteligência suprema — o argumento do projeto — fora decisivamente minada. Com reverberações teológicas tão amplas, não

admira que a teoria de Darwin da evolução biológica devesse receber pouca atenção devido às suas próprias características. Essa situação predomina praticamente até o presente.

O evolucionismo darwiniano funciona de tal maneira como a cosmovisão abrangente da modernidade, que mesmo sua sujeição à análise científica é tratada com profunda apreensão. Todos se sentem mais à vontade quando seu exame se restringe à oposição convencional entre evolução e criacionismo. Desse modo, ninguém precisa prestar muita atenção à consideração menor de que nenhuma delas pode ser levada a sério como teoria científica. Elas não podem ser refutadas porque as teorias se destinam a acomodar todas as evidências contrárias ou inexistentes contra elas. Isso não passaria de uma idiossincrasia intelectual inofensiva se não tivesse conseqüências tão desastrosas para a ciência. Como falsificação, o problema é que a má ciência expulsa a boa. Mesmo hoje é praticamente impossível que biólogos conscientes admitam que as evidências para a evolução são extraordinariamente tênues. Simplesmente temos poucas provas tangíveis de que uma espécie evolua para outra. Como Darwin reconhecia, o registro fóssil, que em última análise é a única indicação conclusiva, é a fonte mais fraca de sustentação. Não temos experiências nem evidências de formas intermediárias. Está claro que diferentes espécies apareceram e desapareceram em épocas diferentes, como está claro que continuidades químicas e genéticas estão presentes entre as espécies. Mas o íncubo do evolucionismo pende de tal modo como um peso morto sobre a mente científica, que mesmo os melhores esforços para pensar em sua revisão encontram níveis de resistência totalmente desproporcionais com relação a seu conteúdo. Ninguém ousa tentar a remoção da carcaça ideológica por medo das conseqüências de desaprovação universal. Com muita freqüência, as vozes da dissidência são de fora da comunidade biológica. Fica-se curioso em saber que força mantém de pé esse formalismo regressivo. A única sugestão é que o significado antiteológico do evolucionismo como cosmovisão continue a sobrepujar seu valor científico. Levantando dúvidas sobre o universo darwiniano, estaríamos ao mesmo tempo restaurando a abertura ao criador transcendente. Em outras palavras, é o temor de Deus que impede a comunidade biológica de rejeitar abertamente uma teoria que eles há muito deixaram de respeitar na prática.

Comentários apenas diminuiriam a sabedoria das palavras de Walsh, por isso trato da segunda coisa que quero fazer nesta seção.

Num livro tão abrangente como este, é importante manter linhas diretas de comunicação com especialistas nos campos abordados, e minha linha com o darwinismo me conecta com Jonathan Wells. Wells obteve seu Ph.D. em Teologia pela Universidade de Yale com uma tese sobre as controvérsias darwinianas do século XIX. Suas pesquisas o convenceram de que o conflito entre cristianismo e darwinismo gira em torno da questão do projeto. O cristianismo afirma que os seres humanos foram criados à imagem de Deus, enquanto o darwinismo sustenta que os seres humanos foram subprodutos acidentais de um processo natural aleatório.

Não satisfeito em simplesmente apontar a origem do conflito, Wells resolveu estudar Biologia. Ele obteve um segundo Ph.D. na Universidade da Califórnia, em Berkeley, especializando-se em embriologia e evolução. Depois de examinar as evidências sobre as quais o darwinismo se baseia, ele passou a criticá-lo sem meias palavras. Como conseqüência, os darwinistas o vêm atacando sistematicamente. Wells, porém, está habituado a controvérsias. Na década de 1960, ele passou um ano e meio na prisão por recusar-se a cooperar com o Exército dos Estados Unidos durante a Guerra do Vietnã.

Preocupado com a manutenção dos padrões da ciência e da biologia, Wells escreveu um livro, *Icons of Evolution,* que expõe a fraude de se continuar incluindo nos livros didáticos de biologia ilustrações que entram em conflito com evidências publicadas que os biólogos conhecem há anos, sem que sejam dadas aos estudantes indicações de que os ícones são fraudulentos.

Um desses ícones é o experimento de Miller-Urey, realizado em 1953, que usou uma atmosfera primitiva simulada para produzir alguns componentes moleculares essenciais à vida. Mas os geoquímicos estão convencidos há décadas de que a atmosfera primitiva da Terra não era em nada semelhante à simulação de Miller-Urey e de que as descobertas do experimento têm pouca ou nenhuma relação com a origem da vida.

Outra imagem famosa é a árvore da vida darwiniana, segundo a qual todas as espécies modernas evoluíram gradualmente de um ancestral universal comum. Mas o registro fóssil mostra que os principais grupos de animais apareceram juntos, inteiramente formados, sem nenhuma evidência de ancestralidade comum — um padrão exatamente oposto à previsão de Darwin.

Uma terceira imagem é formada por um conjunto de desenhos feitos por Ernst Haeckel mostrando semelhanças em embriões de vertebrados que supostamente apontam para uma ancestralidade comum. Mas os biólogos sabem há mais de um século que Haeckel falsificou essas semelhanças e que os embriões dos vertebrados primitivos são bastante diferentes uns dos outros.

Essas e outras deturpações em livros didáticos lançam dúvidas sérias sobre o que os darwinistas afirmam ser evidências para sua teoria. Wells reconhece que a evolução darwiniana funciona em alguns níveis, como a resistência antibiótica nas bactérias e em mudanças menores em bicos de tentilhões. Mas ele observa que faltam evidências para as proposições mais amplas da teoria. De modo específico, Wells insiste que a tese darwiniana de que os humanos são subprodutos de processos naturais aleatórios não é uma inferência científica, mas uma doutrina filosófica.

Psicologia Cognitiva

Se a Física é a ciência fundamental mais antiga, a Psicologia Cognitiva é a mais recente. À primeira vista, ela parece um retrocesso ao materialismo puro, pois a neurociência (a pedra angular da psicologia cognitiva) está em sua adolescência, e a área está aturdida com seu crescimento estonteante e com a perspectiva de horizontes ilimitados. (No dia em que escrevi estas palavras, um casal de ex-alunos anunciou que estava doando ao MIT sessenta e cinco milhões de dólares para pesquisas do cérebro!) Isso trouxe de volta o materialismo mental. Ele não apenas está de volta, mas está de volta com uma vingança, numa forma ousada, exposta, quase exibicionista.

O que torna a psicologia cognitiva interessante é o que está acontecendo em outro flanco, o problema mente-corpo. O livro de Colin McGinn, *The Mysterious Flame,* apresenta de modo dos mais envolventes o que descreverei, por isso terei a ele e seu livro como pontos de referência.

O problema mente-corpo surgiu com René Descartes, que dividiu o mundo em mente e matéria. Ele usou Deus como ponte para unir as duas metades, mas esse recurso não está mais disponível aos cientistas (ou filósofos) e o vazio residual entre mente e cérebro constitui o problema mente-corpo.

O problema em si pode ser descrito facilmente. Temos mente (consciência) e temos corpo (no contexto, cérebro), nenhum dos quais pode ser transformado no outro. Igualmente óbvia é a relação de mão dupla que existe entre eles. Se minha mente manda que meu dedo indicador direito digite a letra *J,* ele obedece; do outro lado, se meu cérebro cansa de obedecer ordens assim durante várias horas, eu me *sinto* cansado. O problema então é: Como podem as descargas neuroniais em meu cérebro dar origem a coisas tão diferentes delas, como pensamentos e sentimentos? E vice-versa.

Os cientistas e filósofos que tenho em mente — ao nome de McGinn devo acrescentar os de Thomas Nagel, da Universidade de Nova York, e Stephen Pinker, que dirige o programa de ciência cognitiva no MIT — dão à sua posição quanto ao problema mente-corpo o esquisito nome de *misterianismo.* O rótulo reflete a franca admissão de que nos três séculos desde que Descartes situou o problema, não houve um milímetro de avanço sequer para resolvê-lo. McGinn (que, como diz Pinker corretamente, "pensa como um *laser* e escreve como um sonho") dramatiza o impasse citando um excerto perspicaz de uma história de ficção científica de Terry Bisson. Um explorador alienígena que acaba de voltar de uma visita à Terra está apresentando seu relatório ao comandante:

> "Eles são feitos de carne."
> "Carne?"...
> "Não há dúvida sobre isso. Pegamos vários deles, de diferentes partes do planeta, os pusemos em nossas câmaras de identificação e os sondamos por inteiro. São totalmente de carne."

Três Ciências e o Caminho a Percorrer / **147**

"Isso é impossível. E os sinais de rádio? As mensagens às estrelas?"

"Eles usam ondas de rádio para falar, mas os sinais não são emitidos por eles, mas por máquinas."

"Então, quem fez as máquinas? É com esse que queremos entrar em contato."

"Eles fizeram as máquinas. É isso que estou tentando lhe dizer. A carne fez as máquinas."

"Isso é ridículo. Como pode carne fazer uma máquina? Você está me pedindo para acreditar em carne que sente."

"Não estou lhe pedindo, estou lhe dizendo. Essas criaturas são a única raça que sente no setor e são feitas de carne."

"Talvez sejam como os Orfolei. Você sabe, uma inteligência de base carbono que passa por um estágio carnal."

"Negativo. Elas nascem carne e morrem carne. Nós as estudamos durante várias das suas vidas, que não duram muito. O senhor faz idéia da duração de vida da carne?"

"Poupe-me. Está bem, talvez elas sejam somente parte de carne. Sabe, como os Weddilei. Uma cabeça de carne com um cérebro de elétron plasmático dentro dela."

"Não, senhor; pensamos nisso, pois elas têm cabeça de carne como os Weddilei. Mas eu lhe disse, nós as sondamos. Elas são inteiramente de carne."

"Sem cérebro?"

"Oh, sim, há um cérebro, sem dúvida. Só que ele também é feito de carne!"

"Então... o que neles pensa?"

"O senhor não está entendendo, está? O cérebro pensa. A carne."

"Carne pensante! Você está me pedindo para acreditar em carne pensante!"

"Sim, carne pensante! Carne consciente! Carne amorosa. Carne sonhadora! A carne é a questão toda!"

Os misterianos, depois de nos levarem aonde nos querem — que é ver que a ciência não fez nenhum progresso na redução da absurdidade do conceito de que matéria cinzenta esponjosa em nossas cabeças ("carne pensante") pode produzir vida mental, enquanto a carne do fígado, de aparência semelhante, não pode — descarregam sobre nós sua surpresa: podemos ficar com esse problema por todo o tempo que nós, seres humanos, ficarmos por aqui refletindo sobre ele. Por que pensamos que somos, perguntam eles — oniscientes? A cada dia descobrimos de novo que o mundo é mais estranho, mais complicado e mais misterioso do que suspeitáramos. Isso leva os misterianos a especular que o problema mente-corpo pode simplesmente ser grande demais para que nossa mente finita o decifre.

148 / POR QUE A RELIGIÃO É IMPORTANTE

Essa é uma nova informação a se ouvir da ciência. Ela nos dá não apenas uma nova resposta a um problema, mas um novo *tipo* de resposta — um tipo reanimadoramente diferente do padrão "Dêem-nos tempo e dinheiro, que nós entregaremos a mercadoria". Não devo exagerar a diferença. McGinn e companhia não estão agitando as mãos em desespero. O que estão absortos em fazer é revelar as razões profundas da nossa frustração com relação ao problema em questão.

Quando me deparei com a linha de pensamento de McGinn, dei-me conta de que já tinha ouvido algo parecido, e rapidamente me lembrei de uma palestra proferida por Noam Chomsky num dos meus últimos anos no MIT. (McGinn reconhece seu débito a Noam Chomsky e a outros.) Nenhuma outra espécie vivente tem a capacidade natural para a linguagem que os seres humanos têm, dizia Chomsky, mas todas parecem ter meios comparativamente distintos para entender o mundo e conseguir se relacionar com ele. Os pássaros nascem com uma habilidade instintiva para construir ninhos, uma habilidade que não poderíamos igualar nem se dedicássemos toda nossa vida a esse projeto. As formigas têm aptidão para trabalhar em conjunto instintivamente na construção de formigueiros; cada formiga coordena suas atividades com as de outras formigas em sua colônia, a ponto de envergonhar as forças-tarefas humanas. Quanto a nós humanos (disse Chomsky, finalizando a palestra), somos obviamente hábeis na linguagem e na ciência. Nenhuma outra espécie pode rivalizar conosco nessas frentes. O aspecto negativo de tudo isso é que sendo hábeis em algumas coisas, toda espécie é deficiente em outras. Anos depois, os misterianos continuam nessa linha.

A pergunta aqui é se a tese misteriana tem relevância para a questão da luz no fim do túnel. Pouco antes da conclusão de *The Mysterious Flame,* McGinn diz que seu livro não pode evitar a conclusão de que "uma inovação conceptual é um pré-requisito para resolver o problema mente-corpo. ... Dois novos conceitos são necessários, um para a mente e um para o cérebro". Ao que acrescentarei que (dado o modo como as partes refletem os todos de que são parte) esses dois novos conceitos exigem uma nova cosmovisão — vale dizer, uma que seja diferente da cosmovisão científica que temos hoje.

O próprio Thomas Nagel se manifestou de modo semelhante em sua contribuição à conferência promovida pela Fundação CIBA em Londres, em 1992.

> A evidente impossibilidade de descobrir uma relação transparente entre o físico e o mental deve dar-nos esperança, porque impossibilidades evidentes são um estímulo maravilhoso para a imaginação teórica. Acredito ser inevitável que a [busca de um elo entre mente e cérebro] levará a uma alteração da nossa concepção do mundo físico. A longo prazo, portanto, a psicologia fisiológica deve esperar resultados cosmológicos. Até agora, a ciência física não tentou abordar a consciência. Agora que está fazendo isso, o esforço transformará a ciência radicalmente.

Minha tendência é inverter isso. O que aconteceria se disséssemos: Até agora, a consciência não tentou abordar a ciência física? No entanto, essa é a única possibilidade lógica que os misterianos nunca consideram — ou melhor, nunca consideram *seriamente,* porque McGinn toca no assunto, mas apenas para rejeitá-lo.

Ouviremos mais sobre essa possibilidade no último capítulo. Aqui, quero apenas levantar uma segunda possibilidade que parece não ter ocorrido aos misterianos: Se a mente humana é misteriosamente dotada de uma habilidade inato para a ciência (o campo do misterianismo), o que exclui a possibilidade de que ela também seja misteriosamente dotada de habilidade para conhecer o Grande Quadro (meu campo)? Esse quadro é tema do Capítulo 14.

CAPÍTULO 12

Termos Para a Détente

editando sobre as duas décadas passadas, ocorre-me que tive a extraordinária oportunidade de conviver com as idéias de quatro cientistas de renome internacional: David Bohm, na mecânica quântica, Carl Sagan, na cosmologia, Ilya Prigogine, na química e Karl Pribram, na neurociência. Nenhum deles (nem mesmo David Bohm) afirmaria que o método científico é limitado.

Esse é o tipo de leitura científica equivocada que nos levou para o túnel antes de mais nada, pois despreza a arte, a religião, o amor e grande parte da vida que vivemos diretamente por negar que esses elementos produzem intuições que são necessárias para complementar o que a ciência nos diz. Isso equivale a dizer que o importante num ser humano é o esqueleto, como mostram as chapas de raio X. Nossa saída do túnel exige que a ciência partilhe o projeto saber eqüitativamente com outros modos de conhecer — especificamente (neste livro) os modos dos buscadores de Deus.

O tema deste capítulo é o sentido de *eqüitativamente* neste contexto, e começo com a premissa de que a ciência precisa mudar. Todo império acaba tendo o seu ocaso, e o ocaso do império da ciência chegou. Não é preciso dizer que ela deve continuar como um parceiro respeitável na busca do conhecimento, e (como este livro está se tornando mais pessoal do que eu antecipara) serei franco sobre as minhas razões pessoais para respeitar a ciência. Sete anos atrás, meu médico descobriu que os valores do meu PSA estavam muito acima da média, sinal evidente de câncer de próstata. (Quando comuniquei a descoberta à minha família, acrescentando que achava que PSA significava Pacific Southwest Airlines, agora extinta, uma filha que nos visitava disparou, não pela primeira vez, "Papai, você é mais ingênuo do que se admite numa pessoa da sua idade". Mas sigamos com a minha história.) Um urologista se uniu a um oncologista, e essa atividade conjunta já me rendeu cinco anos de vida. Se eu não agradecesse e respeitasse sinceramente a ciência por esse presente, a minha ingratidão seria inominável.

Dito isso, para entender quanto (e de que modos) a ciência precisa mudar, é necessário que compreendamos o que a ciência é. Defini a palavra provisoriamente no capítulo sobre o cientismo, mas chegou a hora de ser mais preciso.

Os semânticos dizem que podemos usar as palavras que mais nos agradam, contanto que nossas definições sejam claras e nos atenhamos a elas. Nestes tempos cientificistas, nenhuma outra área explora mais essa liberdade do que o campo da "ciência". Propostas verdadeiramente bizarras são feitas em nome desse deus, mas essas propostas têm sentido (lógico) perfeito se ciência for o que os seus autores dizem que é. David Bohm, apenas mencionado, é um bom exemplo disso. Quando ele me surpreendeu ao negar que a ciência é limitada, e eu lhe perguntei como definia a palavra *ciência*, ele respondeu, "Abertura às evidências". Ao comentar-lhe que essa definição me tornava um cientista, ele replicou, "Talvez você o seja". Diante de uma resposta assim, a linguagem entra em colapso.

Não quero aborrecer David Bohm com o que acabo de dizer, porque ele é um dos meus heróis e foi também amigo pessoal, pois o levei à Universidade de Siracusa por um período de três semanas quando lá trabalhava, sendo seu anfitrião (durante essas semanas). Fosse apenas para explicar como a minha inclusão no rol dos cientistas é menos bizarra do que parece, eu não lhe dedicaria a seção que segue; mas ao realizar esse propósito, a história que estou para contar antecipará de várias formas o entendimento que se deve ter da ciência, tema deste capítulo.

UM RELANCE DE DAVID BOHM

Durante a década em que atuei na Universidade de Siracusa, num determinado momento a administração incluiu no orçamento recursos que davam à nossa divisão condições de convidar todos os anos, por um período de três semanas, como visitante, um professor de humanidades renomado. Fui indicado para presidir a comissão de trabalho, constituída por um membro de cada um dos cinco departamentos da divisão.

Para o Departamento de Inglês, Saul Bellow foi uma escolha fácil, assim como Noam Chomsky para o de Filosofia. Em seguida, foi a vez do Departamento de Religião; (como seu representante) submeti à apreciação o nome de David Bohm. Pandemônio! "Você sabe que a administração concedeu essa lambujem para aliviar sua consciência por não dar à Divisão de Humanidades o que lhe é devido, e você propõe que demos o prêmio a um *cientista!*" protestaram todos. Quando o burburinho arrefeceu e eu pude ser ouvido, admiti que estava realmente fazendo isso, mas tinha as minhas razões. A doutrina da ordem implicada que transcende o espaço e o tempo continha implicações mais importantes para a religião do que qualquer coisa que qualquer professor de estudos religiosos que tivéssemos em mente poderia estar ensinando. A comissão não se convenceu, mas como eu votara a favor das propostas anteriores, sua única escolha foi aprovar a minha.

O protocolo acadêmico exige que, ao convidar oficialmente alguém de outra área, o convite precisa ser aprovado pelo departamento dessa área. Por isso, antes de entrar em contato com Bohm, dirigi-me ao coordenador do Departamento de Física para obter sua autorização. Ele ficou deslumbrado com essa perspectiva. "Em nosso departamento, todos aprendemos mecânica quântica nos livros de Bohm", disse, "e todos ficaremos radiantes por acolhê-lo neste *campus*. Seria possível contar com a presença dele num colóquio do departamento?" Na saída, o coordenador me acompanhou até o saguão e me adiantou que se houvesse necessidade de mais dinheiro, bastaria informá-lo.

Bohm aceitou nosso convite, e na data combinada chegou para sua visita. Sua estada de três semanas começou com uma palestra para o público geral numa segunda-feira à noite. O departamento de física estava em peso.

O colóquio de física aconteceu dois dias depois. Quando Bohm e eu chegamos na sala do departamento, o coordenador lhe deu as boas-vindas e em seguida o deixou na companhia de alguns professores mais antigos, para poder falar comigo em particular. "Huston", disse ele, "quero que saiba que não teremos uma platéia amistosa." Os físicos haviam recebido com reservas o que Bohm dissera na palestra de segunda-feira.

Na hora de iniciar o colóquio, grandes grupos de professores e de alunos distribuídos pelos corredores bloqueavam a passagem. Foi preciso encontrar uma alternativa, e todos foram informados de que deveriam dirigir-se para a sala tal e tal. Essa também ficou pequena, e o que deveria ter sido um colóquio acabou sendo uma palestra no auditório mais espaçoso do prédio da Física. Mesmo assim, alguns alunos tiveram de ficar de pé o tempo todo.

Depois de apresentado, David Bohm subiu no imenso palco e (sem consultar uma anotação sequer durante toda a palestra) falou sem parar durante uma hora e quinze minutos, andando de um lado para o outro, cobrindo com equações incompreensíveis as três seções do quadro-negro, cada uma com três subdivisões. Observando a platéia, achei que em dez minutos ele não teria mais ninguém para ouvi-lo, exceto um punhado de professores mais experientes, mas ele continuou falando. E o público continuou ouvindo, se não por outra razão, pelo menos para lembrar pelo resto de sua vida a experiência de ver em ação a mente do homem que trabalhara com Einstein e cuja Teoria das Variáveis Ocultas continuava a manter (para uma minoria) a esperança de que Einstein estava certo em pensar que Deus não joga dados.

Quando, por fim, tão abruptamente como começara, Bohm parou de falar e se sentou, o coordenador abriu espaço para perguntas. Imediatamente, um professor veterano sentado na primeira fileira levantou o braço. "Professor Bohm", disse ele, "tudo isso é filosofia, e muito interessante, mas o que tem a ver com a física?" Olhei para o denso banco de equações que nos fitava desde os quadros-negros, sem uma única *palavra* à vista. Sem pestanejar, Bohm respondeu, "Eu não faço essa distinção".

Um silêncio profundo envolveu todo o auditório. Mais uma ou duas perguntas bem-educadas encerraram o encontro.

Eu disse que relataria esse fato acontecido com David Bohm em parte para redimir sua aparente ingenuidade em definir a ciência em termos tão amplos a ponto de me transformar num cientista, e a resposta dada ao professor faz exatamente isso; pois se não distinguimos entre ciência e filosofia, conclui-se que a ciência é ilimitada. Se, em última instância, *podemos* separar as duas, essa é uma questão muito ampla para ser introduzida aqui, e por isso volto a abordar o tema que havia começado antes que David Bohm me desviasse. Qual a melhor definição de ciência para fins de discurso público atualmente?

A Correta Definição de Ciência

No capítulo sobre o cientismo, apresentei minha definição de ciência, que (sem adornos) é a seguinte: Ciência é o que substituiu as sociedades tradicionais pelo mundo moderno, tecnológico, industrial. O que realizou essa transição foi o experimento controlado. Ciência é o corpo de fatos sobre o mundo natural em que os experimentos controlados exigem que acreditemos, acompanhado pelas extrapolações lógicas baseadas nesses fatos e pelas coisas agregadas que os instrumentos científicos nos dão condições de ver com nossos próprios olhos.

Essa definição é freqüentemente criticada por definir a ciência em seu sentido mais estrito, ou menos elástico — mas essa é precisamente a minha intenção, pois qualquer definição mais livre aponta para o túnel. Só com uma definição restrita como essa, a ciência pode dizer em que *devemos* acreditar. Qualquer ampliação da definição produz rachaduras por onde a filosofia pode se infiltrar para enfraquecer as proposições apresentadas. Como a filosofia sempre possibilita diferenças razoáveis, a exigência que uma hipótese científica nos impõe enfraquece na proporção direta do aumento da filosofia na mistura.

Isso nos deixa com uma escolha. Ou restringimos a palavra *ciência* àquilo em que *devemos* acreditar (o que exige minha definição estrita), ou abrandamos a sua definição e reduzimos suas pretensões à verdade a sugestões amparadas por escalas móveis de razoabilidade. Como a segunda opção — ciência enquanto sugestões — contradiz nossa compreensão popular do empreendimento (compreensão essa que está no caminho certo, porque sugestões não poderiam ter criado nosso mundo tecnológico e industrial), ela promove a confusão que nos assedia. A minha opção é a que possibilita um pensar lúcido sobre a ciência.

154 / *POR QUE A RELIGIÃO É IMPORTANTE*

Esse parágrafo é tão básico para os argumentos deste livro, que incentivo o leitor a relê-lo.

OS LIMITES DA CIÊNCIA

O programa de televisão produzido pela British Broadcasting Company para comemorar os cem anos do nascimento de Einstein foi brilhante em todos os sentidos, mas nada superou as duas frases de abertura: "Einstein gostaria que disséssemos da forma mais simples possível. O espaço diz à matéria como se movimentar; a matéria diz ao espaço como se entortar." Isso é mais do que simplesmente brilhante. No modo como evita os detalhes técnicos e vai direto ao ponto, é valiosamente brilhante. Aprendendo com essa abertura, ofereço o que segue como minha contrapartida para este livro:

Duas cosmovisões, a tradicional e a científica, competem pela mente do terceiro milênio. (O enunciado de E. O. Wilson desta primeira das minhas duas afirmações é, "A escolha entre transcendentalismo e empirismo será a versão do próximo século da luta pela mente dos homens".) Se pudéssemos escolher, preferiríamos a cosmovisão tradicional; e temos essa escolha, porque não podemos provar que uma seja mais verdadeira que a outra.

O apoio para essa segunda afirmação está em compreender as limitações da ciência, pois só tendo-as muito claras na mente, podemos ver que a ciência não tem nenhum direito sobre a visão tradicional. Obviamente, a ciência apreende melhor as propriedades calculáveis do universo físico, mas não há modo de determinar cientificamente se essas propriedades abrangem tudo o que existe.

Esses aspectos simples, porém importantes, da questão foram expostos no Capítulo 3, mas como nossa cultura inclina a cabeça (no duplo sentido de "concordar com eles" e em seguida de "cochilar" e esquecer o que foi aprovado), proponho aqui enfrentar esse ponto com determinação por meio de uma imagem, de um relato e por fim de uma análise global.

A imagem. Imagine-se num bangalô no norte da Índia. Você está diante de uma janela panorâmica que domina uma vista deslumbrante das montanhas do Himalaia. O que a modernidade fez, na verdade, foi baixar a persiana, deixando apenas uma fresta de cinco centímetros. Com os olhos para baixo, tudo o que conseguimos agora ver é o solo sobre o qual está construído o bangalô. Nessa analogia, o solo representa o mundo material — e para dar crédito a quem crédito é devido, a ciência tem revelado que esse mundo é incrivelmente grandioso e misterioso. Ainda assim, ele não é o Monte Everest.

O relato. Em seu *Guide for the Perplexed*, E. F. Schumacher conta que se perdeu durante uma excursão por Moscou na época stalinista. Enquanto, desorientado, consultava o mapa, um guia turístico se aproximou dele e mostrou no mapa onde eles estavam. "Mas essas enormes igrejas à nossa volta", observou Schumacher, "elas não estão no mapa." "Não mostramos igrejas nos nossos mapas", respondeu o guia rudemente. "Não pode ser", insistiu Schumacher. "A igreja *naquela* esquina está no mapa." "Ah, sim, aquela", disse o guia. "Aquela *era* uma igreja. Agora é um museu."

Exatamente, continua Schumacher. Quase todas as coisas em que grande parte da humanidade mais acreditava não constavam do mapa da realidade fornecido por sua educação em Oxford. Ou se constavam, apareciam como peças de museu — coisas em que as pessoas acreditaram durante a infância da raça humana, mas nas quais não acreditam mais.

Esse relato e a imagem que o antecedeu têm por objetivo deixar claro que (no processo de nos cumular de benefícios materiais e do conhecimento assombroso do universo físico) a ciência suprimiu a transcendência do nosso mapa da realidade. (Lembre-se da afirmação direta e franca da *Chronicle of Higher Education*, citada no Capítulo 2: "Se há uma coisa que caracteriza a 'modernidade', essa é a perda da fé na transcendência, numa realidade que abrange mas ultrapassa nossos problemas quotidianos.") Continuo agora com o modo como essa supressão acontece. Para isso precisamos passar das alusões para os argumentos.

A análise. Apresentarei meu argumento com relação às limitações da ciência aqui de duas formas. Cada uma contém seis proposições numeradas que dão a impressão de silogismos ampliados. A primeira forma se desdobra assim:

1. A ciência (como já a defini nas palavras de Alex Comfort) é o nosso modo "sagrado" de saber. Como tribunal de último recurso para o que é verdadeiro, ela usufrui atualmente, quase isomorficamente, o lugar que a revelação ocupava na Idade Média. Um historiador intelectual escreveu que já há cem anos os ocidentais haviam passado a acreditar mais na tabela periódica dos elementos químicos do que em qualquer das coisas características de que fala a Bíblia — anjos, milagres e outros temas semelhantes.

2. O ponto crucial da ciência moderna é o experimento controlado. Isso explica nossa confiança na ciência (conforme observado no Ponto 1), porque esses experimentos separam as hipóteses verdadeiras das falsas e, assim, oferecem *provas*.

Preste atenção agora ao ponto seguinte, porque no contexto dos dois precedentes, ele é uma das poucas idéias originais deste livro. (É essa, pelo menos, a impressão que tenho. A maior parte do livro trata de coisas que já conhecemos e todavia nunca aprendemos, mas quando esse pensamento estalou em minha mente, ele trouxe a sensação de *Heureca!* que acompanha as intuições originais.)

156 / *POR QUE A RELIGIÃO É IMPORTANTE*

3. Só podemos controlar o que é inferior a nós. Para esclarecer este ponto, preciso aguçar um pouco meus termos. Quero dizer controlar *intencionalmente,* pois se me fecho fora de casa, as paredes frustrariam minha vontade de entrar sem serem superiores a mim. E estou falando de controle *através de linhas especiais,* porque dentro das mesmas espécies, as variáveis podem produzir exceções. (Os nazistas controlaram os judeus, mas não eram superiores a eles.) Por *superior* e *inferior* entendo invocar todo critério de valor que conhecemos, e talvez alguns que desconhecemos. As galáxias são maiores do que nós e os terremotos acumulam força maior, mas não conhecemos nada (empiricamente falando) que seja mais inteligente e livre que nós, ou mais compassivo do que podemos ser. Parece evidente que os seres humanos controlaram o búfalo americano mais do que este controlou aqueles. É para esse tipo de correlação entre controle e ordens de existência que este terceiro ponto chama a atenção.

Definidos estes três pontos, o quarto é decorrência natural.

4. A ciência só pode registrar o que é inferior a nós. Pergunte a si mesmo se em algum curso de ciências que tenha freqüentado ou em algum manual de ciências que tenha compulsado, você foi informado sobre alguma coisa que nos excede em nossos atributos caracteristicamente humanos. Os que resistem a uma resposta negativa a essa pergunta tentarão transformar seu retórico "não" num "ainda não", mas a força do ponto anterior é mostrar logicamente — o que significa dizer, *em princípio* — por que a substituição não dará resultado. Tente imaginar por um momento o que seres superiores a nós poderiam ser. Almas desencarnadas? Anjos? Deus? Se essas coisas existem, a ciência — a ciência que pode provar suas proposições por meio de experimentos controlados — jamais os trará à vista pela simples razão de que se existem, são eles que se movem ao nosso redor, e não o contrário. Sabendo mais do que nós, eles podem interferir em nossos experimentos, se quiserem, mas não nós nos deles. Karl Pribram (que mais do que ninguém procurou popularizar o holograma) me diz que são necessários em torno de sete anos neste momento para programar um experimento importante sobre o cérebro; todo esse tempo é necessário para definir as variáveis relevantes. No caso de seres mais inteligentes que nós, não temos indícios de como suas mentes funcionam, por isso não existe maneira de descobrir que variáveis seriam necessárias para preparar um experimento sobre eles.

Como a resistência a este ponto está na razão direta da sua importância — sendo este ponto, repito, que a ciência só pode desvelar o que nos é inferior — estender-me-ei mais dois ou três parágrafos.

Se compararmos o método científico com uma lanterna, quando a apontamos para baixo, para iluminar o caminho que percorremos, seus raios são claros e fortes. Suponha, agora, que ouvimos passos. Queremos saber quem está se aproximando, e levantamos a lanterna para a posição horizontal. (Isso representa dirigir o método científico para nossos semelhantes, nossos companheiros humanos, e passar das ciências naturais para as sociais.) O que acontece? A lanterna apresenta uma ligação imprecisa. Sua luz bruxuleia e não conseguimos formar uma imagem clara. A liberdade dificulta reduzir os seres humanos a um experimento. Ninguém sabe (escreveu um cientista social) por que crimes ocorrem, por que casamentos se desfazem, por que guerras acontecem, por que economias entram em colapso ou por que governantes não conseguem erradicar a corrupção.

Quanto à psicologia, ela pode dizer algumas coisas sobre as pessoas em geral, mas não consegue chegar ao indivíduo em sua singularidade existencial (para não falar em sua alma e em seu espírito, se existirem). Para inserir isto neste tópico (que, torno a repetir, é que a ciência só pode desvelar o que é inferior a nós), é axiomático nas ciências sociais que em experimentos que envolvem sujeitos humanos, estes não podem conhecer o projeto experimental, fato que sem dúvida os coloca numa posição inferior com relação ao pesquisador, que sabe o que está acontecendo.

Finalmente (para completar esta analogia), se voltarmos nossa lanterna para o alto — ou para os céus, como apropriadamente podemos dizer aqui — as pilhas do nosso instrumento defeituoso se deslocam para o fundo da caixa e a luz se apaga. Isso, naturalmente, não prova que *existem* coisas no céu. Mas sustenta que *se* existem, a ciência não as descobrirá.

Os dois registros finais deste primeiro argumento se completam, porque o primeiro apenas recapitula o essencial do que precede para preparar o cenário para a conclusão.

5. Como é da ciência que extraímos nossas pistas quanto ao que existe (Ponto 1), e a ciência só pode revelar o que é inferior a nós (Ponto 3), segue-se que:

6. Estamos tentando viver vidas superiores (o melhor que pudermos fazer delas) num mundo inferior. Ou, se você preferir, vidas *completas* num mundo *incompleto*.

O primeiro argumento pôs às claras uma limitação da ciência e a conseqüência se nos rendermos a ela. O segundo apresenta a lista inteira.

Há seis coisas que a ciência não consegue abordar:

1. *Valores em seu sentido próprio e último*. Amigos íntimos no início, Bertrand Russell e Ludwig Wittgenstein terminaram em lados opostos do espectro filosófico, mas num ponto eles mantiveram total concordância: a ciência não pode lidar com valores. Russell propôs uma exceção — exceto na medida em que a ciência persegue o conhecimento — mas isso não é realmente uma exce-

ção, pois embora esse valor seja assumido pelos cientistas, em si mesmo ele não é derivado cientificamente. A ciência pode tratar de valores *instrumentais*, mas não de valores *intrínsecos*. *Se* a saúde tem mais valor que as gratificações somáticas imediatas, fumar é mau, mas a ciência não pode pesar os valores intrínsecos que entram em conflito (saúde x prazer). Novamente, a ciência pode lidar com valores *descritivos* (do que as pessoas *realmente* gostam), mas não com valores *normativos* (do que *deveriam* gostar). Pesquisas de mercado e de opinião pública são ciências; na verdade, quando as margens de erro são computadas, elas chegam perto de se tornar ciências exatas. Nesse caso, elas podem dizer se as pessoas preferem Sucrilhos a Cereais, e quem provavelmente vencerá a eleição. Quem *deveria* ganhar é outra história. Jamais haverá uma ciência do *summum bonum,* do bem supremo.

2. *Significados existenciais e globais.* A ciência em si é inteiramente significativa, mas ela silencia sobre os significados existenciais e globais. Significados *existenciais* são os que dizem respeito a nós; eles se relacionam com o que consideramos como tendo sentido. Os cientistas podem estender diante de nós seus produtos mais preciosos; mas se estivermos deprimidos e enterrarmos a cabeça entre os braços, eles não conseguirão despertar nosso interesse. (O Prozac só turva a água aqui, por isso vou deixá-lo quieto.) Os significados *globais* são do tipo, *Qual é o sentido da vida?* ou *Qual é o significado de tudo isso?* Como seres humanos, os cientistas podem se envolver com essas perguntas, mas a sua ciência não os ajudará a encontrar as respostas.

3. *Causas finais.* Para que a ciência pudesse continuar a sua tarefa, a causa final de Aristóteles — o *para que* das coisas — teve de ser eliminada, e o campo ficou sujeito a explicações através de causas eficientes apenas. Exceto na biologia, precisamos acrescentar. As criaturas vivas buscam alimento e sexo para satisfazer a fome e os impulsos da libido, e a satisfação desses instintos é a causa final dessa busca. (*Purposive Behavior in Animals and Men,* de Tolman, foi um livro muito respeitado no meu tempo de faculdade). Assim, *teleonomia,* sim, mas *teleologia* (causas finais fora do mundo animado), não. Quer se trate das pedras cadentes de Galileu ou da luz de Kepler, a passagem da mecânica clássica para a moderna foi causada pela separação das qualidades primárias das secundárias — o que quer dizer, a separação das características *quantitativas* da natureza das suas características *qualitativamente experimentadas.* O tema da volição e da finalidade das coisas foi removido para deixar que leis impessoais do movimento assumissem o comando. Perto do início da ciência moderna, Francis Bacon afirmou isso com lucidez peculiar. Ele comparou as explicações teleológicas da ciência com virgens dedicadas a Deus: "Estéreis do fruto empírico para o bem do homem."

4. *Invisíveis.* Aqui também é preciso inserir uma qualificação. A ciência pode lidar com invisíveis que podem ser logicamente inferidos de efeitos observáveis. No início do século XX, Michael Faraday descobriu os campos magnéti-

cos desse modo ao colocar limalha de ferro sobre um pedaço de papel e um ímã por baixo. Quando ele vibrava levemente o papel, apareciam linhas de força magnética. A limalha espalhada ao acaso formava linhas como se fossem comandadas por um sargento de treinamento, revelando o padrão do campo magnético. Mas a ciência desconhece se existem invisíveis que não afetam a matéria de modo tão demonstrável.

5. *Qualidade.* Diferente das quatro anteriores, esta quinta exclusão não precisa ser qualificada. E ela é básica para todas, porque é o elemento qualitativo implícito nos valores, nos significados, nos propósitos e nos invisíveis que não podem ser inferidos que dá a todas a força que têm. Determinadas qualidades (como as cores) se relacionam com substratos quantitativos (ondas de luz de determinados comprimentos), mas a qualidade em si não é mensurável.

6. *Nossos superiores.* Abordado no argumento inicial de seis pontos.

Divisão do Trabalho

Quando agrupamos as seis coisas com que a ciência não pode lidar — simplificadas para podermos retê-las com mais facilidade: os valores, os significados, as causas finais, os invisíveis, as qualidades e os nossos superiores — vemos que grande parte do mundo está fora do alcance da ciência. Uma divisão do trabalho surge espontaneamente. A ciência ocupa-se com o mundo natural e a religião com a totalidade das coisas, como sugere o diagrama:

Figura 1.

Representada pelo círculo maior, a religião dá a impressão de ter certa vantagem, mas essa impressão é corrigida quando observamos que a ciência trabalha mais eficazmente com a sua parte do que a religião com a dela. A ciência abriga os cálculos precisos, as provas incontestáveis e as maravilhas tecnológicas, enquanto a religião fala em generalidades, como "No princípio, Deus criou o céu e a terra", "Os céus proclamam a glória de Deus", "Todas as coisas são da

160 / *POR QUE A RELIGIÃO É IMPORTANTE*

natureza de Buda", "O mundo é maya" ou "Só o céu é grande". O modo que Oliver Wendell Holmes encontrou para estabelecer equivalência é notável: "A ciência nos dá grandes respostas para questões pequenas; a religião nos dá respostas pequenas para grandes questões."

Se esse modo de fatiar o bolo for aceito, segue-se que ambas as partes devem respeitar a esfera de competência uma da outra. Seria utópico não esperar a eclosão de disputas fronteiriças; mas elas devem ser negociadas em boa-fé, sem perder de vista os termos do acordo. Quando cientistas convictamente materialistas negam a existência de coisas que estão além daquelas a que podem apontar seus instrumentos, eles devem deixar claro que estão expressando suas opiniões pessoais como qualquer outra pessoa, e não invocar a autoridade da ciência para o que dizem. Do outro lado, os que seguem uma visão religiosa devem abster-se de interferir na ciência enquanto ela for ciência autêntica e não entremeada com opiniões filosóficas a que todos têm direito. Todos os cidadãos responsáveis têm o direito de se opor aos resultados nocivos a que certas pesquisas científicas conduzem — guerra bacteriológica, clonagem e assim por diante — mas isso é matéria ética, e não se relaciona com a ciência propriamente dita.

Não sou tão ingênuo a ponto de pensar que mesmo que minha proposta fosse aceita, ela contribuiria para uma paz justa e duradoura. Entretanto, acredito realmente que ela aponta na direção certa. Seu aspecto mais apropriado é que ela confere à religião uma esfera ontológica toda própria. Ela propõe respeito à missão da religião de apresentar e trabalhar com coisas que existem objetivamente no mundo, mas que a ciência não consegue detectar. Vejo isso pouco valorizado no diálogo em curso, em que os teólogos, com freqüência maior do que o desejado, aceitam o inventário científico do mundo como exaustivo e se satisfazem em discriminar o sentido e o significado do que a ciência apresenta.

A Vaca Sobre Três Pernas

Para concluir este capítulo, seguirei Peter Drucker, já mencionado num capítulo anterior, e me entregarei a um capricho da fantasia.

Em Bay Area, Califórnia, convivo com um tripé de três instituições dedicadas à questão ciência—religião. Na Graduate Theological Union, em Berkeley, está o Centro de Teologia e Ciências Naturais, de Robert Russell; no California Institute for Integral Studies, em San Francisco, encontra-se a sede do Centro de História do Universo, de Brian Swimme; e em Sausalito temos o Instituto de Ciências Noéticas, de Willis Harmon (falecido recentemente). Todos foram fundados por cientistas, e (como freqüentemente digo a mim mesmo com petulância) todos estão atuando de forma incorreta. Com isso, naturalmente, quero dizer que eles não estão abordando a questão ciência—religião exatamente da maneira como penso que deveria ser tratada — um caso clássico de "narcisismo das pequenas diferenças" de Freud. (Ele disse bem.)

A situação me faz pensar na teoria dos quatro *yugas* do hinduísmo — quatro eras em constante declínio que ocorrem em cada ciclo cósmico. A Índia compara o declínio a uma vaca, que na primeira era se sustenta firmemente sobre as quatro pernas, na segunda manqueja sobre três, na terceira cambaleia sobre duas e na última vacila sobre uma perna só antes de desabar, quando então o ciclo recomeça. Morando perto das três instituições acima citadas, sinto-me como se estivesse vivendo na *treta yuga* de três pernas.

O Centro de História do Universo quer despertar as pessoas para a percepção de quanto o universo é inimaginavelmente maravilhoso, glorioso, misterioso e precioso. O Instituto de Ciências Noéticas quer expandir a ciência dirigindo seu foco para temas (como medicina alternativa) que ainda não foram suficientemente pesquisados. O Centro de Teologia e Ciências Naturais quer dialogar com os cientistas para descobrir formas que levem um a aprender com o outro.

Os três são projetos importantes, e então o que pode estar tão ruim? Por que fico tão irritado? Porque três pernas em bom estado não produzem uma vaca robusta.

Se estou certo em pensar que *o* maior problema que o espírito humano enfrenta em nosso tempo é ter de viver na cosmovisão científica, procustiana, que domina nossa cultura, há uma necessidade urgente de um quarto centro que se dedicaria a libertar o espírito da gaiola. Com o nome, talvez, de Centro de Oportunidades Iguais para a Ciência e a Religião (COICR), ele teria dois departamentos principais.

O primeiro atuaria como um vigilante, sempre atento ao cientismo. Com os olhos abertos, à busca dos lugares onde a ciência começa a assumir ares de cientismo, esse departamento denunciaria esses movimentos injustificados numa publicação mensal de quatro páginas, com o mesmo espaço oferecido para réplica dos "acusados". Quando, por exemplo, Richard Dawkins e Steven Pinker se uniram recentemente para programar um debate sobre o tema "A Ciência Matou o Espírito?" e concluíram que a resposta é não, se *espírito* significa disposição e entusiasmo, e sim, se representa um homúnculo na cabeça, esse boletim vigilante do departamento apontaria essa impertinência na alusão aos homúnculos e observaria que os estudos empíricos são metodologicamente incapazes de determinar se invisíveis extra-epifenomênicos fazem ou não parte das operações do cérebro. E quando, durante o período de questionamento daquele evento Londres/Paris, que contou com uma massa de participantes, Dawkins reagiu à acusação de que sua posição era reducionista, dizendo, "O reducionismo me faz querer pegar o revólver, pois isso não existe", o boletim apontaria que isso é como dizer, "Eu não estou reduzindo os andares superiores de um edifício ao seu andar térreo, porque não existem andares superiores".

162 / POR QUE A RELIGIÃO É IMPORTANTE

O outro braço do Centro de Oportunidades Iguais para a Ciência e a Religião programaria uma série permanente de discussões mensais sobre temas cujas perspectivas científicas e religiosas parecem estar em conflito, sendo óbvios no momento os debates sobre darwinismo e sobre o projeto inteligente. Eles já vêm sendo vigorosamente debatidos, e por isso o que o COICR ofereceria aqui teria um formato diferente. Trabalhos técnicos (se os oradores os trouxerem) estariam disponíveis sobre uma mesa para quem quisesse levá-los para casa, mas os programas teriam o formato de discussões presididas por um juiz experiente e imparcial que manteria os interlocutores (não mais do que dois para uma sessão) em exposições alternadas de dez minutos cada um, até que, depois de quarenta minutos, o debate seria aberto aos presentes. Os interlocutores seriam estimulados a fazer perguntas um para o outro, bem como a defender suas posições. Se a discussão se desviasse do assunto, o moderador a traria de volta perguntando, "Qual é o tema?" Todo o espectro das posições sobre a questão em pauta teria uma oportunidade, mesmo o criacionismo de curto prazo no *front* da evolução. A ênfase ao longo de toda a discussão estaria sobre a comunicação eficaz voltada à educação do público interessado. Passos fantasiosos para provar o grau de conhecimento do palestrante seriam tratados de maneira desastrosa.

Seria bom se o COICR pudesse estar sediado num seminário teológico, porque nada é mais importante para o futuro da Igreja do que seus servidores estarem solidamente fundamentados na questão — ciência *versus* religião — que contém em si o destino da Igreja.

CAPÍTULO 13

Este Mundo Ambíguo

A percepção, como hoje sabemos, é um processo de mão dupla. O mundo vem a nós, e nós vamos a ele — com sensores, conceitos, crenças e desejos inatos que filtram os sinais entrantes de modos que diferem em cada espécie, em cada classe social e em cada indivíduo. De certa forma, compartilhamos o mesmo mundo com os pássaros, e dizemos com satisfação que, como eles, temos uma visão panorâmica do mundo, mas não fazemos a mínima idéia de como essa visão seria.

O que importa aqui é o modo como nossos conceitos, crenças e desejos afetam as cosmovisões. Como indica o título deste capítulo, o mundo é ambíguo. Ele não vem com o rótulo "Este é o mundo do meu Pai" ou "A vida é um conto narrado por um idiota". Ele nos chega como um borrão de Rorschach gigantesco. Os psicólogos usam esses borrões para compreender o que acontece nas camadas mais profundas da mente dos seus pacientes. Os sentidos latentes nas formas dos borrões nas dez gravuras não estão inscritos nelas. Os borrões se apresentam ao paciente como convites: *Venha. O que você vê aqui? Que lhe dizem esses contornos?*

O Borrão Cósmico da Vida

Um apanhado geral da filosofia, escrita e não-escrita, sustenta conclusivamente essa teoria do mundo como borrão. As pessoas nunca chegaram a um acordo sobre o sentido do mundo, e (parece seguro dizer) nunca chegarão. Os antropólogos informam que mesmo em tribos pequenas e isoladas, onde poderíamos esperar unanimidade, o ateu da aldeia acaba aparecendo. Ele pode

164 / *POR QUE A RELIGIÃO É IMPORTANTE*

reservar suas idéias dissidentes para si mesmo e não participar ativamente dos rituais ou acompanhá-los mecanicamente. Mas ele está lá, lendo o borrão cósmico à sua maneira herética. Falamos do Oriente místico e da Índia espiritual, mas a Índia tem uma tradição ateísta, materialista, hedonista, *charvaka* que se perde no passado. Sua divisa, "A vida é curta, por isso vou comer manteiga", é o equivalente indiano para "Vamos comer, beber e nos divertir, pois amanhã estaremos mortos".

Há alguma coisa na constituição humana que se ressente desse estado de coisas. Por que somos compelidos a tatear o sentido da vida e descobri-lo por nós mesmos? Por que alguém simplesmente não nos *diz* qual é a realidade? Aqui, Kierkegaard vem em nosso socorro. Ele nos diz que embora *pensemos* que gostaríamos que alguém nos dissesse, se isso *acontecesse* não ficaríamos satisfeitos com a posição em que essa revelação nos colocaria. Estaríamos privados da nossa liberdade e, por isso, da nossa dignidade, transformando-nos em robôs. Tudo o que nos restaria fazer seria procurar as respostas para nossas questões no livro de respostas da vida e aplicá-las mecanicamente aos nossos problemas.

Nossa condição real é o oposto disso. Não somos seres servis, mas agentes livres. Na frase mais contundente dos seus escritos, Kierkegaard diz que nos foi dada a liberdade de "escolher a nós mesmos". Os budistas são inabaláveis em insistir que das seis espécies de seres (deuses, deuses invejosos, espíritos famélicos, seres infernais, animais e seres humanos), os seres humanos são os mais afortunados, pois somente eles possuem a única coisa que pode libertar as criaturas do mundo relativo, *samsárico* — ou seja, o livre-arbítrio, a vontade livre. Um manual de respostas nos privaria do maior poder que temos na vida — o poder de decidir o que queremos fazer com nossa vida, a que queremos entregá-la. Às vezes essa decisão é tomada de modo súbito e inesperado; outras vezes ela é elaborada aos poucos (e quase imperceptivelmente) pelas diminutas decisões diárias que a vida exige de nós. Pois a vida se nos apresenta como um tiro à queima-roupa, nas palavras de Ortega y Gasset. Ela não pergunta, Você está pronto para casar? Você conhece o bastante para ter filhos? Ela simplesmente chega, estejamos preparados ou não, exigindo que decidamos.

> *Wow he died as wow he lived,*
> *Going whop to the office and blooie home to sleep and*
> *biff got married and bam had children and oof got fired,*
> *zowie did he live and zowie did he die.* *

---

* Uau! morreu uau! como viveu,
  Foi iii! ao escritório e aaa! pra casa pra dormir
  casou uuu! teve filhos ooo! foi despedido
  uau! viveu uau! como morreu.

Estes versos de Kenneth Fearing expressam como em geral é a vida. Só quando olhamos para trás e seguimos as pegadas que deixamos é que compreendemos totalmente como lemos o borrão da vida.

Com o multiculturalismo, que aproxima as crenças como nunca antes, esta percepção da ambigüidade do mundo poderia ajudar a reduzir o atrito que tanto prejudicou as relações religiosas no passado. (A lamentação aflita do cardeal Newman, "Meu Deus, como nos odiamos uns aos outros pelo amor de Deus", ecoa sem cessar em nossos ouvidos.) A educação que recebi na China me abre uma janela para essa possibilidade.

Em termos quantitativos, o Império Chinês é a organização social mais impressionante que os seres humanos já criaram. Quando multiplicamos sua duração (mais de dois mil anos) pelo número de pessoas que essa mais populosa nação da Terra reuniu sob a mesma capa num ano médio, ele faz os impérios de Alexandre, César e Napoleão parecerem episódicos. (A *sangha* budista, ou ordem monástica, arroga-se um tempo de vida ainda maior — vinte e cinco séculos em comparação com os vinte do (agora extinto) Império Chinês — mas sua população é comparativamente pequena.) Parte do sucesso da China talvez se deva ao modo como ela tornou as religiões suas parceiras e não suas antagonistas. Na China que conheci, caso se perguntasse às pessoas a que igreja pertenciam, a resposta típica seria, "À grande igreja (*tai chao*), naturalmente" — uma federação de confucionismo, taoísmo e budismo entrelaçados como fios numa mesma corda. Como dizia o ditado então corrente, toda criança de cabelos negros de Han usa um chapéu confuciano, um manto taoísta e sandálias budistas.

Essa foi minha infância. Nos primeiros anos de atividade como professor de religiões do mundo, um aluno veio a mim com uma coluna "Caro Abby" do *St. Louis Post-Dispatch*. A mensagem havia aparecido no dia da nossa aula anterior, quando eu apresentara o modo peculiar como a China encara suas religiões. A coluna ilustrava minha argumentação com cores tão vivas, que eu a retomava sempre que o tema vinha à tona em meus cursos.

> Caro Abby,
>
> Sou jovem, atraente, interessada em religião e gostaria de me casar. Pertenço à Primeira Igreja Presbiteriana, à Igreja Católica Anjos Benditos, à Sinagoga Amona B'nai e assisto regularmente às palestras da Ciência Cristã, embora eu tome aspirina de vez em quando.
>
> Você pode me dizer como posso encontrar um homem interessado em uma ou em todas essas religiões?
>
> Ida

A resposta de Abby:

> Cara Ida,
>
> Você parece conhecer seus pontos fracos e estar preparada para defendê-los. Não vejo como você pode pertencer a todas essas igrejas...

A carta de Abby continua, mas o que nos interessa está transcrito. Naturalmente, Abby não podia entender as múltiplas afiliações de Ida, pois ela era uma ocidental. Um chinês não teria tido dificuldades.

Incluo esse fato não para sugerir que o terceiro milênio irá (ou deveria) tornar-se sincrético religiosamente. Toda uma civilização participou para fazer a fórmula da Ásia Oriental funcionar, e o "Escolhei hoje a quem servireis" do Ocidente tem seus próprios méritos que a próxima seção deste capítulo abordará. Mas se derivarmos do exemplo da Ásia Oriental não a afiliação múltipla, mas o respeito mútuo, parece possível que o novo milênio se oriente nessa direção.

Um Olhar de Viés à Cena Social

Estou tentando manter este livro focalizado no Grande Quadro, pois se me afastar muito desse objetivo, essas reflexões poderão facilmente degenerar num alarido de opiniões sobre todo tipo de coisas. Entretanto, correlativamente, também o espírito humano é assunto do livro, e já em vários pontos abordei desenvolvimentos sociais que afetam o espírito com tanta evidência, que pareceria artificial contorná-los. O exemplo mais evidente neste ponto é o modo como o liberalismo e o conservadorismo polarizaram a América religiosa. O mundo islâmico também é polarizado, mas em aspectos diferentes, que não tratarei.

Em termos gerais, os conservadores religiosos consideram a Verdade pela qual vivem como absoluta e portanto apropriadamente escrita com inicial maiúscula, enquanto os liberais são mais sensíveis à relatividade da verdade — aos modos como diferentes pontos de vista fragmentam a Verdade única, oniabrangente, e nos deixam com centenas de verdades menores. Ambas as posições têm suas virtudes e suas limitações.

O aspecto negativo da Verdade é o perigo do fanatismo. Como os absolutos não toleram alternativas, os conservadores são tentados a invadir a autonomia dos seus vizinhos e tentam forçar a Verdade goela abaixo. Os liberais enfrentam o problema contrário, pois o perigo que espreita o relativismo é que ele se estabiliza no niilismo. Nesse extremo, o relativismo se entrega à visão de que nada é melhor do que nada. Essa é uma filosofia com a qual é impossível viver, mas a defesa indiscriminada da tolerância levou nossa sociedade nessa direção, aviltando nesse ato o sentido de tolerância. A passagem a seguir exprime esse aspecto com mais intensidade do que eu poderia fazê-lo, por isso (agradecendo a Michael Novak, meu ex-colega na Universidade de Siracusa, que a elaborou) citá-la-ei:

> Tolerância significava que as pessoas de fortes convicções suportariam de bom grado e pacificamente todos os que elas achavam que viviam manifestamente em erro. Hoje, tolerância significa que pessoas de convic-

ções fracas concordam facilmente que os outros também estão certos e que de qualquer modo a verdade das coisas não faz muita diferença desde que todos sejam "bons". Não sei se "julgamentofobia" é uma palavra, mas deveria ser. Esta república pulula de julgamentofóbicos. Onde a consciência costumava franzir o cenho para nossos deslizes e quedas, um não-julgamentalismo festivo pisca o olho e nos bate nas costas.

Onde não há julgamento, porém, a liberdade não se desenvolve. Se nada tem importância, a liberdade deixa de ter sentido. Se uma escolha é tão boa quanto outra, ela é meramente preferência. Um reflexo glandular levaria ao mesmo resultado. Sem padrões, ninguém é livre, apenas escravo de impulsos provenientes sabe Deus de onde.

Isto dito, volto-me para o lado mais alegre do quadro. Tanto liberais como conservadores têm suas virtudes. A virtude do liberalismo é a tolerância (no sentido anterior e válido da palavra que acaba de ser mencionado) e a virtude do conservadorismo (da mesma forma, quando bem conduzido) é a energia que ele pode infundir na vida dando-nos a sensação da certeza de que o universo está do nosso lado.

Essa sensação pode tirar bêbados das sarjetas. Uma das frases mais impressionantes com que me deparei há poucos anos me reconduziu a um momento especial no tempo — ela fez com que me aprumasse na cadeira e deixasse o jornal de lado durante alguns minutos para parar e pensar. A frase era, "Os liberais não sentem a plenitude espiritual gerada pelo senso de certeza". Embutido nessa única frase pode estar o principal motivo por que as igrejas liberais mais em evidência estão perdendo terreno para as igrejas conservadoras. Os liberais estão em situação muito crítica ao não reconhecerem o quanto um absoluto pode contribuir para a vida e ao supor que absolutos só podem ser sustentados dogmaticamente, o que não é verdade. Absolutismo e dogmatismo estão em eixos diferentes. O primeiro se refere à crença, enquanto o segundo é um distúrbio de caráter. O oposto do absolutismo não é mente aberta, mas relativismo, e o oposto do dogmatismo não é relativismo, mas abertura mental. Pode haver, e há, relativistas dogmáticos e absolutistas de mente aberta.

Os parágrafos precedentes mostram liberais como melhores do que os conservadores no reconhecimento dos perigos do fanatismo e das virtudes da tolerância, e os conservadores como melhores na percepção dos perigos do niilismo e das virtudes do senso de certeza. Um passo mais, e importante, precisa ser acrescentado.

Tanto as forças quanto os perigos do liberalismo pertencem à dimensão horizontal da vida, que abrange os relacionamentos humanos (isto é, os relacionamentos entre iguais), enquanto os dos conservadores pertencem à relação vertical, assimétrica, Deus-pessoa. O fato que faz os liberais religiosos porem o pé no chão — aquele que os está levando a perder terreno para os conservadores — é que, das duas dimensões, a relação vertical é a mais importante. Em na-

168 / POR QUE A RELIGIÃO É IMPORTANTE

da depõe contra a justiça e a compaixão dizer que essas virtudes são menos importantes do que Deus, pela simples razão que Deus as fundamenta na natureza das coisas. Os conhecidos versos de James Russell Lowell são dedicados a este aspecto:

> *A Verdade sempre no cadafalso, o Erro*
> *sempre no trono, —*
> *Entretanto, esse cadafalso domina o futuro, e,*
> *atrás do obscuro desconhecido,*
> *Está Deus dentro da sombra, velando*
> *sobre o que lhe pertence.*

Repito este ponto importante. Não se trata de compaixão e de uma alternativa do tipo que for, mas da posição da compaixão na natureza das coisas. A compaixão está enraizada na realidade última ou ela é apenas uma virtude humana admirável? Essa é uma questão vertical que pertence às cosmovisões. Os liberais herdaram sua paixão exemplar pela justiça social dos pais e avós que (por toda sua preocupação social) pregaram o braço horizontal da cruz cristã em seu braço vertical, que (em rendição padrão) é mais longo para simbolizar sua prioridade. Em seu interesse cada vez menor pela teologia e pelas cosmovisões, os cristãos liberais na verdade viraram a cruz e fizeram seu braço horizontal mais longo.

CAPÍTULO 14

O Grande Quadro

O borrão de Rorschach cósmico inclui tudo. E como o plano geral influencia o primeiro plano, aquilo a que dirigimos nossa atenção é influenciado por nosso *senso* básico do todo. Digo "*senso* do todo" porque os planos gerais não aparecem diretamente. Para tomar consciência deles precisamos redirecionar nosso olhar e levá-los para os primeiros planos.

A parte restante deste livro faz isso — transforma o plano geral em primeiro plano, tendo o Grande Quadro tradicional como pano de fundo contra o qual se desenrolou a vida humana até que o cenário científico o substituísse. Usei o capítulo de abertura deste livro para sugerir que uma forma consciente de entrar no terceiro milênio seria filtrar os três períodos do passado humano e aproveitar o melhor de cada um deles, deixando que os mortos enterrem seus mortos no que diz respeito ao resto. O melhor do modernismo foi sua ciência, o melhor do pós-modernismo foi/é sua mobilização pela causa da justiça e o melhor do período tradicional foi/é sua cosmovisão.

Com a intenção inicial de expor as razões do meu interesse pelo período tradicional, adiei até este capítulo a descrição completa que dele faço. Não é problema o fato de não haver duas sociedades que sejam fotocópia uma da outra entre as mais de setenta mil que se estima terem existido, pois dediquei um livro inteiro a essa questão. Darrol Bryant aproveitou os dois ensaios iniciais que escrevi sobre o assunto — "Destaques das Filosofias do Mundo" e "Destaques das Religiões do Mundo" — acrescentou-lhes os meus quatorze ensaios subseqüentes, também sobre o tema, e editou um livro com o título *Huston Smith: Essays on World Religion*. Como as diferenças estão abordadas nessa obra, estou livre aqui para concentrar-me na espinha conceptual que está por baixo dessas diferenças. Um segundo livro, anterior ao citado, *Forgotten Truth: The Common*

Vision of the World's Religions, descreve essa espinha detalhadamente. Concentrarei aqui os principais achados desse livro e os expressarei de formas que, espero, sejam acessíveis ao público em geral.

Se quiser, pense neste capítulo como a "gramática gerativa" que gerou as multiformes línguas naturais do espírito humano, as visões religiosas do mundo. A linguagem da ciência não é uma linguagem natural. Embora tenha se tornado a *língua franca* dos nossos tempos, ela é uma linguagem artificial que não consegue amoldar o espírito humano.

A Grande Divisão

Observando o mundo ao seu redor, os povos tradicionais o dividem em dois: *este-mundo* e o *Outro-mundo*. Outros animais não fazem essa distinção, e é possível que os seres humanos primitivos também não a tenham feito, pois o tema de uma perfeição original no princípio do tempo — a história do Jardim do Éden sob uma forma ou outra — reaparece constantemente. Seja como for, a mentalidade humana mais primitiva que sobreviveu em nosso planeta — a dos aborígines australianos que não tiveram uma idade do ferro — mostra essa divisão este-mundo/Outro-mundo solidamente assentada.

Para os aborígines, o seu Outro-mundo é "o Sonho", que contrapõem ao mundo de todos os dias porque ele é imune ao tempo. O que pertence ao mundo ordinário vem e vai, mas o tempo não toca o Sonho. Ele é povoado por figuras lendárias muito parecidas conosco, mas ao mesmo tempo excelsas e sublimes. A condição excepcional dessas figuras míticas procede do fato de que elas deram origem às atividades básicas da vida. Um herói primordial foi caçar, e ao fazê-lo instituiu esse ato permanentemente. Outro foi cavar em busca de raízes, outro começou a confeccionar cestos, um casal primordial fez amor e gerou filhos — esses e outros mais, até que cada ato humano básico ficou consolidado.

Um estranho poderia imaginar que, ao praticar um determinado ato, o aborígine pensasse que está *imitando* o herói que deu origem a esse ato, mas isso seria demasiadamente elementar. Na mentalidade primitiva, a linha entre este-mundo e o Outro-mundo é tênue: o aborígine se *identifica* com o herói que originou o ato a ponto de se *tornar* esse herói enquanto está no Sonho. Ao assim proceder, ele assume a imortalidade do herói, pois como se acabou de dizer, o tempo não tem influência sobre o Sonho. O objetivo da vida aborígine é viver o mais plenamente possível no Sonho, pois isso (como diz a expressão popular) é "viver realmente". Tudo o mais é insignificante e sem importância.

Quando passamos dessa divisão primitiva este-mundo/Outro-mundo para a história documentada, descobrimos que a divisão continua. A alegoria da caverna de Platão forneceu à civilização ocidental sua metáfora filosófica norteadora ao anunciar um Outro extraordinário (o Sol e sua luz); comparado com esse Outro, tudo o mais são apenas sombras numa caverna; e a visão de Moisés do Monte Sinai em chamas acrescentou seu correspondente explicitamente religioso. Toda religião — e também a filosofia tradicional, pois tradicionalmente as duas eram inseparáveis — gira em torno dessa distinção, por mais conceptualizada que seja, a ponto de se poder dizer que é sua presença que torna uma cosmovisão religiosa. Mircea Eliade mostrou que essa distinção era para ele ponto pacífico quando deu à sua pesquisa sobre a história religiosa o título de *O Sagrado e o Profano*, e Carlos Castañeda se referiu a ela quando intitulou um dos seus livros de *Uma Estranha Realidade*. Na Índia, a distinção é entre *samsara* e *Nirvana*. Na Ásia Oriental, a divisão é a própria simplicidade — entre Terra e Céu.

Ambas as partes da cosmovisão tradicional então se subdivide, o que nos dá quatro domínios. Antes de abordar essas subdivisões, porém, quero aprofundar este primeiro segmento para que suas implicações (delineadas abaixo) fiquem bem claras e compreendidas:

1. Como vimos anteriormente, os termos geralmente usados para designar as duas metades do mundo são *imanência* e *Transcendência*, esta com inicial maiúscula para indicar sua superioridade. Na metáfora do túnel deste livro, a escuridão dentro do túnel representa a imanência; a Transcendência é o grande espaço aberto por onde passa o túnel.

2. Por clareza definicional, até aqui me referi a este-mundo e ao Outro-mundo como se fossem metades de uma maçã, mas isso é enganoso. A verdade está representada na Figura 1 (ver Capítulo 12), onde o universo físico, o círculo menor, está dentro de um maior, que inclui a ele e a tudo o mais. Nesse diagrama, os atributos do círculo maior podem extravasar para o menor — a circunferência do círculo menor está pontilhada para que isso seja possível — mas para detectar essas incursões é necessário sensibilidade religiosa, pois elas estão veladas pelas aparências externas da natureza. Para a ciência, esse ponto é irrelevante, mas para a religião, é vital. A onipresença de Deus prenuncia a questão abstratamente, mas expressões concretas são mais significativas, por isso apresentarei quatro.

Quando Buda alcançou a iluminação debaixo da árvore bo, sua primeira exclamação foi, "Maravilha das maravilhas; todas as coisas *são* intrinsecamente da natureza de Buda". O refrão que ressoa por todo o *Sutra do Coração* como uma batida rítmica do gongo é: "A forma é o vazio, e o vazio é a forma; não há forma sem vazio, não há vazio sem forma." O salmista proclama que "os céus e a terra estão cheios da Tua glória". Finalmente, São Paulo nos garante que, "n'Ele vivemos, nos movemos e temos o nosso ser".

Esses testamentos expõem as limitações das metáforas espaciais quando se trata do Espírito. A distinção entre este-mundo e o Outro-mundo é compreendida com mais precisão enquanto questão de percepção, não de geografia. O que

172 / *POR QUE A RELIGIÃO É IMPORTANTE*

somos capazes de *ver* com o que Platão chamou de olho da alma e os sufis de olho do coração? Na formulação de Blake: "Se as portas da percepção estivessem limpas, veríamos tudo como é: infinito."

3. Metafisicamente falando, não há maneira mais clara de caracterizar o modernismo e o pós-modernismo senão dizendo que o mundo deles é este-mundo apenas. Repito pela última vez a significativa frase do *Chronicle of Higher Education*: "Se há uma coisa que caracteriza a 'modernidade', essa é a perda da fé na transcendência, numa realidade que abrange mas ultrapassa nossos problemas quotidianos."

4. Tendo aprendido como professor que a repetição não machuca, acrescento como quarto ponto aqui o que este livro vem afirmando desde o início. Abandonamos a Transcendência não porque descobrimos algo que prova que ela não existe. Simplesmente baixamos nosso olhar. O tributo que isso exigiu ocupou a primeira parte deste livro.

5. Desde sempre a ciência apregoa dois mundos que lhe são próprios e que correspondem aos da religião, com a diferença de que o outro-mundo da ciência é quantitativo enquanto o da religião é qualitativo. Como o Outro-mundo da religião, o mundo quântico é invisível aos olhos humanos enquanto determina o que esses olhos percebem. Novamente, como o Outro-mundo, o mundo quântico não está em algum outro lugar — tem-se de escavar para encontrá-lo. E mais uma vez o mundo quântico também é estranho, a ponto de quase ser ininteligível.

SUBDIVISÕES

Chegando agora às subdivisões nas duas metades do Grande Quadro, este-mundo se divide em seus componentes visíveis e invisíveis, e o Outro-mundo, em seus aspectos cognoscíveis e inexprimíveis. Começo com este-mundo.

As Duas Metades d'Este-Mundo

Antes da invenção da lente de aumento, o mundo visível consistia naquilo que nossos sentidos físicos registravam; a amplificação estendeu nossos sentidos até as profundezas mais recônditas da natureza. Com isso, é melhor pensar no mundo visível como o universo físico em sua totalidade — quer dizer, tudo o que captamos apenas com os sentidos somado ao que a ciência acrescenta a esses registros.

Voltando-nos para a metade invisível, imaterial, d'este-mundo, nós a encontramos diretamente em nossos pensamentos e sentimentos, mas as visões tradicional e moderna diferem radicalmente quanto aos limites da natureza até onde as coisas imateriais podem se estender. Para os tradicionalistas, os desencarnados — anjos, demônios, santos padroeiros, aliados xamânicos e outros seres dessa natureza — fazem parte da paisagem do mundo do mesmo modo que as montanhas e os rios, mas a modernidade retirou a consciência (ou, num termo mais geral, a *senciência*) do mundo em geral ao transformá-lo num epifenômeno de organismos biológicos em algum nível de sua complexidade. Como só existe vida em nosso planeta (parece), a contração é quase total. A senciência só existe neste nosso minúsculo planeta do universo sideral — tão minúsculo que quase se equipara a um ponto matemático — e, nele, apenas nos veios que transportam a vida. Se um grande asteróide destruísse o planeta Terra, o universo conteria tão-somente matéria morta.

Meu objetivo neste capítulo é descrever o Grande Quadro, não defendê-lo. Mas como alguém educado numa cultura tradicional e que passou a maior parte da sua carreira ensinando que o Grande Quadro está inserido nas grandes religiões do mundo, considero tão arbitrária a ação da modernidade de eliminar a senciência do mundo em geral, que a condensarei na única experiência direta que tive e que a enfrenta.

Era o ano de 1957, e eu trabalhava como professor visitante na Faculdade Stephens, em Colúmbia, Missouri. Meu curso televisivo sobre as religiões do mundo havia sido lançado em St. Louis na primavera anterior, o que me atraiu certa celebridade em Colúmbia nesse semestre. Assim, fui convidado para um encontro com John Neihardt, autor de *Black Elk Speaks*, o paradigma literário na Universidade do Missouri. Para me preparar, reli esse livro e cheguei à casa do autor pronto para debater sobre Black Elk. Mas encontrei Neihardt tão absorto num acontecimento recente, que seu livro mal fez parte da conversa. A história que ele e sua esposa me contaram foi esta.

Na semana anterior, os Neihardts tinham se envolvido num acidente de carro de menor importância. Nada sério — pára-choques arranhados, leves batidas, coisas assim — mas naquela época os agentes seguradores locais iam à casa do segurado para colher detalhes. Os Neihardts estavam sentados à mesa da sala de estar explicando o acidente ao agente quando ele interrompeu e disse: "Vocês se importariam de levar o cachorro para outro lugar? Ele está me deixando nervoso."

"Cachorro? Que cachorro?", perguntaram os Neihardts.

"Vocês sabem, o pequeno *spaniel* preto." Ele olhou debaixo da mesa, mas como não viu nada, acrescentou: "Ele deve ter saído."

Os Neihardts se entreolharam espantados. Eles tiveram um *spaniel* preto que lhes dera muita alegria, mas que morrera de velho na semana anterior.

Aí terminava a história deles, mas sua conclusão só fui conhecer anos depois, quando me referi ao incidente numa entrevista para um jornal. Casualmente, essa entrevista foi lida por um casal que havia sido amigo pessoal dos Neihardts. Esse casal me escreveu para dar detalhes do fim da história. Os Neihardts

174 / POR QUE A RELIGIÃO É IMPORTANTE

(que estavam perto de se aposentar quando o fato aconteceu) dedicaram o restante de sua vida ao estudo da parapsicologia e doaram sua propriedade para que fosse transformada num centro de pesquisas de fenômenos paranormais.

Essa pequena ajuda à compreensão tradicional d'este-mundo não é conclusiva. Ela não implica a conclusão de que a alma do *spaniel* continuou depois da morte e persistiu em afetar os vivos, pois é igualmente possível que o agente de seguros tenha captado telepaticamente lembranças que os Neihardts tinham do cachorro. Ainda assim, a telepatia também não faz parte da cosmovisão científica ortodoxa, de modo que em qualquer dos casos os fatos relatados parecem desafiar aquela visão de uma forma ou outra. Deixarei a questão como está e abordarei o Outro-mundo.

As Duas Metades do Outro-Mundo

Em toda parte, ele se subdivide nos aspectos cognoscíveis de Deus, por um lado, e por outro, nas profundezas insondáveis de Deus, que Jacob Boehme chamou de Abismo Divino e Meister Eckhart denominou Divindade. (Equivalentes asiáticos serão introduzidos no devido tempo.) A distinção pode também ser descrita filosoficamente (como fazem os neoplatônicos e os seguidores do Vedanta), mas limitar-me-ei aqui às expressões teístas. Usarei *Deus* e *Divindade* como nomes genéricos para a divisão no Outro-mundo, mas existem outros pares de termos que ajudam a compreender a divisão. Empregarei três: Deus enquanto cognoscível e incognoscível, Deus enquanto manifesto e oculto e Deus enquanto pessoal e transpessoal.

Deus enquanto cognoscível e incognoscível. Na medida em que *incognoscível* denota ignorância, ele é um termo enganoso aqui, pois não somos totalmente ignorantes da Divindade. Somente o conhecimento conceptual do cérebro esquerdo — conhecimento que pode ser expresso em palavras — é rejeitado. A Divindade não pode ser descrita racionalmente, mas (de um modo que parece mais ligado ao ver do que ao pensar) pode ser intuída — ou melhor, *percebida intuitivamente*. O testamento culminante de Jó é paradigmático aqui: "Conhecia-te só de ouvido, mas agora viram-te os meus olhos." Sentimos o "ver" também na palavra que realcei em romano neste poema sem título de Eunice Tietjens, publicado num livro de fotografias intitulado *Everest: The West Ridge*:

> *A pedra envelhece,*
> *A eternidade não é para pedras.*
> *Mas descerei deste espaço aéreo, desta veloz*
> *   paz branca, desta exultação instigante;*
> *E o tempo se fechará em torno de mim, e minha alma se*
> *   agitará ao ritmo do ciclo diário.*

Mas, depois de saber, a vida não pressionará tanto.
E sempre sentirei o tempo dissipar-se ao meu redor.
Pois uma vez estive
Na branca presença eólia da eternidade.

Manifesto e oculto. Esses são dois dos noventa e nove belos nomes de Alá, *az-zahir* e *al-batin.* Os seres humanos se assemelham a Deus por também terem aspectos ocultos e manifestos. Nossas características físicas estão abertas ao mundo, enquanto nem mesmo nossos amigos e parentes conhecem a nossa vida interior em sua insondável profundeza.

Pessoal e transpessoal. Montesquieu estava caçoando quando disse que se os triângulos tivessem deuses, esses deuses teriam três lados. Sua intenção era satirizar, mas o comentário encerra uma verdade importante. Compreendemos melhor as coisas que se parecem conosco. É o caso do Deus pessoal, revestido de atributos como os nossos (embora os excedam infinitamente em nobreza). Parece também razoável que dentre os atributos infinitos de Deus a sensibilidade humana mais facilmente identificaria virtudes que ela mesma possui (bondade, compaixão, amor e semelhantes).

O complemento lógico ao Deus pessoal é o Deus transpessoal, mas precisamos ser cautelosos aqui. O erro óbvio seria confundir *transpessoal* com *impessoal*, que naturalmente Deus não pode ser. Transpessoal é *mais* do que pessoal, não menos, e isso o torna um conceito difícil: não é fácil imaginar coisas que nos ultrapassam. Se restringimos *pessoal* ao significado de "ter um centro de autoconsciência", o termo é aplicável, porque Deus sempre tem esse centro; mas o sentido primeiro da palavra deriva dos seres humanos, pessoas *humanas*, e como tal as pessoas são radicalmente finitas, *pessoal* é um adjetivo ardiloso de aplicar a Deus. As pessoas que têm dificuldade com o conceito de um Deus pessoal — seu número parece estar crescendo — ficam desestimuladas porque o conceito repugna por soar antropomórfico. (É assim que Spinoza e seu discípulo Einstein viam a questão.) Eles têm razão. Para estar religiosamente disponível, Deus precisa se parecer conosco de algumas maneiras ou não poderíamos relacionar-nos com ele. Entretanto, sendo excessivamente semelhante a nós, Deus deixa de despertar o respeito e o temor que se exigem para a adoração. Semelhança e diferença — ambas são necessárias; e no seu aspecto mais positivo, elas operam juntas, como em contraponto. Não é preciso dizer que não há dois Deuses. Estamos falando de graus na compreensão de uma única realidade.

Feita a distinção entre *Deus* e *Divindade*, resta indicar a ubiqüidade da distinção.

Fazendo-se as devidas ressalvas não só para as diferenças em terminologia mas também paras as diferenças em nuances, na Ásia Oriental encontramos o *shang ti* confuciano, o ancestral supremo, e além dele *Tien*, o Céu. No taoísmo, há o *tao* de que se pode falar e o *Tao* que transcende a fala.

No sul da Ásia, o hinduísmo nos apresenta *saguna brahman* — Deus com atributos ou qualidades, sendo *sat, chit* e *ananda* (ser infinito, consciência e bem-aventurança) as principais — e *Nirguna Brahman*, o *neti, neti* (não isto, não aquilo) do Brahman que está além de todas as qualidades. O budismo representa um caso especial devido à sua posição ambígua com relação a Deus, mas embora o Deus pessoal esteja ausente no budismo primitivo, ele não pôde ser excluído indefinidamente e surgiu vigoroso através do *Mahayana*. Um artigo recente num jornal cita o abade de um templo no sul da Califórnia dizendo para sua congregação matinal: "De manhã sentimos nosso coração tocar o coração de Buda, e o coração de Buda é muito feliz e transborda de bondade." Sem dúvida, o Deus transpessoal está firmemente arraigado no *sunyata* — vazio — e no *Nirvana* do budismo.

Finalmente (e invertendo a situação no budismo), a família ocidental, abraâmica, das religiões proclama com todas as forças o Deus pessoal — o Deus de Abraão, de Isaac e de Jacó, o Pai de nosso Senhor e Salvador Jesus Cristo, e Alá dos Noventa e Nove Belos Nomes. Mesmo assim, o Deus transpessoal está presente. No judaísmo, temos dele um vislumbre no '*ein sof* (Infinito) da Cabala. No cristianismo, ele se mostra em *A Nuvem do Não-Saber*, na Divindade de Meister Eckhart e no Deus-além-de-Deus de Paul Tillich. No islamismo, ele é o Centésimo Belo Nome de Alá, que (por ser impronunciável) não faz parte do rosário sufi.

O eu humano é a única criatura que em sua totalidade atravessa todas as quatro regiões da realidade agora demarcadas. Num momento arrebatador que jamais esquecerei, vi certa vez o lago Crater e suas montanhas ao fundo, encimadas por cúmulos de nuvens brancas, momentos antes que o azul empíreo se revelasse além delas. O lago estava tão cristalino, que aquilo que eu via elevando-se acima dele eu via também invertido, numa imagem reflexa perfeita, nas profundezas do lago. Vi nesse cenário um análogo do modo como os níveis da realidade se refletem no eu humano, onde, como imagens, eles também são invertidos. Como uma mandala que encima todas as mandalas, apresento na Figura 2 um diagrama que mostra como as quatro regiões da realidade (e da individualidade, acrescentei agora) se entrecruzam culturalmente.

O Grande Quadro / 177

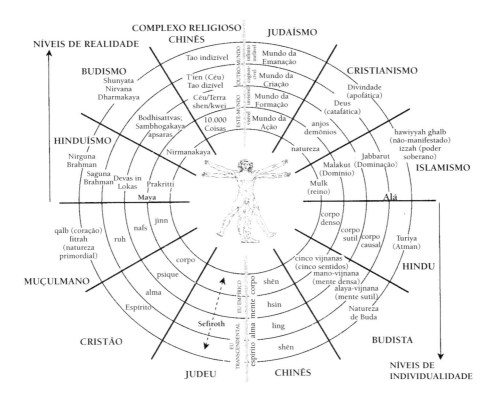

Figura 2.

Cortesia de Brad Reynolds.

UMA REALIDADE HIERÁRQUICA

Elaboradas as quatro regiões da realidade, trato agora das suas relações. O essencial esteve implícito ao longo de todo este capítulo, mas precisa ser explicitado. Os quatro domínios não são idênticos em valor. Tivemos uma idéia disso quando vimos o Sonho aborígine, incomparavelmente mais pleno de valor do que a existência mundana, e quando desdobramos o mundo em suas quatro regiões, esse conjunto nos oferece uma cosmovisão hierárquica. Sendo infinita, a Divindade é mais completa do que Deus, que por sua vez é mais importante que as duas metades d'este-mundo (consideradas juntas aqui, pois nenhuma é claramente superior à outra). Infelizmente, a palavra *hierarquia* enfrenta dias conturbados, e por isso preciso dedicar um parágrafo para reabilitá-la antes de continuar.

Etimologicamente, *hierarquia* chega quase a ser uma palavra perfeita para reunir as duas virtudes — santidade, *hieros*, e poder soberano, *arkhe* — que, associadas, anunciam a proposição central da religião. William James expressou essa proposição assim: "A religião diz que as melhores coisas são as eternas, as coisas no universo que atiram a última pedra, por assim dizer, e proferem a última palavra." Entretanto, ataques intempestivos à palavra por parte do que Frederick Crews chamou de esquerda eclética só a desvirtuaram ao introduzirem a opressão em sua própria definição. Por um 'faça-se' definicional, isso transforma uma "hierarquia investida de poder" num oximoro e deixa o público em geral sem uma palavra para cadeias de comando legítimas e viáveis. Um momento de reflexão sobre o assunto, porém, mostra que é evidente a existência dessas cadeias. Uma família amorosa com filhos pequenos é uma hierarquia investida de poder, como o é uma sala de aula bem conduzida. O exemplo definitivo de uma hierarquia benevolente é a relação de Deus com o mundo, que os cristãos condensam na forma mencionada no Capítulo 2: "Deus se fez homem para que o homem pudesse se tornar Deus."

Dito isto, continuo com a cosmovisão hierárquica tradicional. Toda virtude aumenta à medida que passamos d'este-mundo (suas duas metades tomadas em conjunto), através de Deus, à Divindade, onde elas alcançam seus limites lógicos. Não podemos imaginar esses limites concretamente — perfeição, onisciência, onipotência, onipresença e semelhantes estão além da nossa compreensão — mas *podemos* seguir a lógica da questão, e de qualquer modo sabemos o que as virtudes são pelo modo rudimentar como se manifestam em nós. Algumas que me vêm à mente de imediato são, da Grécia, o ternário de bom, verdadeiro e belo; da Índia, as já mencionadas existência, consciência e bem-aventurança; a criatividade e a compaixão, que têm em Iahweh o exemplo mais evidente; e do islamismo, em toda a sua abrangência, os Noventa e Nove Belos Nomes de Alá. Não se deve negligenciar o amor cristão nem o poder que em Deus chega ao ápice na onipotência. O diagrama a seguir (Figura 3) apresenta a questão graficamente.

Em nós, as virtudes são diferentes — conhecimento não é o mesmo que beleza, e nenhuma das duas é sinônimo de poder. Em Deus, as virtudes se sobrepõem parcialmente, mas se mantêm distintas. No ponto matemático da Divindade, no alto do diagrama, as fronteiras entre as virtudes se dissolvem e cada uma assume as características das outras. A divindade conhece amorosamente e ama cognitivamente, e assim por diante, até que todas as virtudes se fundem numa singularidade que os escolásticos chamaram de "simplicidade divina".

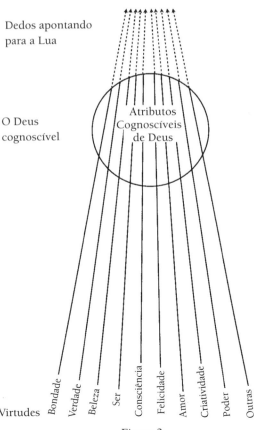

Figura 3.

CAUSAÇÃO DESCENDENTE E OS MÚLTIPLOS GRAUS DE REALIDADE

Em oposição direta à cosmovisão científica, na qual a causação é ascendente, do simples para o complexo, na cosmovisão tradicional a causação é descendente, do superior para o inferior. Quer se diga que Deus ou Amaterasu (a deusa celestial do Sol, do mito japonês da criação) cria o mundo, ou que o mundo é uma emanação do Uno Transpessoal (como os neoplatônicos, os seguidores do Vedanta e os filósofos taoístas preferem dizer), os efeitos sempre se diferenciam das suas causas.

Uma metáfora freqüente a que se recorre para transmitir essa idéia é *velamento*. O Infinito não pode (sob pena de contradição em si mesmo) renunciar à sua infinitude. Mas ao mesmo tempo, *pelo fato* de ser infinito, ele não pode excluir nada, o que significa que deve incluir a finitude. Seguindo esse raciocínio, ele deve incluir não somente a finitude, mas também todas as suas gradações. (Especulando, Freeman Dyson chama isso de "princípio da diversidade máxima", que tornaria o universo o mais interessante possível.) Um único véu esconde a plenitude do Infinito do que o torna mais próximo — especificamente, o Deus pessoal — mas véus são constantemente acrescentados para produzir todos os graus de finitude até que finalmente chegamos ao tipo mais modesto de existência — as cordas na teoria das cordas da física? — onde o Infinito está quase totalmente oculto. A força da metáfora do velamento está em que ela reconhece a ubiqüidade do Infinito ao mesmo tempo em que justifica os graus que nele podemos discernir.

Vale a pena refletir sobre o termo "graus de finitude", especialmente quando do ele é expresso positivamente, como "graus de realidade". E isso motiva uma pequena história.

Há mais ou menos uma década, numa conferência internacional em Seul, Coréia do Sul, os participantes foram brindados com um passeio turístico aos famosos Jardins do Palácio. Lamento dizer que grande parte da beleza dessa obra me passou despercebida, pois logo que entramos no complexo me vi ladeado por um filósofo e um sociólogo ingleses cujo ar determinado anunciava que tinham algo em mente. Aproximaram-se tão resolutos, que por um momento pensei que eu poderia ser seqüestrado para um interrogatório. E foi o que aconteceu quanto a ser interrogado, mas não quanto a ser levado à força. Em algum lugar num dos meus livros, eles haviam encontrado uma análise dos graus de realidade e estavam dispostos a descobrir se a frase realmente tinha sentido para mim. Eles queriam saber como uma situação poderia ser qualquer outra coisa senão simplesmente uma situação.

Como o leitor pode deduzir, achei a experiência bastante enervante. Para começar, eram dois contra um, além do que o inglês de Oxford faz com que eu me sinta inferior antes mesmo que surjam as idéias. Por isso, caracterizarei o resultado o mínimo possível, dizendo que nossa "discussão" não terminou numa vitória arrasadora dos graus de realidade.

Ainda assim, vence um, perde outro — ou, neste caso, perde um, vence outro. Há uma conseqüência para a história da Coréia em que consigo me sair melhor.

Quando eu estava na Universidade de Siracusa, o Departamento de Religião programava colóquios departamentais para comemorar a publicação de livros escritos por seus professores. Três colegas faziam um comentário sobre o livro e em seguida eram feitos debates. Quando foi publicado o meu *Forgotten Truth*, tive a sina de ter meu chefe de departamento como um dos três debatedores.

Nada do que foi dito naquela tarde me vem à memória, mas me lembro como se fosse ontem das palavras do meu chefe que descreveram sua reação ao livro. Ele confessou que deveres do cargo o haviam forçado a adiar a leitura até o último minuto, mas que reservara a noite anterior e a manhã do colóquio para se preparar. Aconteceu, porém, que ele precisou da manhã apenas para repor o sono, pois no final do primeiro capítulo, ele se deu conta de que estava tão agitado, que teve de ler o livro até o fim (o que significava ir para a cama em torno das duas da madrugada). Ele nunca se deparara com uma coisa daquelas, disse ele: um pesquisador respeitado afirmando que a cosmovisão tradicional — *hierárquica*, nada menos que isso! — é superior à metafísica da modernidade sustentada pela ciência. O que mais o deixara perplexo coincidira com a questão com que meus amigos britânicos me haviam embaraçado — o conceito de que a hierarquia em questão dependia dos graus de realidade. O que isso poderia significar?

Não lembro como aquela tarde terminou, apenas que nós dois telefonamos para nossas esposas para dizer que não estaríamos em casa para o jantar, e que nos apressamos até um restaurante próximo para continuar a "discussão", uma palavra polida para descrever o que se seguiu. Os graus de realidade continuaram sendo o centro, e chego agora ao motivo que levou a contar essa segunda história.

A discussão não avançava e começáramos a rever nossos argumentos quando de súbito meu chefe de departamento ficou em silêncio. Imaginei que a pausa fora feita para continuar seu jantar, que estava esfriando, mas me enganei. Depois do que pareceu uma espera excepcionalmente longa, ele começou a falar novamente, agora num tom diferente. Ele se lembrara de alguma coisa que havia acontecido na noite anterior antes de acomodar-se para ler o meu livro. Entrando na sua sala de estar, ele encontrara o filho de seis anos vendo televisão, e o menino estava agitado. Com razão, pois a violência estava por toda parte; as pessoas estavam sendo assassinadas a torto e a direito. Numa voz que chegava às raias do pavor, seu filho se voltara para ele e perguntara, "Papai, isso é real?"

182 / POR QUE A RELIGIÃO É IMPORTANTE

Da boca das crianças. Tempos curiosos os nossos, em que uma criança de seis anos consegue compreender que "real" tem graus, enquanto seu pai, com educação filosófica, não consegue. À companhia do filho, acrescente os camelôs, pois uma caixa de cereal que recentemente me chamou a atenção me garantia que continha "a coisa real". Uma conversa comum também dá sua contribuição. Numa ocasião ou outra, à saída de um evento esportivo, apanhamo-nos comentando com o companheiro ao lado, "Esse foi um jogo *real*". Um aluno me disse certa ocasião que não se matriculava para os cursos dentro dos prazos estabelecidos porque passava a primeira semana do semestre pesquisando para descobrir quais professores, nas suas palavras, eram "*for real*" (de fato qualificados e empenhados em ensinar). (Como ele se matriculou para o meu curso, fico lisonjeado em pensar que passei no teste.)

Eu não teria dedicado todo esse espaço a essa questão da realidade se ela não tivesse quase se tornado o centro da controvérsia entre as cosmovisões tradicional e moderna. Num mundo de um único andar onde não há Transcendência, escrever *Realidade* com maiúscula não dá à palavra um referente característico; tudo o que essa maiúscula faz é espalhar entusiasmo no mundo. Como um filósofo analista britânico (esqueço seu nome) disse, a Realidade, quando escrita com inicial maiúscula, não significa nada mais do que "realidade, sonoros vivas".

Estou tendo dificuldade de liberar-me desta questão específica, mas este último parágrafo deve resolver o problema. Minha igreja adotou a idéia de incluir propaganda em seu endereço do remetente, assim no canto superior esquerdo dos envelopes o nome da igreja é agora seguido por "Comprometida com a Justiça Social e com o Desenvolvimento Espiritual". Na minha fantasia (mas apenas em parte) surpreendi-me jogando com um fraseado alternativo que diria, "Comprometida em Tornar as Pessoas Reais", pois essa não é uma forma inadequada de descrever o projeto religioso: o esforço de superar a falsidade. Poder-se-ia dizer que todo o objetivo da religião é capacitar as pessoas a se aproximarem o mais possível da realidade infinita de Deus. Isso deveria ser fácil, porque Deus é tão real que deveríamos reagir como limalhas de ferro à sua atração magnética. Na verdade, porém, é difícil, porque somos tão *irreais* que resta pouco em nós que a atração de Deus possa agarrar. Não seria animador saber por um endereço do remetente de uma igreja que ela está "Comprometida em Tornar as Pessoas Menos Superficiais"?

Volta ao Borrão

Procurando ser o mais simples possível, apresentei a espinha vertebral conceptual da cosmovisão tradicional. Para ouvidos modernos é provável que ela soe arcaica, se não arcana, como quando ouvimos E. O. Wilson dizer em seu *Consilience* que opiniões pré-científicas sobre o mundo são "erradas, sempre erradas". Mas já deixei claro o ponto fundamental, ou seja, que a ciência não descobriu nada em termos de fatos objetivos que deponha contra a metafísica tradicional. Wilson não cita fatos nesse sentido porque não compreende a diferença entre cosmologia (onde sua afirmação é válida) e metafísica (onde ela não é). A cosmovisão tradicional pode reunir tudo o que a ciência descobriu sem nenhuma conseqüência, pois ela se encaixa confortavelmente no círculo menor da Figura 1 (Capítulo 12) que está contido no círculo maior. Assim, tão-somente estilos de pensamento nos impedem de novamente dirigir o olhar para a cosmovisão tradicional, e estilos vêm e vão.

A declaração de Wilson está errada, mas isso não implica que a cosmovisão tradicional esteja certa. Não haverá recuo diante da conclusão do capítulo anterior, que dizia que cosmovisões não podem ser provadas. Há, porém, idéias sobre as quais vale a pena refletir enquanto não resolvemos que visão queremos seguir, e mencionarei três.

1. Pode alguma coisa derivar do nada? Pode um riacho correr num nível mais alto que sua nascente? Intuitivamente, parece que isso é improvável, mas a visão científica exige respostas afirmativas para as perguntas, enquanto a cosmovisão tradicional não. Vida da não-vida, senciência da insenciência, inteligência do que não tem inteligência — para a ciência, o mais sempre deriva do menos.

2. Três capítulos atrás, citei *The Mysterious Flame*, de Colin McGinn, e quero novamente perguntar se há alguma razão que nos impeça de pensar que os seres humanos têm *três* talentos inatos, um talento para o Grande Quadro, outro para a linguagem e um terceiro para a ciência. Se a multiplicidade de Quadros assim — as variações religiosas de uma cultura a outra — é proposta como afronta ao segundo talento, repetirei o que eu disse várias vezes: que a multiplicidade nos chega como variações sobre um mesmo tema. Pois como Ken Wilber escreveu, o conceito de uma cosmovisão hierárquica (coerente com as idéias que esbocei neste capítulo) está ou "tão avassaladoramente difundido, que se transformou no único grande erro intelectual surgido na história humana — um erro tão espantosamente propagado a ponto de literalmente atordoar a mente — ou então é a reflexão mais precisa já feita sobre a realidade".

A isso acrescentarei que, no mínimo, essa visão da realidade emerge como a que se conforma de modo mais próximo ao espectro total das intuições humanas. Como escrevo em meu *Forgotten Truth*:

> Constituindo até recentemente, tanto por meio da tradição como da história documentada, o que ousamos chamar de unanimidade humana — a frase exagera um pouco o caso, apenas um pouco — ela se apresenta como a visão humana natural, a visão que é normal para a situação humana porque está conforme com o complemento completo das sensibilidades humanas. São as visões que os filósofos sonharam, que os místicos viram e que os profetas proclamaram.

3. Compreendemos perfeitamente os objetos físicos, como por exemplo os carros, quando nós mesmos os fabricamos. Em outras situações, uma "explicação" pode ser muito difícil. Os filósofos não encontraram critério para a situação em que se poderia dizer que por alguma coisa ter sido explicada, a explicação dada nos satisfaz. A isso, o arcebispo e teólogo William Temple acrescenta que a satisfação procurada chega quando a explicação mostra que o que está sendo explicado combina com o que pensamos que devia ser. Se alguém se põe a fabricar uma ratoeira melhor, seu objetivo faz sentido perfeito e tudo o que nos resta é desejar-lhe boa sorte. Mas se alguém se propõe a fabricar uma ratoeira pior, *isso* pode precisar das explicações de um psiquiatra. Transposta para a metafísica, a moral é esta: verdadeira ou não, a cosmovisão tradicional é limpidamente inteligível. A cosmovisão científica não o é. Com as causas finais categoricamente eliminadas, ela necessariamente amortece em questões que não têm resposta.

CAPÍTULO 15

Tipos de Personalidades Espirituais

Em geral eu pensava que as diferenças religiosas mais importantes eram aquelas entre as grandes religiões históricas — atualmente, hinduísmo, budismo, judaísmo, cristianismo, islamismo e outras semelhantes (incluindo religiões tribais entre Nativos Americanos e outras). Venho me convencendo cada vez mais, porém, de que existe um conjunto mais profundo de diferenças que extrapola esses limites institucionais. Em toda comunidade relativamente numerosa encontramos ateístas que pensam que não há Deus, politeístas que admitem muitos deuses, monoteístas que acreditam num único Deus e místicos que dizem que há só Deus.

Esses quatro modos de fatiar o bolo religioso (com desculpas pela expressão) não são expressos explicitamente da mesma forma que as teologias. Em geral, eles passam despercebidos, pois não deixam vestígios na história e não inspiram manchetes, como fazem as religiões quando entram em conflito. No entanto, as diferenças entre os quatro tipos de personalidades espirituais (como as estou chamando) estão num nível mais profundo do que as diferenças teológicas, pois estão arraigadas na natureza humana, enquanto as diferenças teológicas, sendo históricas, aparecem e desaparecem.

O que delimita os quatro tipos é o tamanho do mundo que cada um habita. Começando pelo menor, o mundo do ateu só contém matéria e as experiências subjetivas dos organismos biológicos. A esses componentes os politeístas acrescentam espíritos — essa é a esfera da religião popular, com características muito semelhantes no mundo inteiro. Os monoteístas põem tudo o que precede sob a égide de um ser supremo que cria e organiza todas as coisas. Nada mais tendo a acrescentar a esses elementos, os místicos refazem o caminho para encontrar Deus em toda parte.

186 / POR QUE A RELIGIÃO É IMPORTANTE

Esse modo de colocar as coisas parece dar a cada tipo sucessivo vantagem sobre seus precedentes por ter um mundo mais espaçoso onde viver, mas tudo depende da condição de existirem mundos mais amplos. Para os ateístas, esses mundos não existem; eles vêem os mundos mais amplos como projeções da imaginação humana. O mesmo se aplica aos outros casos. Os politeístas, por exemplo, podem admitir a idéia de um Deus único, em quem se pode ter total confiança, mas ela tem pouca influência sobre a vida que vivem realmente.

Se visualizarmos os quatro mundos do modo como estão dispostos no diagrama da Figura 2, Capítulo 14, e traçarmos um eixo vertical do centro do círculo para cima, podemos pensar nas linhas que separam os quatro níveis de realidade como espelhos unidirecionais. Para uma pessoa que, do centro, olhe para cima, as linhas são espelhos. Ela não vê nada acima deles; olhando para eles, o que ela vê são reflexos de coisas do seu próprio plano. Do outro lado, porém, eles são lâminas de vidro. Nos níveis abaixo do vidro, as coisas são perfeitamente visíveis.

Esta analogia será desenvolvida mais adiante, mas neste início do capítulo preciso dizer que ela tem como objetivo produzir um modo imparcial de ver os quatro tipos de personalidades em sua relação recíproca. Cada tipo pode argumentar que o mundo termina onde seu espelho cósmico está e que os que põem coisas além desse ponto estão apenas projetando, no sentido psicológico da palavra. (Isso tem ligação com a postura do Capítulo 13, onde se afirma que o mundo é religiosamente ambíguo.) Antes de expandir essa metáfora, porém, situarei este capítulo no contexto de uma preocupação humana perene: a caracterologia.

CARACTEROLOGIA

Conheça seu tipo, dizem-nos, e um incontável número de pessoas dedica grande parte da vida tentando fazer exatamente isso. No ritual do jornal matinal do domingo, os leitores que em primeiro lugar consultam o horóscopo concorrem com os que vão direto para as histórias em quadrinhos ou para as páginas econômicas. Acrescente a isso o interesse pelos quatro tipos junguianos (pensamento, sentimento, intuição e sensação) — freqüentemente identificados com a ajuda do indicador de tipo Myers Briggs — e pelo Eneagrama de nove subdivisões, e fica claro que estamos num tópico estimulante.

Ele tem raízes profundas. A astrologia é universal e remonta a um passado tão distante quanto possamos divisar, com numerosas camadas culturais. A Índia, obcecada pela psicologia, tem não apenas um, mas três modos complementares de classificar as pessoas — pela *yoga* (a forma mais eficiente de chegar a Deus), pelas *varnas* (classes sociais) e pelas *gunas* (disposições psicológicas predominantes). A classificação ocidental mais duradoura, que data de Empédocles, Hipócrates e Galeno, relaciona quatro temperamentos humanos básicos (sanguíneo, fleumático, colérico e melancólico) a seus respectivos elementos naturais (ar, água, fogo e terra) e humores do corpo (sangue, fleuma, bílis amarela e bílis negra). Ainda hoje dizemos que as pessoas sem emoção são fleumáticas (tomadas de fleuma); que as alegres e sempre dispostas são sanguíneas (dominadas pelo sangue); que as impetuosas são coléricas (do grego *khole*, bílis); e que as soturnas e deprimidas são melancólicas (de *melas*, negro, e novamente *khole*, bílis).

Meu objetivo neste capítulo é acrescentar ao estoque mundial uma tipologia que tem como centro o espírito humano. Os dois próximos capítulos deste livro sustentarão que é o Espírito que nos liga diretamente ao Grande Quadro, e os tipos de personalidades espirituais são definidos pelas dimensões dos seus respectivos Grandes Quadros. O capítulo anterior apresentou os quatro principais Quadros que as pessoas deduziram do grande borrão de Rorschach cósmico. Os quatro tipos de personalidades espirituais são definidos pelo mundo que cada tipo acredita que existe.

Ubiqüidade

Os quatro tipos revelam-se sempre e em toda parte, e podemos encontrá-los no passado mais remoto a que o historiador pode chegar. Em vez de fazer uma estatística da situação (o que seria entediante), simplesmente examinarei lugares onde poderíamos esperar que um deles estivesse ausente. Ao analisar os modos como o borrão cósmico pode ser lido, já mostrei que nas sociedades tribais, onde se poderia esperar encontrar uniformidade, o ateu da aldeia ainda acaba aparecendo. Na outra ponta do espectro temporal, poderíamos supor que o modernismo considera o politeísmo supersticioso, o que não acontece, como revela a anedota seguinte.

Quando Robert Graves esteve no MIT durante três semanas, os departamentos receberam a sugestão de convidá-lo para um jantar, sugestão que nós filósofos acatamos com o maior prazer. Depois de retirada a mesa para um licor, Graves acendeu um charuto, recostou-se na cadeira e perguntou diretamente, "O que vocês, cavalheiros, têm contra fantasmas?" Pensei que nosso chefe de departamento, Hilary Putnam, se engasgaria com o conhaque antes de se recuperar e direcionar a conversa para a poesia amorosa de Graves.

Foi surpreendente encontrar espíritos desencarnados num encontro de professores do MIT — alunos são uma população diferente — mas já mencionei que no Movimento Nova Era deuses e deusas estão em toda parte. O monoteísmo está oficialmente ausente do budismo primitivo do sul — digo *oficialmente* porque vi motoristas de táxi em Sri Lanka pararem antes de longas corridas para acender varetas de incenso diante de imagens de Buda — mas ele está densamente presente no *Mahayana*. (Isso também foi comentado anteriormente.) Nos meus tempos de faculdade, tive de *caçar* o misticismo nas religiões abraâmicas rigidamente monoteístas, mas hoje os que não têm proveito na religião de outros modos, em geral fazem exceção aos místicos. Lembramo-nos do respeito tributado a Jalal ad-Din al-Rumi. De passagem, diga-se que todos temos os quatro tipos dentro de nós; as diferenças são de grau.

Feita essa verificação aleatória, passo aos tipos propriamente ditos.

O ATEÍSTA: NÃO HÁ DEUS

Como indica o rótulo, o ateísmo é uma postura negativa. (Em grego, o prefixo *a* denota negação: o gnóstico sabe; o agnóstico não sabe.) É importante deixar claro que nesta tipologia a negatividade só se refere à descrença em cosmovisões que abrigam Deus. Ela não tem nada a ver com a posição do ateu com relação à vida (que tem tanta probabilidade de afirmar e defender a vida como o homem ao seu lado), ou com traços de caráter de qualquer espécie. Isso precisa ser dito com toda a clareza, porque a menção da palavra *ateísmo* atrai julgamentos *ad hominem*, tanto positivos quanto negativos, do mesmo modo que cadáveres atraem moscas. Na era macarthista, quando a guerra fria atingia o auge, o ateísmo estava tão fortemente associado ao comunismo, que "comunismo ateu" passou a ser uma palavra só. Até certo ponto, hoje acontece o contrário. A má reputação que a modernidade deu à religião transferiu (na cultura intelectual) as virtudes do lado teísta para o lado ateísta do livro razão. Para sustentar seu ateísmo, Albert Camus disse que muito cedo na vida resolveu viver sem mentir, querendo dizer que as pessoas religiosas vivem de mentiras. No mesmo sentido, Einstein disse que "em seu esforço pelo bem ético, os professores precisam ter a coragem de renunciar ao Deus pessoal".

Uma virtude importante da minha tipologia é que ela evita *ad hominems* de todos os tipos para atender exclusivamente aos Grandes Quadros correspondentes aos tipos de personalidades. O mundo do ateísta pára no círculo interno da Figura 2, Capítulo 14, com a senciência acrescentada como um epifenômeno dos organismos biológicos. O que existe é o universo físico conforme este é concebido pela ciência e pelo senso comum. Isso chega a quinze bilhões de anos-luz da matéria morta com as experiências subjetivas dos organismos biológicos apensas.

O POLITEÍSTA: EXISTEM MUITOS DEUSES

O mundo do politeísta é este-mundo no seu todo tradicional. Nesse todo, deuses, espíritos e desencarnados têm existência incontestável, como uma cadeira ou uma mesa, por exemplo. Eles são tão reais quanto esses objetos e, pelo que sabemos, igualmente numerosos. Até recentemente, ou seja, um século ou dois atrás, era comum a crença de que anjos, demônios e santos padroeiros estavam em toda parte, ativamente envolvidos no drama humano. Hoje, quando nos deparamos com feiticeiros e bruxas, ninfas e duendes das matas, diabretes, fantasmas, elfos e "pessoas pequenas" dos irlandeses, dizemos que todos não passam de elementos folclóricos. Antigamente, esses seres constituíam a essência da *religião* popular. Os xamãs lidavam com os espíritos diretamente, como o faziam os médiuns com seus guias e "controles" ocultos. A crença nesses espíritos não se limitava em absoluto às classes inferiores. Nos séculos XVIII e XIX, a corte russa fervilhava de espiritualismo; num passado ainda mais remoto, Sócrates tinha seu *daemon*, que lhe dizia o que não fazer (embora nunca o que devia fazer).

Os espíritos não são necessariamente bons. Na cidade chinesa onde cresci, os espíritos do mal predominavam; na verdade, a religião local parecia toda voltada à busca da proteção contra eles. As garrafas sobre as portas (com os gargalos apontados para fora para induzir os espíritos a pensarem que eram canhões) desapareceram quando o comunismo, de orientação científica, assumiu o poder, mas, curiosamente, o principal monumento da cidade dedicado aos espíritos maléficos ainda sobrevive. A história é esta:

No século XIX, uma praga assolou a cidade, e os geomantes concluíram que a causa eram os espíritos maléficos que afluíam à cidade pela porta ocidental. Os líderes locais responderam construindo um pagode atarracado e hermético próximo à porta. Antes de levantar a última parede, eles encarregaram os sacerdotes taoístas de atraírem os espíritos para a estrutura, onde (com a última parede erguida) eles supostamente continuam. Acho interessante que, com todas as promessas de erradicação da superstição, os comunistas tenham deixado essa estrutura intacta. Pode-se até suspeitar que em algum lugar nos recessos da psique chinesa se esconde um vestígio do politeísta que o comunismo oficial não extirpou. Nunca se sabe. Melhor prevenir do que remediar. É mais seguro não mexer no que vai bem.

Geralmente, os espíritos são invisíveis. Os anjos se manifestam às vezes — na tradição abraâmica, Gabriel revela essa habilidade seguidamente — mas a habilidade em si é rara. Invisibilidade quase sempre implica imaterialidade, mas não totalmente neste contexto, pois referências a espíritos dotados de corpos estão em toda parte. Para citar apenas dois exemplos: no budismo mahayana, temos os três corpos (*kayas*) de Buda, sendo que apenas um era protoplasmático (o corpo de Siddarta Gautama em suas encarnações terrestres); e no cristianismo temos o corpo glorificado de Cristo, que — depois da ressurreição — passou por portas fechadas antes de subir ao céu.

Disso se conclui que os desencarnados estão livres da matéria *densa* e das matrizes de espaço, tempo e matéria que a regem. Fantasmas atravessam paredes como raios *laser* traspassam chapas de chumbo, e é voz comum que os an-

190 / *POR QUE A RELIGIÃO É IMPORTANTE*

jos se transportam de um lugar a outro por um simples *ato de vontade*. Supostamente, os sacerdotes taoístas que aprisionaram os espíritos maléficos na minha cidade natal os privaram dessa habilidade — mas basta; a lógica é inútil no mundo do espírito. Um fato, porém, é inequívoco. Não podemos supor que, enquanto classe, os desencarnados vejam as coisas mais claramente do que nós, ou que sejam mais felizes e benevolentes. Lembremo-nos dos espíritos famélicos e dos seres infernais nos Seis Reinos de Existência do budismo.

Com o mundo do politeísta descrito esquematicamente, o que acontece quando ele se defronta com a ciência? Muito pouco, na verdade. Diz um ditado que quando o diabo conquista uma fortaleza, ele raramente se incomoda em trocar a bandeira, o que se aplica muito bem aqui. Os modernos não recorrem mais aos espíritos em busca de cura e chuva, pois a tecnologia se mostra mais confiável nessas frentes. Mas isso não significa a morte do politeísmo, pois o politeísta se interessa por muitas outras coisas além da simples magia da tecnologia.

Basicamente, o que leva as pessoas a serem politeístas é a sua recusa em aceitar o óbvio. Dito de forma positiva, os politeístas têm um anseio irreprimível por algo mais do que a existência mundana. Quando dispensam o "mais" que os ajuda em suas necessidades físicas, eles se voltam para o psíquico. "As pessoas querem se deslumbrar com alguma coisa", comenta o mago-mestre Magnus Eisengrim num dos romances de Robinson Davies, "e todo o espírito dos nossos tempos é não deixar que façam isso. Nós nos educamos para um mundo do qual foram eliminados o assombro, o temor reverente, o esplendor e a liberdade para o deslumbramento".

Os politeístas protestam contra esse banimento. Considere o seguinte:

- O fascínio pelo sobrenatural continua sólido hoje, o que faz com que aqueles mesmos que rejeitam os espíritos categoricamente concedam que o interesse por eles provavelmente está entranhado na constituição humana. Todos adoram uma trama fantasmagórica — uma boa história de fantasmas ou um conto gótico que provoca arrepios na espinha. A ficção científica é apenas o capítulo mais recente do gênero.
- Para uma proporção razoável da população, mesmo no Ocidente moderno, esse fascínio se transforma sutilmente em crença. Quantos dos nossos colegas que se apresentam no mundo ordinário como tipos importantes e práticos têm (bem escondidos) relatos inéditos de um ou dois contatos próximos com o sobrenatural? Apanhe-os desprevenidos, e eles também terão suas histórias.
- Um dos apelos do junguianismo é que ele permite que as pessoas alimentem suas tendências politeístas ao mesmo tempo em que se mantêm culturalmente respeitáveis. Ele faz isso transplantando deuses e deusas do mundo externo para o inconsciente coletivo. Meu colega junguiano na Universidade de Siracusa, David Miller, incluiu essa perspectiva num livro que intitulou *The New Polytheism*.

Tipos de Personalidades Espirituais / **191**

- Podemos encontrar politeístas no seio das igrejas institucionalizadas (cuja teologia é quase invariavelmente monoteísta) e também fora delas. Estudos sociológicos de religião nas pequenas cidades do sul da Itália são exemplo típico. As pessoas dessas cidades não têm nenhuma dúvida em se dizerem bons católicos, e todavia praticamente, no que lhes interessa, seu catolicismo gira mais em torno de ícones e do santo padroeiro local do que em torno do Deus uno e trino, que comparativamente parece um ser remoto. No fim, o que separa o politeísta do monoteísta não é onde ele se situa com relação às instituições religiosas; trata-se (como eu já disse) de uma diferença de temperamento, que aqui abordo de um ângulo diferente. O politeísta se interessa pelo sobrenatural não pelo sobrenatural em si, mas pelos envolvimentos do sobrenatural com este mundo. E sua mente trabalha de modo mais concreto. Para que o invisível signifique alguma coisa na vida dele, o impacto precisa ser palpável.

Darei um exemplo disso — um exemplo só, tanto porque ele é longo como porque é suficientemente vívido para deixar tudo muito claro. Transcrevo-o de *O Paciente Inglês*, de Michael Ondaatje. O tempo é a Segunda Guerra Mundial, e os aliados estão libertando a Itália centímetro a centímetro. Para os que não conhecem a palavra *sapador* — eu desconhecia até ler esse livro — ela se refere a um soldado avançado encarregado da perigosa missão de detectar e desativar minas terrestres.

> Quando o Oitavo Exército chegou a Gabicce, na costa leste, o sapador era o chefe da patrulha noturna. Na segunda noite, ondas curtas deram sinais de movimento inimigo no mar. Os homens lançaram uma granada e houve uma erupção na água, apenas um tiro de advertência. Não atingiram nada, mas na espuma branca formada pela explosão ele pôde entrever os contornos negros de algo em movimento. Alçou o rifle e pela mira telescópica ficou examinando a sombra movediça durante um minuto, disposto a não atirar e verificar se havia mais algum movimento nas proximidades. O inimigo continuava acampado ao norte, em Rimini, nos arredores da cidade. A sombra ainda estava sob a sua mira quando de repente um halo se iluminou em torno da cabeça da Virgem Maria. Ela vinha saindo do mar.
>
> A estátua estava de pé num bote. Dois homens remavam. Dois outros a seguravam, e quando tocaram a praia as pessoas da cidade começaram a aplaudir de suas janelas escuras e abertas.
>
> O sapador podia ver a face creme e o halo das pequenas luzes da bateria. Estava deitado sobre a casamata de concreto, entre a cidade e o mar, olhando para ela enquanto os quatro homens desciam do barco e erguiam nos braços a estátua de gesso de um metro e meio. Atravessaram a praia, sem parar, e sem medo das minas. Talvez tivessem observado e

feito um mapa da sua localização quando foram enterradas pelos alemães. Os pés deles afundavam na areia. Essa era Gabicce Mare no dia 29 de maio de 1944. Festa do Mar da Virgem Maria.

Adultos e crianças foram para as ruas. Homens em uniformes de banda também apareceram. A banda não tocaria para não desrespeitar o toque de recolher, mas os instrumentos participavam da cerimônia, imaculadamente polidos.

Ele se esgueirou para fora da escuridão, o cano do morteiro amarrado às costas, o rifle nas mãos. No seu turbante [pois era sikh] e com as armas, ele foi um choque para eles. Não esperavam que também ele fosse aparecer da terra de ninguém que era a praia.

Ergueu o rifle e apanhou o rosto da Virgem na mira da arma — sem idade, sem sexo, o primeiro plano das mãos escuras dos homens tocando a luz por ela emitida, o balanço gracioso das vinte pequenas lâmpadas. A figura vestia um manto azul desbotado, o joelho esquerdo ligeiramente levantado para sugerir o panejamento.

Esse não era um povo romântico. Ele havia sobrevivido aos fascistas, aos ingleses, aos gauleses, aos godos e aos alemães. Havia sido dominado tantas vezes que isso não significava mais nada. Mas essa estátua de gesso azul e creme saíra do mar e fora colocada num caminhão de transportar uvas cheio de flores, enquanto a banda marchava na frente em silêncio. Qualquer que fosse a proteção que ele devesse dar à cidade não fazia nenhum sentido. Ele não poderia caminhar entre as crianças vestidas de branco com aquelas armas.

Dirigiu-se para uma rua ao sul daquela ocupada pela procissão e caminhou no mesmo ritmo do movimento da estátua, e assim chegavam aos cruzamentos ao mesmo tempo. Cada vez ele erguia o rifle para apanhar o rosto da Virgem na sua mira. Tudo terminou num promontório sobre o mar, onde a deixaram e voltaram para suas casas. Ninguém se deu conta da sua contínua presença nas proximidades.

O rosto da Virgem continuava iluminado. Os quatro homens que a haviam trazido no bote sentaram formando um quadrado em torno dela, como sentinelas. A bateria presa às costas da estátua começou a falhar; parou de funcionar em torno das quatro e meia da madrugada. Ele olhou o seu relógio nesse momento. Observou os homens no telescópio do rifle. Dois dormiam. Alçou a mira para o rosto da imagem e a examinou novamente. Um olhar diferente na luz que se desvanecia. Um rosto que na escuridão se parecia ainda mais com o de alguém que ele conhecia. Uma irmã. Talvez uma filha. Se dispusesse de algo, o sapador o deixaria ali como presente para ela. Pois ele também tinha a sua própria fé.

Eu mesmo tive certa vez uma demonstração que, também por envolver um ícone, teve muita semelhança com o que acabo de descrever. Eu acabara de entrar em meu hotel em Bombaim, e era evidente que alguma coisa excepcional estava acontecendo. Perguntando do que se tratava, disseram-me que à meia-noite seriam realizadas as cerimônias de desvelamento da divindade padroeira de um templo que ficava a quatro quarteirões dali e que a celebração se estenderia pelo resto da noite. No templo, fiquei conhecendo os detalhes. O simples fato de estar no templo nessa ocasião seria uma grande bênção, mas quem tivesse uma visão direta da deusa no momento em que ela fosse desvelada receberia seu *darshan* especial — a infusão espiritual decorrente de estar na presença do sagrado — e teria assegurado um ano especialmente auspicioso.

Feliz com a oportunidade, voltei ao hotel para um cochilo e para o jantar, e em torno das vinte e duas horas pus-me a caminho do templo. Disse a mim mesmo que fazia isso como um antropólogo leigo religioso, mas podia também sentir um toque do politeísta se agitando em algum lugar dentro de mim. Eu queria o meu *darshan*.

Eu achava que duas horas seriam suficientes para encontrar uma posição que me pusesse em linha direta com a divindade, mas logo percebi que minha ausência de vários anos me fizera esquecer o que a Índia *é*. Logo que saí do hotel me vi arrastado por uma torrente de pessoas que se dirigiam ao templo. Ela ficava mais caudalosa a cada quarteirão, e quando chegamos a um ponto de onde se podia avistar o templo, senti-me tão espremido entre as pessoas, que cheguei a ficar suspenso no ar. Lembrei-me das reportagens que eu lera depois da realização de festivais importantes na Índia — reportagens que revelavam as elevadas estatísticas de pessoas atropeladas e mortas. Essa foi a única vez na vida que tive medo de terminar numa estatística atuarial.

Meu medo era infundado. Como freqüentemente acontece na Índia, alguém apareceu do nada e, pegando-me pela mão, de algum modo conseguiu arrastar-me para fora da multidão histérica. Ele me conduziu pelas vielas de vários quarteirões e depois tomamos a direção do lado mais afastado do templo, onde me encontrei sentado num telhado com a deusa velada diretamente à vista. Lá nos sentamos em silêncio (ele não falava inglês) à espera da epifania. Às doze badaladas, o véu foi removido e — para deixar as coisas nesse pé — não lembro que o ano seguinte *não* tenha sido auspicioso para mim.

O Princípio dos Espelhos Unidirecionais

A meio caminho desta descrição dos quatro tipos, este parece um bom momento para tomar fôlego e introduzir o princípio dos espelhos unidirecionais, que antecipei nas páginas iniciais deste capítulo. O politeísmo sugere o tema de modo especialmente adequado porque (como mencionei) o Deus do monoteísta freqüentemente aparece no horizonte do mundo do politeísta.

O politeísta aceita tudo o que o ateísta considera real e a isso acrescenta seus espíritos. É como se ele dissesse ao ateísta, "Vejo tudo o que você diz que vê. O que nos separa é tão-somente o que eu vejo a mais, que você não vê." Ao que o ateísta responde, "Você quer dizer: o que você *pensa* que vê", pois para ele os acréscimos do politeísta não passam de ficção. Todas as controvérsias entre os quatro tipos assumem essa forma, e estou propondo a metáfora do espelho unidirecional para ajudar a compreender essa polêmica. Olhando para o alto, para os céus, o ateísta só vê imagens reflexas das coisas do seu próprio mundo. Os espíritos que o politeísta situa no lado mais afastado são rejeitados pelo ateísta como projeções geradas por conflitos não resolvidos nos indivíduos e na sociedade — ilusões ópticas, em outras palavras. Entretanto, quando o politeísta, o monoteísta e o místico olham para baixo, eles não vêem espelhos, mas uma lâmina de vidro. Ou melhor, eles só vêem as coisas que estão no lado mais afastado do vidro, pois o vidro em si é invisível. Repetindo: os que olham para baixo vêem o que está em ambos os lados, enquanto os que olham para cima só vêem o que está embaixo.

Essa diferença pertence a cada fronteira metafísica. Os monoteístas obviamente não descontam os espíritos do politeísta; eles apenas os batizam, por assim dizer, convertendo-os em anjos e demônios. Cada escalão sucessivo inclui o que está nos precedentes e o coloca na paisagem maior. Em última instância, os tipos de personalidades espirituais são funções do grau de percepção de cada tipo.

O Monoteísta: Há um Único Deus

Os antropólogos freqüentemente comparam as Grandes Tradições com as pequenas tradições. Grandes Tradições são as religiões históricas, institucionais, que formam a espinha dorsal das civilizações — o islamismo no Oriente Médio, o hinduísmo na Índia, e assim por diante — e são predominantemente monoteístas. Elas invariavelmente estão rodeadas pelas pequenas tradições, que de muitas formas se opõem a elas. As pequenas tradições não têm história. Também não têm edifícios nem estrutura institucionalizada. Caracteristicamente, elas giram em torno de um líder carismático que parece ter poderes excepcionais, e ao qual em geral têm dificuldade de sobreviver. (As mulheres são notáveis em pequenas tradições, sendo esta outra característica que diferencia as pequenas das Grandes Tradições.) Lembremo-nos dos carvalhos rodeados de cogumelos — e de fato, a condição efêmera das pequenas tradições lhes atraiu o apelido de "seitas-cogumelos".

Depois de abordado o politeísmo, chegou a vez do monoteísmo. O tratamento pode ser breve porque (suficiente para os nossos propósitos) descrevemos o Deus do monoteísta — cognoscível e pessoal — no capítulo anterior. Isso nos dispensa de tratar aqui da *relação* do monoteísta com esse Deus. Não é preciso dizer que se trata de um relacionamento pessoal e íntimo; os monoteístas não têm dificuldade em atribuir a Deus as qualidades mais sublimes reveladas pelos seres humanos: sabedoria, sensibilidade, clemência, compaixão, criatividade, amor e outras, as quais, elevadas em grau, resultam na glória. O amor ocupa posição especial entre essas qualidades. No idioma das quatro iogas do hinduísmo, *bhakti* e *karma-yoga* são as vias naturais para Ishwara ou Bhagavan, dois nomes excelsos do Deus pessoal nessa tradição.

O amor de Krishna pelas gopis (pastoras de vacas), ardentemente correspondido, define o tom nessa tradição. Em Vrindaban, terra natal de Krishna e centro da seita Hari Krishna de Sri Caitanya, assisti certa vez a uma palestra que apresentava o amor ilícito como o modelo supremo do amor a Deus. Levei um susto, até ouvir os argumentos do palestrante, que me tranqüilizaram. Ao amor a Deus não se aplicam categorias morais, advertiu ele inicialmente, para em seguida explicar que o aspecto do amor ilícito essencial no amor a Deus é seu caráter absoluto e inabalável: o amor ilícito — *amor*, entendam, não aventura sexual — não tem complicações, e por conseguinte é cheio de energia, entusiasmo e sinceridade. Isso contrasta com o amor matrimonial, sempre acompanhado de obrigações — de sustentar uma família, de permanecer fiel depois que o tempo abafou as chamas da novidade, e assim por diante. Correspondido ou não, o amor ilícito — repito, não puro sexo ilícito — é sempre romântico. Dizemos que estamos doentes de amor, que desfalecemos de amor. Nosso amor a Deus deveria ter essa mesma intensidade apaixonada que caracteriza o romance de forma total e absoluta. Isso nos lembra Dante e Beatriz, Rumi e Shams de Tabriz.

A ética é um corolário do amor apaixonado quando ele é dirigido a Deus criador, que "tem o mundo todo em suas mãos". Deus ama as criaturas que cria como se fossem seus filhos, por isso se amamos a Deus amaremos também as suas criaturas. Não existe ética no politeísmo, mas ela é inseparável do monoteísmo.

Tive oportunidade de comentar que a idéia de um Deus pessoal parece apresentar mais dificuldade às pessoas agora do que no passado, por isso dedicarei o restante desta seção a várias implicações desse conceito na prática.

- A romancista Anne Lamott diz que as suas duas orações preferidas são "Ajuda-me, ajuda-me, ajuda-me" e "Obrigada, obrigada, obrigada".
- Malcolm Boyd, ministro da Igreja Episcopal, escreveu um livro intitulado *Você Está me Acompanhando, Jesus?* Fiquei surpreso ao descobrir que a súplica em forma de pergunta me vem à mente quando estou estressado.
- Vários anos atrás, quando a Academia Americana de Religião realizava uma reunião em New Orleans, saí uma noite com um amigo para visitar Preservation Hall, uma atração turística. Era a sede de uma banda *dixieland* que se formara em torno da sua pianista, carinhosamente conhecida como Sweet Emma. Sweet Emma sofrera um derrame, mas continuava ao piano, tocando com a mão esquerda enquanto o braço direito pendia inerte junto ao corpo.

196 / *POR QUE A RELIGIÃO É IMPORTANTE*

Não havendo mais lugar, tivemos de ficar de pé. O número que me tocou mais profundamente foi este *spiritual*:

> *Que eu ande mais perto de Ti,*
> *Jesus, permite, se for do teu agrado;*
> *Que eu ande todo dia perto de Ti:*
> *Assim seja, Senhor, assim seja....*
> *Sou fraco, mas és forte,*
> *Jesus, livra-me de todo mal;*
> *Serei feliz enquanto*
> *Eu andar, Jesus, enquanto eu andar contigo.*

É preciso conhecer a música desse *spiritual* para saber do que estou falando, e é preciso ouvir o trombone emitindo sua melodia impregnada do sofrimento de três séculos de escravidão para compreender o fervor em sua súplica. Quando os últimos acordes se dissiparam, substituídos por retumbantes aplausos, meu amigo (que não é muito religioso) virou-se para mim e disse, "Eles não estavam apenas *tocando* a canção, mas *rezando*-a".

• O último exemplo que darei também é uma história pessoal, mas ela me toca mais profundamente do que outras que se referem a mim.

Mal me lembro do meu avô materno, que na metade do século XIX foi com a esposa para a China, onde trabalharam como missionários. Ele já havia se aposentado e voltado para os Estados Unidos quando nasci, mas minha mãe me contava algumas histórias sobre ele. A mais memorável referia-se a uma época em que ela era pequena e os bandidos assolavam o interior do país, levando o medo e ameaçando entrar na cidade onde eles viviam. O consulado americano em Xangai recomendou que os americanos abandonassem a cidade imediatamente, mas as próprias rotas de fuga eram perigosas. Pouco antes de saírem da casa (não sabendo se retornariam), minha mãe se aproximou do pai que rezava. Ele estava de joelhos, os braços apoiados no assento da cadeira à sua frente. Seus olhos estavam fechados e o rosto voltado para o alto. Foi a expressão desse rosto (disse ela) que ela levaria consigo para o túmulo: uma expressão de confiança absoluta.

O MÍSTICO: HÁ SÓ DEUS

O valor aumenta à medida que ascendemos nos quatro níveis de existência. O mundo do ateísta contém muito pouco valor, pois o valor é um aspecto da experiência, e o estoque desta é muito pequeno em nosso universo de quinze bilhões de anos-luz se os organismos forem sua única sede. Em evidente contraste, o mundo do politeísta tem valor em abundância. Mas esse aumento é uma espada de dois gumes, pois ele inclui valores opostos aproximadamente na mesma proporção: sofrimento e prazer, mal e bem, e todo o espectro de outras dualidades. Essas dualidades continuam no mundo do monoteísta, mas o bem leva vantagem. No mundo do místico, o mal desaparece e só o bem permanece. Há só Deus.

Esse é um conceito difícil de aceitar. Normalmente, ele entra em choque com o noticiário da manhã. (Certa vez, quando Aldous Huxley era professor visitante no MIT, levei-o uma noite a uma palestra na Faculdade de Springfield, o que implicava um pernoite antes de voltar a Cambridge. Como me surpreendesse lendo o jornal matutino enquanto o esperava para o café, ele perguntou, "Aconteceu alguma coisa diferente dos desastres habituais na noite passada?") Existem indícios, porém, que nos ajudam a compreender essa situação.

Um enfoque proveitoso é pensar no valor que pode envolver as partes quando incluídas em todos maiores. Pense num belo quadro. Cubra todo o quadro, deixando apenas um quadrado de três centímetros; em si mesmos, esses 3 cm têm muito pouco valor. Entretanto, como o quadro não seria o que é sem eles, a sua beleza se intensifica para dignificá-los.

O mesmo acontece com a música. Tomado isoladamente, um tom é semelhante a outro. No contexto de uma primorosa sinfonia, porém, uma determinada nota alcança a grandeza por ser exatamente a nota certa no lugar certo. A perfeição da sinfonia depende dela, e por isso a sinfonia de fato beatifica a nota (se essa não for uma palavra muito fantasiosa). Muito obrigado, si bemol do oboé. Precisei de você. Em "O Carrinho de Mão Vermelho", William Carlos Williams transfere essa idéia para o campo visual.

> *So much depends on*
> *A red wheelbarrow*
> *Glazed in rain water*
> *Beside the white chickens...*

> [Tanta coisa depende
> De um carrinho de mão vermelho
> Envernizado pela água da chuva
> Ao lado das galinhas brancas...]

Há um segundo passo nessa linha de pensamento — um passo que Platão desenvolve em *Fedro*, onde ele descreve como se dá a ascensão desde belos corpos amorosos, passando por belas almas amorosas, até a beleza amorosa em si. Continuando com a música, relembre o concerto que mais o encantou, tão perfeito que atingiu o clímax que os críticos chamam de "êxtase estético". Foi preciso muito tempo para que esse estado chegasse, mas nessa noite as partes que

198 / *POR QUE A RELIGIÃO É IMPORTANTE*

participaram da sua produção — instrumentos, músicos, o número apresentado, o diretor que coordenou o evento — trabalharam tão perfeitamente "em concerto", como dizemos, que num dado momento a multiplicidade se dissipou totalmente. Antes desse momento, você acompanhava a sinfonia através de temas e transições conhecidos, mas à manifestação da magia, você, o ouvinte, perdeu a noção de que era *você* que ouvia essa grandiosidade. Onda após onda da melodia estava toda lá. Para os propósitos do momento, havia só Deus.

Ponha, agora, o Deus desse êxtase estético na linha direta da visão. Os sufis são famosos por falar da intoxicação de Deus. Em instâncias extremas desse estado, o *dervixe* pode perder a consciência de si a ponto de se tornar dissociado no sentido psicológico do termo — em outras palavras, ele não sabe mais quem ele é, onde está ou o que está fazendo.

Presenciei essa situação uma vez durante um encontro sufi em Teerã. Já era tarde. Para o ponto culminante do ritual, as poucas velas que iluminavam fracamente o recinto foram apagadas; um canto ritmado, hipnótico, ganhou corpo. Aos poucos, tomei consciência de um homem sentado no outro lado do círculo que balançava, sua silhueta vagamente projetada contra a pálida luz proveniente da bandeira de uma porta às suas costas. Seus movimentos se tornaram estranhos e em seguida agitados, em descompasso com o ritmo do balanço do círculo; então, um minuto ou dois depois, ele foi tomado de convulsões, intercaladas com altas explosões de "Alá, Alá, Alá". Rapidamente, dois "leões-de-chácara" (foi essa a imagem que me veio mais tarde, por causa do seu porte robusto) apareceram atrás dele, contiveram-no abraçando-o e o seguraram até acalmar-se. Em momentos de êxtase como esse, poderia literalmente acontecer que houvesse só Deus no que o *dervixe* sentiu. Alá poderia muito bem ter preenchido todo o seu horizonte mental.

Os sufis respeitam muito seus coirmãos que têm experiências de êxtase, e a eles se referem afetuosamente dizendo que são ébrios espirituais que passam o tempo na taverna de Deus; mas eles também têm em alta conta os que podem ver Deus em toda parte enquanto estão sóbrios — isto é, que vêem Deus em toda parte na vida diária. Isso exige considerável habilidade de reflexão, embora precisemos lembrar que em questões espirituais, pensar está mais para ver do que para raciocinar. O raciocínio produz conhecimento indireto (conhecimento *sobre*), enquanto a intuição gera conhecimento direto (conhecimento *de*). Este último faz com que os pensamentos envolvam os objetos a que se dirigem, espiralando em torno deles continuamente até que, num lampejo intuitivo, penetram no objeto como uma verruma.

Aqui os círculos em espiral assumem a forma das reflexões que apresentei ao analisar a Divindade no capítulo anterior. Para ser infinito, Deus precisa incluir todas as possibilidades. A finitude é possível — aqui somos como testemunhas — e por isso ela precisa ser incluída em Deus, com todas as suas gradações. Este parece um silogismo, mas se ficar no nível da lógica apenas, não dirá nada a ninguém. Só apreendendo-o *intuitivamente*, este ponto se torna eficaz em termos religiosos. Então cada momento é visto como sendo Deus nesse modo específico do seu velamento. Os secularistas só vêem o véu; os que têm sensibilidade religiosa vislumbram Deus através do véu; os místicos vêm só Deus, porque compreendem que o véu é necessário para que Deus seja Deus e portanto ele é uma parte de Deus. Nem por isso os místicos desconsideram o véu. Na verdade, às vezes o sentem tão espesso, que chegam a bradar, "Meu Deus, meu Deus, por que me abandonaste?" Mas no recesso do seu ser, eles compreendem que Deus está totalmente presente em toda parte e em todas as coisas e que a sua aparente ausência é necessária para que ele possa partilhar a sua infinitude, ao mesmo tempo em que conserva para si a absoluta perfeição que é. Essa perfeição prevalece. Deus é tudo em tudo.

Ram Dass conta que caminhava com seu guru, Neem Haroli Baba, em Bangladesh. O sofrimento que viam à sua volta era tão pungente, que ele mal conseguia suportar. Mas seu guru repetia, "Você pode perceber como tudo isso é perfeito?"

Como esse episódio sugere, o grande problema do místico é o corolário que decorre da sua convicção de que Deus é tudo em tudo, ou seja, não há mal. A teodicéia, que se debate com o problema do mal, é o Gibraltar onde todo sistema racionalista acaba naufragando, por isso devo abordá-la aqui, embora brevemente. Limitar-me-ei a duas pequenas sugestões.

1. Se uma menina de dois anos deixa cair o seu sorvete, essa tragédia é o fim do mundo para ela. Mas a mãe sabe que não é esse o caso. Pode haver uma compreensão da vida tão surpreendente e incomensurável que, comparados a ela, mesmo gulags e holocaustos se parecem a sorvetes que caíram?

2. O único atleta profissional que conheci é um jogador de futebol americano aposentado que jogou de zagueiro para várias equipes profissionais, inclusive para o Los Angeles Dons, durante a década de 1940. Um domingo — ele já estava aposentado havia muitos anos — ele me levou para um café-almoço no Clube Atlético Los Angeles (onde ele fora diretor de atletismo e ainda exercia a função de vice-presidente sênior). Durante nossas conversas, perguntei-lhe sobre as lesões e operações que ele havia sofrido no decorrer da sua carreira. A lista era longa, e o que dela constava o deixara com dores que o acompanhariam pelo resto da vida. Mas quando lhe perguntei se tudo isso valera a pena, ele pareceu surpreso e respondeu: "Sem dúvida. Fui um homem de muita sorte. Grande parte do que aprendi e usufruí da vida foi resultado da minha profissão de atleta."

CAPÍTULO 16

Espírito

Num determinado momento da entrevista de duas horas de Barbara Walters com Monica Lewinsky, Walters citou o presidente Clinton confessando que ele havia cometido pecado em seu relacionamento com a secretária, e perguntou se Lewinsky achava que também havia pecado. Esta pareceu surpresa. Hesitou, remexeu-se na cadeira e respondeu, "Não sou muito religiosa. Sou mais espiritualista."

Essa resposta revela um problema no nosso pensamento coletivo sobre religião: uma nuvem envolve a própria palavra. (Estamos diante de um caso semelhante ao já analisado sobre a palavra *hierarquia.*) Não contaminada, *religião* é uma palavra nobre; derivada do latim *religio,* religar, ela remete à essência da religião. Mas por questionar a cosmovisão predominante, ela perdeu parte da sua respeitabilidade. Mencione a palavra em público, e os pecados que ele cometeu são o que primeiro vêm à mente. Ainda assim, é difícil sustentar que não há nada a dizer em favor da religião, o que nos deixa com o comentário de Tonto quando, ao entrar num estábulo com o Cavaleiro Solitário, farejou o ar várias vezes e disse, "Tem de haver um cavalo por aqui". A palavra *espiritualidade* é usada para indicar (sem especificar) os aspectos bons da religião. Não sendo mais do que um atributo humano, a espiritualidade não é institucionalizada, e isso a exime dos problemas que inevitavelmente acompanham as instituições — especificamente (nas instituições religiosas) as tensões internas/externas do grupo que elas tendem a criar.

Esse aspecto foi abordado no capítulo sobre educação superior, por isso basta acrescentar aqui apenas um ponto ao que já foi dito. É mau sinal quando *espiritual,* um adjetivo, se transforma em substantivo, *espiritualidade,* pois seria como um cachorro perseguindo o próprio rabo. Gramaticalmente, *espírito* é o substantivo, *espiritual* é o seu adjetivo. *Espiritualidade* é um neologismo que surgiu porque *espírito* não tem referência no mundo da ciência, e sem fundamentação nele não temos segurança quanto à denotação da palavra.

Este capítulo procura resolver essa incerteza, e iniciarei a tarefa utilizando-me da revista *New Yorker.* Uma das características agradáveis dessa revista ao longo dos anos são suas sátiras à religiosidade expressas por meio de cartuns e caricaturas que espicaçam a beatice. O que tenho em mente referia-se ao título de um sermão afixado no quadro de avisos de uma igreja (com a cidade e a igreja identificadas) que dizia, "Viva Ofensivamente". O comentário da *New Yorker*: "Nenhum dia é tão curto que seja só um pouco repulsivo." Essa brincadeira me vem à lembrança aqui porque neste último capítulo — é a minha última oportunidade — pretendo assumir uma atitude ofensiva e ver o que acontece.

A DIVISÃO EU/MUNDO

Como se observou no Capítulo 11, desde que Descartes dividiu o mundo em mente e matéria (ou sujeito e objeto), os filósofos e os cientistas vêm tentando tapar a brecha, mas sem sucesso. Restringir-me-ei a um único exemplo, a psicologia da percepção.

Se tentarmos relacionar um animal selvagem ao seu ambiente por meio do que dizem os manuais sobre a fisiologia da percepção — separando o ato em componentes neurais que depois precisam ser religados — descobriremos tantas lacunas inexplicáveis que, racionalmente, teríamos de concluir que o animal não percebe o seu mundo. No entanto, seu *comportamento* dá sempre a impressão de que ele percebe o mundo e procura alimento e abrigo com precisão quase absoluta. Com o caminho apontado por *The Ecological Approach to Visual Perception*, de J. J. Gibson, os psicólogos veterinários estão começando a perceber que perderam de vista esse fato incontestável. Tentar explicar o conhecimento como inferência de porções noéticas é inútil. Precisamos começar no outro extremo, reconhecendo que há um mundo e que os animais se orientam para ele.

Com esse início voltado para o Espírito, passo dos animais aos seres humanos.

SABER TÁCITO

Começo com uma habilidade humana que desconcerta completamente os epistemólogos e que difere marcantemente da razão. A razão executa operações lógicas sobre as informações que estão à vista e que podem ser descritas e definidas. Entretanto, descobrimos continuamente que a nossa compreensão flutua sobre operações consideradas misteriosas porque tudo o que nos parece possível saber sobre elas é que não temos idéia de como funcionam. Temos palpites que soçobram. Ou descobrimos que sabemos o que fazer em situações complicadas, mas sem conseguir explicar exatamente como sabemos. O conhecimento em questão é inconsciente, e no entanto nos capacita a executar tarefas muito complicadas, desde a leitura e a escrita até a agricultura e a composição musical. A perícia começa a ser vista como intuitiva mais do que cognitiva, contrariando o que os psicólogos suspeitavam. Pesquisadores da aprendizagem estão descobrindo que ao se depararem com tarefas excepcionalmente sutis, as pessoas que "sentem" como realizá-las são mais criativas do que as que tentam resolvê-las racionalmente.

Isso explica por que os programadores de computador, não menos do que os psicólogos, têm tido dificuldade para fazer com que os especialistas em suas áreas expressem as regras que seguem. Especialistas não seguem regras. Isso afeta crucialmente a inteligência artificial, cujos teóricos, com relutância, começam a ver que as máquinas não conseguem reproduzir a inteligência humana porque nós mesmos não somos máquinas pensantes. Cada um de nós tem, e usa a cada momento do dia, um poder de inteligência intuitiva que nos dá condições de compreender, de falar e de lidar habilmente com nosso ambiente cotidiano. De algum modo, essa intuição sintetiza tudo que já vivenciamos e fizemos, e possibilita que essa síntese amolde as nossas decisões atuais.

Isso expõe a questão, mas abstratamente, e por isso precisamos de um exemplo que a reforce. Os japoneses encarregados de definir o sexo das galinhas são capazes de distinguir com 99% de acerto o sexo de um pintinho recém-nascido, embora os órgãos sexuais externos não sejam perceptíveis visualmente. Nenhum método analítico de aprendizado dessa arte jamais alcançaria um índice de precisão tão elevado. Os aprendizes desse ofício aprendem apenas observando os selecionadores experientes, que não conseguem explicar como eles mesmos fazem isso. Expostos à arte, os novatos "pegam o jeito", como dizemos.

Papagaios falantes são um exemplo ainda mais surpreendente dessa habilidade obscura que estou rastreando. O que acontece quando um papagaio imita a voz do seu dono, o latido de um cão ou uma risada humana? Supostamente, o papagaio tem algum tipo de vida consciente. Ele ouve a voz, o latido ou a risada e, presume-se, quer (de uma maneira que corresponde de forma rudimentar à nossa vontade de fazer alguma coisa) imitar o som.

Mas, o que acontece então? Quando pensamos sobre o assunto, ele se transforma numa das coisas mais extraordinárias que podemos imaginar. Algo incomparavelmente mais inteligente que o papagaio em si se põe a trabalhar e aciona uma série de órgãos do som totalmente diferentes dos que constituem o aparelho fonador dos seres humanos. As pessoas têm dentes, um palato mole, uma língua achatada; o papagaio tem um bico, não tem dentes e a sua língua é áspera. Entretanto, com esses órgãos, ele organiza seu aparelho absolutamente diferente para reproduzir palavras e risos — com tanta precisão, que muitas vezes somos levados a pensar que de fato o papagaio falante é a própria pessoa se expressando. Quanto mais refletimos sobre esse tema, mais estranho ele se torna, porque no curso da história evolutiva, os papagaios não vieram imitando os seres humanos desde tempos imemoriais; as pessoas chegaram depois que já estavam formados os mecanismos de adaptação dos papagaios. Temos aqui uma peça *ad hoc* de ação inteligente, transportada por alguma forma de inteligência presente no papagaio, que não pode ser explicada pelo condicionamento evolutivo.

Consideramos esses exemplos surpreendentes, mas o talento que somos estimulados a perceber é *em espécie* um talento que dirige cada passo da nossa vida. O que chamamos de *prudência* é um exemplo do dia-a-dia. Funcionando como se fosse um giroscópio, ela monitora nossas inclinações e se manifesta com um sim ou um não, as duas palavras mágicas da vontade. Para agir assim, ela não elabora teorias. Em vez disso, sintetiza tudo o que já aprendemos e leva essa síntese para cada decisão que tomamos. Ao fazê-lo, ela oferece dúzias de respostas e dúzias de perguntas e — como não dá sinais de se importar com a concordância entre elas — transmite a impressão de que cada resposta específica é absolutamente *ad hoc*. Isso confere ao talento um ar de poesia prática, pois cada resposta específica surge espontaneamente, mas em grande parte sendo também apropriada e (para o momento em questão) conclusiva. Entretanto, a espontaneidade da prudência é enganosa, porque se refletimos sobre o assunto, descobrimos que todas as suas respostas *ad hoc* surgem de um todo que as dirige e as torna adequadas; suas atividades estão prodigiosamente entrelaçadas. A verdade integral do nosso ser, do qual ela brota, envolve e inspira tudo o que fazemos consciente ou inconscientemente, moldando a forma e o estilo da nossa vida e providenciando para que cada ação e decisão reflitam esse estilo.

Nada do que eu disse até aqui é novidade. Há algum tempo, o químico que se tornou filósofo, Michael Polanyi, biólogos evolucionistas e psicólogos do desenvolvimento vêm falando sobre conhecimento tácito — esteios cognitivos indispensáveis ao nosso conhecimento, mas que operam inconscientemente. Todos esses pesquisadores, porém, dizem que operações mentais que não podemos explicar se servem das ondas de operações mais simples que são racionalmente inteligíveis. Em resumo, eles dizem que o *mais* deriva do *menos*. Os tradicionalistas pensam o contrário, e dessa simples diferença as duas cosmovisões com que este livro vem fazendo malabarismos se distinguem como o dia da noite.

Numa atitude provocante, tomei posição junto aos tradicionalistas, e neste capítulo final, como já disse, estou tomando a iniciativa. Tento arrastar pesquisadores modernos, esperneando e esbravejando, para a possibilidade de que, dado o modo como dispõem as coisas, eles não conseguem chegar aonde querem ir — como dizem os programadores computacionais, se introduzirmos lixo, lixo é o que obteremos. Reduzido a estilhaços, Humpty Dumpty não pode ser reconstituído — tentativas para fazer isso são a gaiola de Kafka procurando

204 / *POR QUE A RELIGIÃO É IMPORTANTE*

um pássaro. Isso sugere que seria sensato voltar aonde Humpty Dumpty estava, feliz e inteiro sobre o muro. A totalidade vem antes, a multiplicidade depois; os muitos derivam do um.

Abordar o assunto a partir dessa direção não diminuirá o mistério das progressões envolvidas e pode não sustentar muitas sugestões para a pesquisa científica, embora o biólogo dissidente Rupert Sheldrake se entretenha aqui com algumas possibilidades. Entretanto, poderia apresentar sugestões sobre como deveríamos viver. Isso não seria de pequeno benefício, dada a observação de Richard Rorty de que o legado do dualismo de Descartes tem levado os filósofos a substituírem a busca da sabedoria pela busca da certeza, e a se voltarem mais para a ciência do que para o propósito de ajudar as pessoas a encontrarem paz de espírito.

O Espírito e as Suas Realizações

A totalidade com que os tradicionalistas começam é Deus: "Ouve, ó Israel, o Senhor nosso Deus, o Senhor é um." Quando em maiúscula, Espírito é sinônimo para Deus, e aqui o estou usando nesse sentido, com ênfase voltada à presença e ação de Deus no mundo, como quando no Gênesis "o Espírito de Deus movia-se sobre a superfície das águas" e nos seres humanos o Espírito Santo é a atividade de Deus dentro deles. Espírito, neste capítulo, é a *imago Dei* dos judeus e dos cristãos, o *Atman* dos hindus, a natureza de Buda dos budistas, a Pedra não Esculpida da Ásia Oriental e a "melhor estatura" segundo a qual, diz o Alcorão, os seres humanos foram feitos — a Figura 2 ilustra isso em forma de diagrama. Pode-se discutir se o Espírito, assim concebido, é idêntico a Deus ou se é a imagem reflexa de Deus. Os místicos afirmam a identidade; os monoteístas insistem na distinção.

Tendo neste capítulo tratado do Espírito indiretamente — por meio das dificuldades com que nos deparamos ao tentar compreender em sua ausência como o saber humano funciona — passo agora a indicar como as coisas poderiam parecer quando se entende que o Espírito é fundamental para o mundo. (Existe alguma *razão* para pensar que a consciência, ou a senciência, ou a percepção consciente — todos esses sendo nomes para o ponto em que o Espírito chega pela primeira vez à atenção humana — seja menos fundamental que a matéria? Não é uma razão dizer que podemos tocar a matéria, mas não a consciência.)

Começo com o que Platão teria chamado de uma fábula verossímil. O que dizer se, no Big Bang, foi a Onisciência Infinita que explodiu? De acordo com a lei tradicional da inversão, o que é logicamente anterior chega por último na sucessão do tempo. Aqui, essa lei se traduz como Deus sendo tanto o começo causal das coisas quanto seu fim temporal. Procedemos de Deus, e a Deus finalmente retornamos.

Cronologicamente, a seqüência começa com as existências mais rudimentares possíveis que se tornam progressivamente complexas à medida que o tempo avança. Mas observe que, neste cenário, a inteligência está presente naquelas entidades microscópicas desde o princípio — existe um Buda em cada grão de areia. Nos primórdios da visão científica, os átomos eram governados por leis que eles não conseguiam imaginar, mas quando a indeterminação passou a fazer parte do quadro — o princípio da incerteza de Heisenberg — as leis são hoje médias estatísticas do modo como os átomos decidem se comportar. Os cientistas lêem "decidem", aqui, metaforicamente; embora nem todos os cientistas, pois Freeman Dyson escreve que "parece que a mente, enquanto manifesta pela capacidade de fazer escolhas, é até certo ponto inerente a cada átomo". Sua opinião ainda não consta dos livros escolares, mas concorda com a tradição onde a senciência permeia.

E embora nas menores coisas a onisciência onipresente de Deus esteja oculta pelos véus mais espessos que se possa conceber, a mais diminuta partícula de senciência que emerge nessas coisas é *da mesma espécie* da onisciência e é por ela sustentada. Por que as partículas não se contentam em ser simplesmente o que são — partículas? De onde vem essa tendência à complexidade que conduz (no planeta que conhecemos) às plantas, aos animais e à racionalidade? Porque a inteligência está trabalhando ativamente para se libertar dos seus véus sufocantes e ampliar seu espaço para se movimentar no mundo finito. É *por isso* que o conhecimento tácito nos acompanha e nos serve tão bem. Seus componentes (sob a direção final da onisciência que orquestra tudo) estão para alguma coisa, essa "alguma coisa" sendo sua ação para a maior amplidão recém-mencionada. O mesmo acontece com as partículas biológicas que possibilitam a fala dos papagaios, e até nós mesmos, seres humanos. Refletindo sobre o fato de que sob hipnose nosso corpo pode se livrar de verrugas, Lewis Thomas escreve: "Quase deve haver uma Pessoa no comando, conduzindo as questões de meticuloso detalhe além da compreensão de qualquer um, um engenheiro e administrador habilidoso, um alto executivo, o cabeça do lugar. Nunca antes pensei em ter um inquilino assim. Ou, talvez, mais precisamente, um senhorio assim, uma vez que eu seria, se essa de fato for a situação, nada mais que um hóspede." O alto executivo de Lewis é meu Espírito, produzindo elementos ingredientes em toda parte para reforçar um ao outro de modos que "façam sentido" no significado literal de fabricar sentido onde anteriormente não havia nenhum.

Quanto à divisão eu/mundo, essa é uma idéia cartesiana. Os átomos autocontidos no vazio que precisam colidir para se conectar ficaram fora de moda com a protociência grega há muito tempo; agora reina a teoria de campo. *Pratityasamutpada* (surgimento interdependente). A rede de Indra, na qual cada jóia da rede reflete todas as outras e os reflexos *em* cada outra jóia. A ordem implicada de David Bohm. Essa maneira de ver as coisas não nos diz nada mais sobre os detalhes do processo em ação do que o faz o enfoque analítico, mas ela oferece uma *espécie* de explicação que é mais inteligível do que sua alternativa. Quando um adulto resolve um enigma ou ri de uma piada, não há surpresa, porque a *capacidade* para fazer isso estava disponível. Para uma criança que ainda não adquiriu a capacidade exigida, nenhuma explicação — fragmentos lingüísticos interligados — produzirá o efeito desejado.

O tema em questão — mais do menos ou menos do mais — nos atinge quando consideramos como chegamos aqui. Os darwinistas consideram como um fato comprovado que as qualidades novas — vida, senciência e autoconsciência — podem derivar do rearranjo de elementos que não têm essas qualidades. A explicação dada para o modo como esses coelhos surgem nas cartolas é dizer que eles emergem. O que essa explicação não leva em conta é que "emergência" é um conceito descritivo, e não explicativo. Ele não explica nada.

Consciência e Luz

Desde Shankara, Ramanuja, o Abhidharma e o Madhyamika, na Ásia, até os escritos magistrais de Agostinho, Plotino, Tomás de Aquino, Avicena, Averróis e Ibn 'Arabi, no Ocidente, a cosmovisão menos-do-mais tem-se desenvolvido com tal precisão e detalhe, que chega a rivalizar com o seu antagonista científico, mas não é esse o tema agora. Aqui, antes de finalizar este livro, quero apenas refletir em alguns parágrafos um único passo na seqüência que vai do Espírito até a matéria para sugerir como ele evita os problemas que acompanham a divisão eu-mundo de Descartes propondo uma mesma origem para ambos. (O próprio Descartes era tradicional o bastante para considerar Deus como fonte tanto da *res extensa* como da *res cogitans,* mas, como já foi dito, os filósofos rejeitaram essa fonte. Não aborreci o leitor com textos que provam a minha afirmação de que os filósofos tradicionais não trabalharam com a premissa de uma divisão sujeito-objeto, mas dada a importância da questão, seria bom oferecer pelo menos um exemplo. Hilary Armstrong nos diz que, para Plotino, o Intelecto (um termo técnico) "é o nível do pensamento intuitivo que é idêntico a seu objeto e que não vê como esse objeto poderia de algum modo ser-lhe externo".

Não devemos concluir da identidade que lhes servia de ponto de partida que os filósofos tradicionais não percebiam distinções. Obviamente, nossa vida interior e o mundo em que ela se desenvolve são de alguma forma diferentes, mas derivam de uma fonte comum. Imagine um V invertido. Seu ápice é o Espírito, e os dois braços que dele derivam são a consciência (ou, numa palavra mais inclusiva, a senciência) e a matéria. Esta seção segue os vestígios da relação que existe entre eles.

Se a consciência não é simplesmente uma propriedade emergente da vida, como supõe a ciência, mas é o vislumbre inicial que temos do Espírito, devemos parar de perder tempo tentando explicar como ela deriva da matéria e voltar nossa atenção para a consciência em si. A imagem na tela da televisão oferece uma analogia para aquilo que então encontramos. A tela se ilumina, e o filme no vídeo que estamos vendo modifica essa iluminação de modo a produzir cada uma das incontáveis imagens que compõem a película. Essas imagens são como as percepções, sensações, sonhos, lembranças, pensamentos e sentimentos que vivenciamos conscientemente — podemos pensar neles como *conteúdos* da consciência. A luz em si, sem a qual as imagens não seriam possíveis, corresponde à consciência pura. Sabemos que as imagens na tela são compostas dessa luz, mas normalmente não temos consciência dessa luz. Nossa atenção se prende às imagens que aparecem e às histórias que elas contam. De modo muito semelhante, sabemos que somos conscientes, mas geralmente só temos consciência das muitas diferentes experiências, pensamentos e sentimentos que a consciência nos apresenta. A consciência propriamente dita — a consciência pura, a consciência livre de imagens — é a propriedade comum a todos nós. Quando (em introspecção ou meditação) entramos em contato com a consciência *pura,* temos todas as razões do mundo para pensar que aquilo que eu vivo é idêntico ao que você vive nesse estado. E idêntico ao que Deus também vive, não em grau, mas em espécie. Porque nesse nível estamos em contato com o que a consciência *é,* isto é, potencial infinito — receptiva a qualquer conteúdo que lhe possa ser submetido. A infinitude da *nossa* consciência é apenas em potência, ao passo que a consciência de Deus é em ato — Deus vive cada possibilidade infinitamente — mas o ponto aqui é que nossa consciência, em si mesma, é de fato idêntica.

Esse é o braço esquerdo, subjetivo, do V invertido. O braço descendente direito representa o Espírito se ramificando para criar o universo físico. Seu instrumento para a criação é a luz, ou como dizem os cientistas, os fótons. (Se eu quiser voltar a atenção para o que poderia estar além, atrás ou debaixo dos fótons — uma impossibilidade absoluta no meu caso — uma terra de ninguém se espraiará, onde ninguém sabe realmente o que acontece.) Os fótons são transições do Espírito para a matéria, porque (como vimos no capítulo sobre a "Luz") eles são apenas quase-materiais ao mesmo tempo em que produzem coisas que são inteiramente materiais. Os cientistas dariam tudo para saber qual é o componente não-material dos fótons. Para o homem religioso, esse componente é o Espírito.

Observe aqui o paralelo com a consciência. Tudo o que tipicamente vemos, opticamente, é luz revestida com imagens de um tipo ou outro. Os fótons que atingem o nervo óptico só são conhecidos mediante a energia que liberam, energia essa que produz em nós a sensação de luz. *Essa* luz, porém, é uma qualidade da mente, pois, repetindo, não vemos os fótons, o que significa dizer, a luz na forma sob a qual ela permeia o mundo objetivo. Mas a luz que vemos e os fótons do mundo objetivo derivam da mesma fonte e levam os traços dessa fonte — Espírito — dentro deles.

208 / *POR QUE A RELIGIÃO É IMPORTANTE*

De certo modo semelhante a esse, os tradicionalistas vêem a física afirmando com o *Gênesis* que, no começo, havia luz. E (novamente como vimos no capítulo sobre a Luz) continua havendo luz, porque a luz é a base de todo processo da natureza, em todo tempo e em todo lugar. Cada troca de energia entre átomos implica troca de fótons. Toda interação no mundo material é mediada pela luz; a luz penetra e interliga o cosmo inteiro. "Uma frase freqüentemente citada me vem à mente", comenta o físico convertido a metafísico Peter Russell: "Deus é Luz. Diz-se que Deus é absoluto — e na física, assim é a luz. Deus está além do mundo manifestado da matéria, da forma e da aparência, além tanto do espaço como do tempo — assim também a luz. Deus não pode ser conhecido diretamente — nem (como fótons) a luz." Quando, na visão religiosa, pensamos na alusão de São João à "luz verdadeira, que ilumina todo homem que vem a este mundo", e na referência do *Livro Tibetano da Grande Libertação* à "auto-originada Clara Luz do Vazio, eternamente incriada, brilhando na mente de cada um", a correlação é extraordinária. Reforce-a com estas palavras da tradição islâmica. Abu'l-Hosain al-Nuri sentiu a luz "reluzindo no Invisível. Fitei-a continuadamente, até que chegou o momento em que me havia tornado totalmente aquela luz".

Final Feliz

Ao contrastar os grandes espaços abertos com o túnel, na primeira metade deste livro, comentei que a cosmovisão religiosa se adapta ao enredo de maior sucesso concebido até hoje — isto é, um final feliz que floresce das dificuldades necessariamente enfrentadas e superadas. Até aqui, não atribuí um conteúdo a esse final; chegou o momento de fazê-lo.

Na cosmovisão científica, a matéria — seu fundamento — não pode ser destruída; ela muda de forma, mas nunca desaparece. O mesmo vale para a consciência quando ela substitui a matéria como fundamento. Como a consciência muda quando ela "solta o corpo", como dizem os indianos, é o grande não-saber, mas Ruth Ann, em *The Poisonwood Bible*, de Barbara Kingsolver, remete a uma resposta religiosa. Tendo morrido ainda criança, no Congo, ela assumiu a forma de serpente, de acordo com as crenças congolesas, e como uma cobra verde enroscada num galho de árvore, observava a mãe e as irmãs que depois de muitos anos retornaram à África para procurar o seu túmulo. O que ela gostaria de poder dizer-lhes é, "Ouçam: estar morto não é pior do que estar vivo. É apenas diferente. Pode-se dizer que a visão é mais ampla".

Charles Tart, professor de psicologia na Universidade da Califórnia, em Davis, concorda com Ruth Ann. Tart é um dos dois acadêmicos que sei que dedicaram sua carreira ao estudo das manifestações paranormais da consciência — experiências de quase-morte, telepatia, clarividência, precognição, psicocinese, sessões espíritas e temas semelhantes — e ouvi alguém perguntar-lhe se ele achava que a sua consciência sobreviveria à morte do seu corpo. Ele respondeu que tinha certeza que sim, mas acrescentou que não tinha nenhuma pista se a reconheceria como a *sua* consciência.

As religiões ensinam que depois da morte a pessoa *tem* consciência de quem foi e é, e acrescentam que a sua missão nesse ponto não está completa. As que pregam a reencarnação sustentam que a alma volta à Terra para retomar sua tarefa inacabada. (Uma exceção são as *jivamuktas* — almas que conquistaram a libertação ainda encarnadas — mas essas são extremamente raras.) O número de ciclos necessários para completar o programa da vida depende da dedicação da alma ao aprendizado das lições da vida.

A alternativa à reencarnação coloca o que resta a ser feito num plano diferente de existência. As religiões abraâmicas estão juntas nisso, embora o judaísmo, o cristianismo e o islamismo incluam minorias que aceitam a reencarnação. (Como exemplo, temos Rumi dizendo, "Morri como mineral e me tornei vegetal. Morri como vegetal e me tornei animal. Morri como animal e me tornei humano. Quando fui menos por morrer?") Os tibetanos dão o nome de *bardo* ao lugar onde (na versão ocidental oficial) os assuntos pendentes são resolvidos. *Purgatório* é o nome desse lugar entre os ocidentais, assim como *inferno* (um conceito a que voltarei).

No que se refere aos assuntos pendentes, estes são a limpeza que precisa ser feita antes que a alma possa entrar na morada de pureza total, diversamente designada como Terra Pura, Região das Caçadas Felizes, Céu, Paraíso, e outros. O fogo é caracteristicamente citado como o agente purificador. Algumas narrativas tomam a palavra ao pé da letra, enquanto outras a usam em sentido metafórico. O Alcorão inclui as duas leituras. A predominância é do literalismo, mas os sufis se refugiam no verso que diz, "Penduramos as ações de cada homem em torno do seu pescoço, e no Dia do Juízo um livro totalmente aberto será posto diante dele". O que a morte consome (dizem esses sufis) são as racionalizações e as defesas sempre apresentadas em causa própria. Quando estiverem extintas, a alma será obrigada a ver com total objetividade como ela viveu sua vida. À luz inextinguível dessa visão, onde não se admitem recantos escuros e ocultos, são as ações de cada um que se levantam para acusar ou sancionar. Afastado o eu do reino das mentiras, as falsidades que ele adotou como couraça se transformam em chamas, e a vida que ali viveu, numa túnica de Nesso.

Quando se entende o inferno como uma estação de limpeza que a pessoa deixa quando a purificação se completou, ele corresponde às noções acima mencionadas de *bardo*, purgatório e (acrescento agora) inferno como morada temporária. A condenação eterna é outro assunto, e eu o tratarei com uma pequena história.

Corria o ano de 1964 e eu estava aproveitando uma licença semestral para continuar minhas pesquisas na Índia. No momento a ser descrito, eu conver-

210 / *POR QUE A RELIGIÃO É IMPORTANTE*

sava com um dos vários gurus cuja fama me levara aos contrafortes do Himalaia, quando, de repente, apareceu na entrada do bangalô onde eu estava uma figura tão surpreendente que por um momento pensei tratar-se de uma aparição. Alto, vestido com uma túnica branca, e com uma barba espessa, era um homem que vim a conhecer como padre Lázaro, um missionário da Igreja Ortodoxa Oriental que passara os últimos vinte anos na Índia. Dez minutos depois de ser apresentado a ele, eu havia esquecido meus gurus completamente — ele era muito mais interessante — e durante uma semana inteira vagamos pelos contrafortes do Himalaia falando sem parar.

O motivo de estar contando isso é uma informação em particular da conversa da semana. Eu havia dito ao Padre Lázaro que me sentia fortemente atraído pelo hinduísmo por causa da sua doutrina da salvação universal. No fim, todos se salvam. A alternativa, a condenação eterna, me atingia como uma doutrina monstruosa que eu não conseguia aceitar.

O irmão Lázaro me respondeu expondo seu ponto de vista sobre o assunto. Ele o fundamentou na passagem da Segunda Epístola aos Coríntios, onde São Paulo diz que conheceu um homem que quatorze anos antes fora arrebatado ao terceiro céu; se no corpo ou fora dele, ele não sabia. Para reforçar, Paulo repete essa frase — "se no corpo ou fora dele, não sei" — antes de continuar e dizer que nesse céu o homem "ouviu palavras inefáveis, que não é lícito ao homem repetir". O padre Lázaro citou as palavras textualmente. Ele estava convencido de que Paulo estava falando de si mesmo, e o segredo que lhe foi revelado no terceiro céu era que, no fim, todos são salvos. Essa é a grande verdade, acreditava padre Lázaro, uma verdade que não pode ser revelada porque os que não compreendem a interpretariam como uma permissão para a irresponsabilidade. Se vão acabar sendo salvos, por que se preocupar?

Essa exegese resolveu meu problema e continua valendo desde então. Alguns anos depois, fiquei feliz em vê-la confirmada pelos sufis, que (também em silêncio) aceitam aparentemente o verso do Alcorão que diz, "A Ele todas as coisas retornam".

Acompanhando de perto esse debate esotérico/exotérico sobre a salvação de todos, há um outro. No final da nossa jornada, tornamo-nos um com a Divindade ou gozamos da visão beatífica de Deus para sempre? Os monoteístas defendem esta segunda alternativa, os místicos a primeira. Ramakrishna, que tinha o dom de entender as duas alternativas de um dilema, identificando-se com ambos os lados, exclamou num dos seus momentos monoteístas, "Quero experimentar o açúcar; não quero ser o açúcar". A metáfora padrão para a alternativa dos místicos é: a gota de orvalho desliza para o oceano resplandecente.

Permitindo-se o direito de ter a sua própria opinião sobre uma doutrina teológica importante, padre Lázaro provavelmente não me negaria o direito de aplicar a *minha* consciência pessoal a outra. É essa. Acredito que nos é permitido escolher entre as alternativas recém-apresentadas. Recorrendo novamente a um conto, é assim que vejo a questão. Apresentado na primeira pessoa do singular, meu cenário absolutamente explícito é o seguinte:

Depois de abandonar o meu corpo, continuarei sendo consciente da vida que vivi e das pessoas que continuam na Terra. Mais cedo ou mais tarde, porém, chegará um tempo em que ninguém terá ouvido falar de Huston Smith, quanto mais tê-lo conhecido, quando então não haverá mais motivo nenhum para que eu continue vagando por aí. Fazendo eco à despedida de João Crisóstomo, "Graças, graças por tudo; louvor, louvor por tudo", virarei então as costas para o planeta Terra e me dedicarei ao que é mais interessante, a visão beatífica. Enquanto continuar envolvido com a minha individualidade, conservarei a consciência de que sou eu, Huston Smith, que estou fruindo essa visão; e enquanto eu quiser continuar nessa consciência, serei capaz de fazer isso. Para mim, porém — místico que sou por temperamento, embora aqui embaixo não por consecução — depois de oscilar para a frente e para trás entre deliciar-me com o pôr-do-sol e deliciar-me com Huston Smith deliciando-se com o pôr-do-sol, espero encontrar o pôr-do-sol inextinguível mais absorvente. A corda terá sido cortada. O pássaro estará livre.

EPÍLOGO

Mesmo Assim, Podemos Ser Irmãos

A meio caminho do seu livro *Gandhi's Truth,* Erik Erikson interrompe seu estudo psicanalítico sobre Mahatma Gandhi com um tipo de capítulo muito diferente — um capítulo curto a que dá o título de "Uma Palavra Pessoal". A forma é de uma carta endereçada a Gandhi, como se ele ainda estivesse vivo. A saudação, Mahatmaji (Venerada Grande Alma), expressa claramente a profunda admiração de Erikson por Gandhi, mas Erikson então explica que lhe quer dizer pessoalmente que a segunda metade do livro chamará a atenção para alguns defeitos de caráter que ele acha que seu treinamento psicanalítico lhe deu condições de perceber. Ele acredita que Gandhi gostaria que ele lhe dissesse o que descobriu, porque ninguém dedicou a vida com mais perseverança à verdade do que o líder indiano.

A sensibilidade com que Erikson apresenta suas críticas transforma essa carta num modelo para este Epílogo, em cujo título os leitores reconhecerão uma paráfrase do discurso mais famoso do Chefe Seattle. Parafraseando Erikson, continuo assim:

Respeitados cientistas e, por extensão, mantenedores da alta cultura — mas interrompo imediatamente, porque essa saudação está mal elaborada. Deveria ser, "Respeitados mantenedores da nossa alta cultura com um punhado de materialistas científicos polêmicos intrometidos", porque os cientistas, em sua maioria, são cidadãos sensíveis e tolerantes que tratam a religião com respeito, do mesmo modo como a grande maioria das pessoas religiosas pertence a denominações moderadas que tratam a ciência com respeito. Materialistas científicos dogmáticos são tão excepcionais quanto fanáticos religiosos dogmáticos, mas como eles agitam as coisas e a mídia adora fazer alvoroço, seu número e importância ficam exagerados. Por isso, reelaborarei minha saudação e endereçarei minha "carta" de modo geral aos que presidem a nossa alta cultura, mas visando atingir diretamente o pequeno número de cientistas militantes que compensam com zelo polêmico o que lhes falta em números. Com essa correção, começarei novamente, procurando expressar-me adequadamente dessa vez.

Respeitados adversários, eu gostaria de sugerir o que os cientistas militantes precisam fazer para que as duas grandes forças modeladoras da história se dêem as mãos no novo século que está começando. Como uma família disfuncional que procura se tornar funcional, a mudança tomará tempo, mas como um primeiro passo nessa direção, sugiro que vocês tentem compreender de onde nós crentes estamos vindo.

Os polemistas entre vocês não conseguem fazer isso. Minha prateleira de livros sobre "ciências para leigos" é tão extensa quanto minhas prateleiras para cada uma das principais religiões do mundo, mas ficarei muito surpreso se puderem dizer o mesmo de vocês. Suas críticas características à religião são tão parecidas com as ironias aos ensinamentos da terceira série da escola dominical, que me impelem a perguntar quando vocês leram um tratado teológico pela última vez e qual era o título.

Os eminentes entre a classe fizeram coisa melhor do que vocês nesse sentido. A trilogia de pequenos livros para o público em geral, de Schrödinger, termina com um refrão sonoro dos Upanixades, "Atman é Brahma". Niels Bohr atribuiu aos escritos de Sören Kierkegaard o estímulo para desenvolver a sua doutrina da complementaridade. Robert Oppenheimer lia o Bhagavad-Gita em sânscrito (o que eu não consigo fazer) e o citou quando a primeira bomba atômica explodiu no Novo México. Werner Heisenberg e Arthur Compton foram as luzes mais cintilantes na conferência sobre Ciência e Responsabilidade Humana organizada pela Universidade de Washington na década de 1950, e seu programa reservou a manhã de domingo para o culto religioso.

O que eu sinto que vocês não compreendem é por que nós, seus potenciais parceiros, insistimos tanto em consolidar a nossa posição. Vocês sabem de cor as razões patológicas para agirmos assim, mas o primeiro requisito para a solução de conflitos é tentar compreender a pessoa que está no outro lado da mesa de negociação no que ela tem de melhor. Quanto a nós, parece que o que temos de melhor é uma sensibilidade que falta a vocês, que tentarei descrever.

Dito da forma mais simples, ser religiosamente "musical" (como Max Weber confessou não ser) é ter uma sensibilidade característica que chamarei de "sentimento religioso". Ele se compõe de quatro partes que se entrelaçam para formar um todo único.

1. O sentimento religioso reconhece instintivamente que as perguntas fundamentais que os seres humanos fazem — Qual é o sentido da existência? Por que existe sofrimento e morte? Por que, afinal, vale a pena viver? Em que consiste a realidade, e qual é o seu objetivo? — são a essência que define a nossa

214 / *POR QUE A RELIGIÃO É IMPORTANTE*

humanidade. Elas não são apenas imponderáveis especulativos com que certas pessoas de índole inquisitiva começam a se preocupar depois de terem resolvido a séria questão de planejar e consolidar estratégias de sobrevivência. Elas são a substância determinante daquilo que torna humanos os seres humanos. Essa definição religiosa de seres humanos perscruta mais profundamente do que a definição aristotélica do homem como animal racional. Na definição religiosa, o homem é o animal cuja racionalidade o leva a fazer as perguntas fundamentais mencionadas. É a intrusão dessas perguntas em nossa consciência que nos diz do modo mais preciso e definitivo que espécie de criatura somos. Nossa humanidade se desenvolve na proporção em que nos deixamos impregnar por essas questões — refletimos sobre elas, cercamo-las, nos obcecamos com elas e no fim deixamos que a obsessão nos consuma.

2. Seguindo de perto o que precede, o senso religioso recebe a visita de uma percepção desesperada, por vezes aterradora, da distância que existe entre essas perguntas e as suas respostas. À medida que a urgência das perguntas aumenta, vemos com assustador arremate que a nossa finitude exclui qualquer possibilidade de respondê-las.

3. A convicção de que essas perguntas *têm* uma resposta nunca vacila, porém, e isso impede que desistamos delas. Embora respostas finais sejam inatingíveis, podemos avançar em direção a elas como avançamos em direção a horizontes que se afastam mais a cada passo que damos. Em nossos passos titubeantes em direção ao horizonte, precisamos de toda a ajuda que possamos conseguir; por isso, recorremos aos milhares de buscadores que ponderaram sobre as questões definitivas antes de nós. Vocês, cientistas, também aprendem com seus precursores; Isaac Newton expressou isso com dignidade quando disse que via mais longe que seus predecessores porque apoiava-se neles. Mas é mais fácil na ciência ver o que deve ser mantido e o que deve ser rejeitado, pois as verdades científicas são cumulativas, enquanto a verdade religiosa não o é. Isso exige que continuemos dialogando com o nosso passado com tanta seriedade como este livro tentou fazê-lo, mas também dialogando com o nosso presente (como este livro também tentou fazê-lo). Karl Barth dizia que enfrentava cada novo dia com a Bíblia numa das mãos e com o jornal matutino na outra.

4. Finalmente, conduzimos nossa pesquisa juntos — coletivamente, em congregações, como vocês fazem nos seus laboratórios e associações profissionais. Emile Durkheim, o sociólogo do século XIX, pensava que a religião era uma questão totalmente social, uma reificação dos valores compartilhados da tribo. Hoje, nossa sociedade individualista chega quase a afirmar o oposto, que a religião é inteiramente um assunto individual. (Charles Taylor critica *As Variedades da Experiência Religiosa*, de William James, por causa disso.) Como sempre, Buda trilhou o caminho do meio. "Sejam luzes para vocês mesmo", sem dúvida; mas não se esqueçam de que a *sangha* (a comunidade monástica, e por extensão a companhia do sagrado) é uma das Três Jóias do budismo.

Enquanto procuro descrever o senso religioso, minha mente se reporta a uma noite em que a senti atuando em mim com força excepcional. Minha esposa e eu, no auge do inverno, passávamos uma semana no Vale da Morte, na Califórnia. Na noite de Lua cheia, acordei pelas duas da madrugada com um chamado que parecia vir da própria noite, um chamado tão irresistível que quase chegava a ser audível. Vestindo-me às pressas, respondi. Ao cruzar a porta, percebi que tudo estava absolutamente calmo. O céu não tinha nuvens que encobrissem o firmamento estrelado que se elevava no horizonte. Era uma daquelas noites e momentos totalmente mágicos.

Por meia hora ou pouco mais, fui seguindo pela estrada, sem (como lembro a epifania) um único pensamento na cabeça. Esse pode ter sido o ponto mais próximo a que já cheguei da mente vazia que os budistas buscam durante anos.

Aí meus poderes de descrição cessaram; por isso fiquei feliz, um ano ou dois depois, ao encontrar este poema de Giacomo Leopardi. Ao lê-lo, reconheci que ele dava palavras à noite a que me refiro. Nesse poema, um pastor nômade na Ásia faz perguntas a uma Lua que parece dominar a infinitude da Terra e do céu — perguntas cujos horizontes são, eles mesmos, infinitos:

> *E quando fixo o olhar em ti,*
> *Que silenciosamente te elevas acima das planícies desertas*
> *Que o céu com seu círculo distante limita,*
> *Ou freqüentemente, quando te vejo*
> *Seguindo passo a passo o meu rebanho e a mim,*
> *Ou quando observo as estrelas que brilham no céu,*
> *Meditando, digo dentro de mim:*
> *"Para que todas essas luzes,*
> *Essa atmosfera sem limites,*
> *E o céu calmo e infinito? E qual é o sentido*
> *Dessa imensa solidão? E o que sou eu?*